통하는
공부

통하는 공부

초판 1쇄 발행 2013년 3월 15일
초판 2쇄 발행 2014년 12월 22일

지은이 김태호 · 김형우 · 심우근 · 이경석 · 허진만
펴낸이 김승희
펴낸곳 도서출판 살림터

기획 정광일
편집 조현주
윤문 이소영
북디자인 구화정 page9

인쇄 · 제본 (주)현문
종이 월드페이퍼(주)

주소 서울시 마포구 서교동 395-27
전화 02-3141-6553
팩스 02-3141-6555
출판등록 2008년 3월 18일 제313-1990-12호
이메일 gwang80@hanmail.net
블로그 http://blog.naver.com/dkffk1020

ISBN 978-89-94445-39-7 03370

다섯 교사의 **통섭** 이야기

통하는 공부

김태호
김형우
심우근
이경석
허진만

지음

살림터

학교를 바꾸려는 여러 갈래 길이 생겨나고 있다. 길이 많으면 다양한 목소리와 의지대로 참여할 수 있으니 학교는 더 쉽게 변할 수도 있다. 그러나 여전히 찜찜한 것은 학생과 교사가 언제나 개혁이나 혁신의 대상이란 점이다. 위로부터의 변화는 학교 현장을 대수술하듯 재단하고 꿰맞추려고만 한다. 학생은 바뀐 제도에 따라 열심히 공부해야 하고, 교사는 더 새롭게 변하라는 지침에 따라 연수를 받고 성과를 내야 한다. 그래서 이 책은 아래로부터의 개혁과 혁신을 바라는 마음으로 쓴 글이다.

다섯 명의 교사는 학교를 크게 바꾸려는 욕심이 없다. 학교 조직의 변화, 입시제도의 변화 그리고 학교 문화의 변화보다 더 중요한 게 있기 때문이다. 바로 배움이란 무엇인지 교사 스스로 깨닫고 교실 문을 여는 것이다. 올바른 배움은 실천을 통해 나타난다. 올바른 배움은 실천할 수 있는 용기를 준다. 올바른 배움은 교실에서 학생 스스로 깨달을 수 있게 한다. 이 책은 배움의 여러 갈래 길이 생겨나고 그 길을 따라 교사와 학생이 함께 걸어가길 바라는 '수업'으로 꾸몄다.

융합(convergence)이나 통섭(consilience) 그리고 간학문적(interdisciplinary)

인 생각은 많은 공부를 한 후에만 깨달을 수 있는 것이 아니었다. 교실은 지혜의 바다였다. 우린 단지 떠 있는 관념의 배에서만 출렁이는 물결을 보고 가르친 것은 아니었는지 반성하는 사고에서 출발했다. 용기를 내어 바다로 뛰어들었고 그 깊이에 놀라기보다 비판적으로 생각하고 말할 수 있는 자유로움에 즐겁고 행복했다.

우리가 맛본 열다섯 가지의 수업은 거칠기도 하고 보완할 점도 많다. 이 수업은 교실에서 학생들과 함께해온 것이고, 앞으로도 계속할 것이다. 교실마다 배움이 살아날 때 학교는 사회를 변화시킬 것이고 사회는 배움을 실천하는 곳이 될 것이다. 다섯 교사는 이런 행복한 상상으로 협력하고 서로의 글을 즐겁게 읽어나갔다. 이 책은 학생과 교사가 함께 읽기 바란다. 교실을 배움의 바다로 채우고 때로는 숨 가쁘게 헤엄치며 가슴속 깊이 자유롭고 비판적인 사고로 세상을 바꿀 용기와 힘을 얻길 바란다.

2013년 봄을 기다리는 다섯 교사

차례

공부, 왜 하는 거지?

"공부 시간에
딴짓하다 여러 번
혼났다지요?"

담임선생님,
상담선생님, 교감선생님과
죽 상담해왔는데 어제
또 그랬다면서요?

허허~
아마 사연이 많을
테지? 나랑 얘기 한번
해봐요. 불만이나 원망도 좋고,
세상사 의문도 좋고, 고민도
좋아요. 뭐든 말해
보세요.

이제 보니
학생이 자신과 사회, 세상에
대해 제법 이런저런 생각을 하고
있었군요. 그건 대견한 일이야.. 아무 생각
없이 시키는 대로 하는 공부보다는
학생처럼 '왜?' 하는 의문을 품고 하나하나
따져보고 마침내 생각의 가닥을 잡아
하는 게 진짜 공부지요. 모든 궁금증을
조목조목 말해봐요. 하나하나
짚어보자고.

……
다들 공부,
공부 하는데.
지금 제가 왜 공부를
해야 하는지,
뭘 어떻게 공부해야 하는지,
집안 형편도 넉넉지 않은데
별 생각 없이
고등학교, 대학 가면
뭐가 달라지는지
잘 모르겠습니다.

대학 자퇴를 고민하는 제자에게서 이런 질문을 받았습니다.

"선생님~ 제가 이제껏 학교에서 공부하며 전혀 의심하지 않았던 걸 책을 읽고 의심하게 됐습니다. 어렵기만 하고 생활에 도움 안 되는 미적분은 왜 배우는 거죠? 정작 사회생활에 꼭 필요한 금리, 대출, 신용카드의 위험성은 왜 가르치지 않나요?"

대학 가서든, 중고등학교 다닐 때든 이런 의문에 빠지는 학생들 있을 겁니다. 누구나 다 공부, 공부 하지만 가만 보면 학교 공부란 게 현실과 멀지요. 또 공부의 뜻을 잘 알고 교육제도나 사회 전체 구조를 알아 제대로 공부하는 학생은 드물지요. 우물 안에 함께 있지만 우물 밖으로 나가본 쪽과 그렇지 않은 쪽은 하늘과 땅 차이랍니다.

차치리라는 사람이 어느 날 장에 신발을 사러 가기 위해 발의 크기를 본떴습니다. 이를테면 종이 위해 발을 올려놓고 발의 윤곽을 그리는 겁니다. 한자로 그것을 '탁(度)'이라 합니다. 그러나 막상 그가 장에 갈 때는 깜박 잊고 탁을 집에 두고 갔습니다. 신발 가게 앞에 와서야 탁을 집에다 두고 온 것을 깨닫고는 탁을 가지러 집으로 되돌아갔습니다. 제법 먼 길을 되돌아가서 탁을 가지고 다시 장에 도착하였을 때는 이미 장이 파하고 난 뒤였습니다. 그 사연을 듣고는 사람들이 말했습니다.

"탁을 가지러 집까지 갈 필요가 어디 있소. 당신의 발로 신어보면 될 것이 아니오?"

차치리가 대답했습니다.

"아무려면 발이 탁만큼 정확하겠습니까?"

―신영복, 『나무야 나무야』, 돌베개.

지금의 학교는 차치리의 생각과 비슷한 꼴입니다. 인류가 일군 지식과 문화유산을 전수하고 학문 탐구의 기초를 다지게 한다는 명분을 내걸었지만, 모든 학생들이 다 학문을 연구할 것도 아닌데 도구 과목이 중요하다느니 기본 이론을 배워둬야 한다느니 하며 현실과 동떨어진 '탁'을 강조하게 됐지요. 여러분이 주변에서 보고 듣고 느끼는 바와는 아주 다른 내용에다 아직 이해를 하지도 못 했는데 진도는 팍팍 나가버리니 공부 재미가 없을 수밖에요. 도대체 공부가 뭐기에 우리를 이토록 괴롭힐까요? 공부의 참 뜻은 뭔지, 나는 왜 공부가 지겨우며 내겐 어떤 공부가 필요한지 우리 그것부터 따져봅시다.

공부란 무엇인가요?

교과서 지식은 배움의 아주 작은 부분일 뿐입니다

유학을 공부하던 선비들은 공부를 크게 두 갈래, 곧 위기지학(爲己之學)과 위인지학(爲人之學)으로 나눴습니다. 좀 어렵나요? 위기지학은 자신의 안목을 높이고 인격을 수양하기 위한 학문을 일컫고, 위인지학은 세상 사람들을 상대하는 데 필요한 학문, 곧 남과 겨뤄 이기고, 보여주고, 이익을 얻기 위한 학문을 말하지요. 단순히 말하면 위기지학은 나 좋자고 공부한다지만 내가 똑바로 서기 위한 공부이고, 위인지학은 남을 위한다지만 출세, 입신양명을 위한 실용 공부라 할 수 있습니다. 유학은 당연 위기지학을 더 높게 칩니다.

이런 위기지학의 전통이 지금은 먼 옛날 얘기랍니다. 공부와 학문의 목적과 결과를 죄다 돈으로 환산해버리는 천박함이 판을 치지요. 대법관이나 고위 공무원을 그만둔 사람이 곧바로 대형 법률회사나 대기업에 취직해 일 년에 많게는 60억 원까지 벌어들였다는 기사를 보면(하루 수입으로 환산하면 1,660만여 원) 하루 일당 5만 원을 벌려고 새벽부터

비지땀 흘린 사람과 견줘 참 씁쓸하지요. 그가 정말 60억 원 값어치의 능력을 발휘해서 그 돈을 번 걸까요? 순수한 능력보다는 아마 그가 지닌 영향력의 대가겠지요.

이 세상에 돈과 바꿀 수 없는 귀한 것들이 얼마나 많습니까. 깊이 생각해보면 진정한 공부의 목적은 돈이 아니라는 걸 알 수 있습니다. 공부의 목적을 제대로 따져봅시다.

통섭이란?

학생들은 학교의 교과 공부를 배움의 모두인 양 생각합니다. 특히 대학수학능력시험의 주요 과목인 국영수를 말이죠. 이 과목들은 다음 단계 공부를 위한 도구 과목입니다. 시험을 보지 않는 과목은 아예 거들떠보려 하지도 않고, 시험에 나오지 않는 내용은 외면합니다. 학생들 잘못이 아니고 이런 틀을 만든 어른들의 잘못이죠. 실제 삶에는 시험 문제로 낼 수 없는 중요한 것들이 널려 있어요. 또 중요한 지식이나 정보, 개념이란 지금의 교과서 편제처럼 칸칸이 나눌 수 없습니다. 어떤 사회 현상이나 사건을 잘 이해하려면 과학과 사회 등 여러 응용 교과의 지식들이 필요합니다. 또 어느 한 교과의 지식으로만 설명하거나 이해하기 어렵습니다. 2011년 일본을 뒤흔든 쓰나미와 후쿠시마 원전 사태를 볼까요? 그 사건에는 원자력과 방사능이라는 과학, 환경 문제뿐 아니라 그를 둘러싼 정치, 외교, 역사, 대중 심리가 서로 얽히고설켜 있습니다. 가르치고 배우기 편하게 여러 과목을 나누어놓았지만, 세상 돌아가는 일을 제대로 알려면 여러 과목을 서로 관련지어야 합니다. 우리들은 이런 교육과 학습을 통섭 교육, 통섭 학습이라 합니다. 이 책은 이런 공부를 여러분과 함께해보려 지었습니다.

학교에서 우리는
국어 시간에는 국어만 수학 시간에는 수학만 배웁니다.
인수분해와 미적분은 국어 시간엔 아무 소용이 없지요.
하지만 세상은 그렇지 않습니다.

하나의 사건은 소설가의 소설이 되고
과학자의 실험 대상과 경제학자의 연구 과제가 되고
역사가의 기록이 됩니다.
세상은 모두 하나로 이어져 있으니까요.

이번 수업시간에는 '암호'를 공부해봅시다.
무슨 과목이냐고요?
국어, 수학, 사회, 과학, 역사 시간입니다.
다섯 과목 선생님들이 각자 과목의 내용과 시선으로
암호에 대해 이야기합니다.
암호라는 하나의 주제로 여러 갈래의 이야기가 펼쳐집니다.

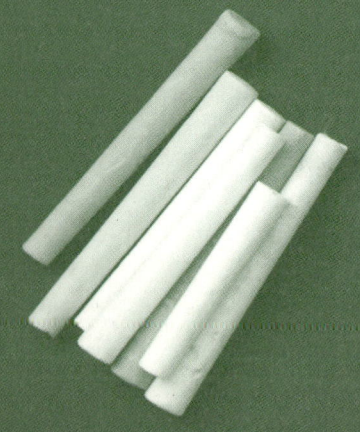

맛보기
통섭 수업

솔까말,
이게 우리의
통섭이다

★ 다섯 과목 선생님과 '암호'를 공부하다 ★

사회 – 10대들의 암호

아벌구, 닥본사, 아닥공, 솔까말…… 외계어라 비난받는 10대들의 언어는 사실 그들만의 암호다. 어른들이 알아채지 못하라고 부러 줄이고 바꾼다. 우리 어른들이 어린 시절에 그랬던 것처럼.

수학 – 인터넷 뱅킹 지키는 암호

현대인의 생활은 수많은 비밀번호로 이루어져 있다. 전자 상거래와 인터넷 뱅킹으로 위험 부담은 점점 더 커진다. 암호가 복잡해져도 해킹 앞에 약하다. 풀리지 않는 암호를 만들기 위해 수학이 필요하다. 현대 암호의 대표 격으로 RSA 암호가 있다.

역사 – 제2차 세계대전을 승전으로 이끈 암호

제2차 세계대전 중 미국은 일본이 번번이 암호를 푸는 탓에 고전했다. 풀지 못하는 암호를 만들기 위해 나바호족의 언어를 이용했다. 암호병으로 참전한 나바호족은 그로부터 반세기가 지난 2001년에 이르러 자신들이 '전쟁 병기'였음을 알게 되었다. '나바호 코드토커'는 전쟁과 암호, 미국과 아메리카 원주민에 관해 고민거리를 던진다.

과학 – 몸속 세포들의 암호

DNA가 유전 정보를 전달하는 방식도 암호다. 그런데 지구상 모든 생물은 유전 암호 체계가 같다. 모기도 고래도, 유산균도 효모까지도 인간과 똑같은 유전 암호를 사용한다. 지구상의 모든 생물이 같은 유전 암호를 쓰는 것, 무슨 의미가 있을까?

국어 – 김삿갓이 남긴 암호

전국을 떠돌던 김삿갓은 어느 서당에 들어가 훈장에게 하루 재워줄 것을 청했다. 훈장은 김삿갓에게 호통을 쳤고, 김삿갓은 그들 앞에 시 한 편을 던지고 사라졌다. 그 시는 사실 '암호'다. 그 암호 어떻게 푸느냐? 그냥 읽기만 하면 된다. 차마 글로는 적지 못할 말(욕)이다.

암호, 10대만의 언어?

"뻐정에서 만나.", "저 새끼 레알 아벌구야.", "아닥공이던데." 기성 세대에서는 10대들의 은어가 도대체 무슨 말인지, 아니 어느 나라 말 인지도 알지 못할 지경이라는 성토가 빗발칩니다. 낯선 정도를 넘어 무섭다는 반응도 있습니다.

사실 10대들의 은어는 일종의 암호입니다. 그러니 어른들이 그 말 을 모두 알아듣는다면 쓰는 처지에서는 도리어 억울한 일이겠지요. 자 기들끼리만 통하려고 쓰는 말이니까요. 10대들의 은어는 요즘 10대 들만의 것도 아닙니다. 지금의 기성세대도 부모님이나 선생님, 어른 들이 눈치챌까 혹은 자신들만의 결속을 강하게 하기 위해 남들은 모 르는 말들을 만들어냈습니다. 연인들이 자기들만의 사랑 표현을 만 들고, 군대는 적군이 알아보지 못하게 암호문을 씁니다. 투수와 포수 가 상대팀에 들키지 않고 보내는 사인도 모두 일종의 암호입니다. 도 무지 알아듣기 힘든 10대의 언어는 언어 파괴요, 누군가는 사회가 무 너지는 조짐이라 여길 수도 있겠지만, 그것 역시 하나의 약속이며 사 회화 과정입니다.

학교에서 맞춤법 수업을 하면 어떨까요? 줄임말과 은어를 일상으 로 사용하던 학생들도 맞춤법은 다 압니다. 그런데 아름다운 우리말 을 버리고(!) 은어를 암호처럼 쓰는 이유가 뭘까요? 누구나 자신만의 사생활과 자기 세계가 있듯이, 선생님을 비롯한 어른들과는 공유하고 싶지 않기 때문입니다.

담임교사가 맘에 들지 않아 부르던 '담탱이', 학생주임이 미워서 부르던 '학주', 잘못한 일로 연습장에 공부한 걸 검사받던 '깜지', '빽빽이'가 그러한 것이죠. 힘들고 벅찬 일상, 불만을 제대로 표출할 수 없는 10대는 오늘도 새로운 은어를 만들어내고 또 폐기할 겁니다. 이것은 문화 현상인 거죠.

이러한 10대의 은어 문화는 나쁜 걸까요? 아니, 다 나쁘다고 말할 수 있을까요? 이것을 판단하는 것이 사회를 배우는 과정입니다.

 수학샘 ●●●●●●●●●●●●●●●●●●●●●●●●●●●●●●●●●●●●●

인터넷에서 내 정보 보호하는 일은 수학이 맡고 있답니다

여러분은 비밀번호를 몇 개나 가지고 있나요? 생활 속에서 우리가 기억해야 할 비밀번호는 한두 개가 아닙니다. 현관문 비밀번호, 주민등록번호, 통장 비밀번호, 인터넷 공인인증서 비밀번호, 수십 개의 인터넷 사이트 비밀번호까지. 기억하기 편하자고 모두 같은 번호로 해두었다간 해킹으로 내 정보가 줄줄이 새게 됩니다. 상품에 찍혀 있는 알 수 없는 숫자인 바코드, 어떤 방식으로 만든 건지 알 수 없는 신용카드 일련번호 등도 일종의 암호문입니다. 현대인의 생활은 그야말로 비밀번호, 바로 암호로 이루어져 있지요.

현대 사회에서 암호는 점점 더 복잡해지지만, 또 어떤 암호라도 모두 해독이 되고 맙니다. 그러니 상대가 알아낼 수 없도록 더 복잡한 암호를 만들어내는 일은 점점 더 중요해지고 있습니다. 여러분이 그토록 어려워하는 '수학', 그중에서도 수의 성질을 연구하는 정수론이 바로 그 복잡한 암호를 만들어내는 데 쓰입니다.

현대 암호의 대표 격으로 RSA 암호가 있습니다. 1977년 MIT에서 만들었지요. 만든 사람 셋의 머리글자를 따서 RSA라고 이름을 지었습니다. MS 윈도우, 넷스케이프 브라우저를 비롯해 로터스 등 수백 개의 소프트웨어와 연동 가능하며, ITU-T, ISO, ANSI, IEEE 등 국제기구에 암호 표준으로 제안되어 있습니다.

RSA 암호는 '공개 키 암호'입니다. 두 개의 열쇠를 사용해 하나는 문을 닫는 데만 사용하고, 다른 열쇠는 문을 여는 데만 사용하는 식입니다. 가령 철수와 영희가 서로 암호문을 주고받는다고 합시다. 철수는 영희에게 암호문을 보냅니다. 이 암호문은 모두 공개된 것이라서 영희뿐 아니라 누구라도 볼 수 있습니다. 하지만 이 암호문을 풀 수 있는 복호화 키는 영희만 가지고 있습니다. 암호문은 누구나 볼 수 있지만 해독은 영희만 할 수 있는 것이지요.

방식을 설명해보겠습니다. 우선 적당한 두 소수 p=39,989, q=53,437을 취한 후 n=p×q=2,136,892,193을 구하고 정수론의 모듈러 함수를 이용하여 암호화하는 키와 암호를 푸는 복호화 키를 구합니다. 만일 누군가 p, q를 알게 되면 n이나 암호화 키를 알 수 있지만 거꾸로 n과 암호화 키만 가진다면 p, q를 알아내는 것이 사실상 힘듭니다. 12처럼 작은 수라면 12=2×2×3을 금세 알아낼 수 있지만 2,136,892,193과 같이 큰 수를 소인수분해하는 건 컴퓨터를 이용할 수밖에 없습니다. 30자릿수를 소인수분해하려면 1초에 100만 번 연산을 수행하는 슈퍼컴퓨터로도 약 30년이 걸리니 암호로서 제 역할을 하고 있다고 볼 수 있습니다. 설명이 조금 어려웠나요? 그래도 수학이 뜻밖에 쓸모가 많은 공부라는 생각이 들지요?

제2차 세계대전의 숨은 공신
나바호 코드토커를 아시나요?

역사를 보면 어떠한 암호라도 마침내는 적군들이 풀어냅니다. 풀지 못하는 암호는 없지요. 제2차 세계대전 중 일본군은 번번이 미국의 암호를 해독했습니다. 일본군이 해독할 수 없는 암호를 고민하던 중 미국은 필립 존스턴이라는 사람의 추천으로 아메리카 인디언인 나바호족의 언어를 이용하기로 합니다. 당시 전 세계를 통틀어 나바호어를 사용할 수 있는 사람은 30명이 채 되지 않았습니다. 나바호어는 특히 중국어처럼 '성조', 즉 음의 높낮이에 따라 그 의미가 달라지며 동사 하나가 주어와 목적어, 부사 등을 동시에 포함하여 단어 하나를 한 문장으로 번역하기도 합니다. 이런 이유로 어렸을 때부터 나바호족과 같이 살지 않는 이상 나바호어를 완벽히 이해할 수 없습니다. 암호로 더없이 적합했습니다. 그런데 나바호어 암호를 사용할 수 있는 미군이 없다는 문제가 있었죠. 그래서 미국은 나바호족을 암호병으로 활용하게 됩니다. 나바호족은 제2차 세계대전은 물론 이후 한국전쟁, 베트남전쟁 등에도 암호병으로 참전했습니다.

나바호 암호는 1968년 군사기밀을 해제할 때까지 공개하지 않았습니다. 1982년 레이건(전 미국 대통령)은 나바호 암호병의 날을 정하고, 2001년 9·11 테러 후 부시 정권은 미국인들의 애국심을 고취하고자 사망자를 제외한 5명의 나바호 코드토커들에게 훈장을 수여합니다. 그러나 훈장을 받은 그들은 그제야 자신들이 비밀병기였음을 알았습니다.

나바호족 암호병들은 암호 알파벳과 이외에도 이백여 개의 단어 리스트를 모두 암기해야 했습니다. 전쟁터에서 일본군에 암호병이 붙잡히거나 코드북이 적의 수중에 들어가면 아군이 큰 타격을 입기 때문입니다. 나바호족의 삶과 암호에 대해 더 알고 싶다면 영화「윈드 토커」(2002)를 추천합니다. 이 영화는 암호병을 보호해야 할 임무와, 암호병이 적에게 적발될 시 그를 죽여서라도 암호를 보호해야 하는 임무 사이에서 갈등하는 특수부대원의 이야기를 그렸습니다. 암호를 위해 존재하고 암호를 위해 죽어야 하는 '병기' 나바호족의 처지를 알 수 있지요.

나바호어를 이용한 암호가 어떻게 만들어졌는지, 나바호족은 어떤 역사를 지녔는지 알고 싶다면 책을 한번 읽어보세요. 흥미롭고 때로는 눈물 나게 슬픈 이야기가 담겨 있답니다.『나의 피는 나의 꿈속을 가로지르는 강물과 같다』(나스디지, 푸른숲, 2004),『암호의 해석』(루돌프 키펜한, 코리아하우스, 2009),『암호 이야기』(박영수, 북로드, 2006)를 추천합니다.

 과학샘 ••

우리 몸속 세포도 암호를 사용해요

질병을 일으키는 세균이나 바이러스가 우리 몸에 들어오면 백혈구 같은 면역 세포가 움직이기 시작합니다. 면역 세포는 군대처럼 외부에서 들어온 세균이나 바이러스를 죽이지요. 면역 세포는 어떻게 우리 몸의 정상 세포와 외부의 세균을 구별할까요? 면역 세포는 정상 세포를 죽이지 않고 세균과 바이러스만 죽이기 위해 일종의 암호를 이용합니다. 바이러스에 감염된 세포는 그냥 죽지 않고 바이러스 단백질을 잘게 조각내어 세포 표면에 부착해 자기가 병에 걸린 상태라는 걸 알립니다. 바이러스에 감염된 세포를 죽이는 T세포가 알 수 있게 표시하는 것이지요. 이때 바이러스 조각이 붙는 곳은 자기조직적합성 복합체(MHC)입니다. 이 부분은 복잡한 입체 모양으로 아미노산이 배열하고 있어서 T세포는 자기 아미노산 모양과 맞춰보게 됩니다. 짝이 맞는 직소 퍼즐의 조각처럼 그 모양이 딱 맞으면 우리 몸의 세포로 인식합니다. 반면 그곳에 바이러스 조각이 발견되면 병에 걸린 세포로 판단하여, 감염된 세포에 구멍을 내는 단백질 퍼포린(perforin)을 분비해 죽게합니다. 이런 방식으로 우리 몸의 세포도 암호를 사용해 세균이나 바이러스에 감염된 세포를 매일같이 처리하고 있습니다.

더 놀라운 얘기를 해드릴게요. 우리 몸 세포 속 DNA에는 유전 정보를 전달하는 암호가 숨겨져 있습니다. 그리고 지구상에 존재하는 모든 생물은 똑같은 유전 암호 체계를 갖고 있습니다. 인간이 이성을 바탕으로 만든 문명을 자랑하지만 단순한 세균이나 바이러스도 인간과 똑같은 유전 암호를 쓰는 것이죠. 눈에 잘 보이지 않는 모기도, 대양을 헤엄치는 고래도, 김치나 요구르트의 유산균과 술을 만드는 효모마저도 인간과 똑같은 유전 암호를 사용합니다.

지구상 모든 생명체가 같은 유전 암호를 갖고 있는 이유는 무엇일까요? 이것은 인간이 다른 생물과의 연결고리를 끊고 저 혼자서만은 살 수가 없다는 뜻이 아닐까요? 우리 모두가 똑같은 유전 암호를 가진 것은 서로 존중하고 협력해야 한다는 뜻일 겁니다. 인간이 DNA 연구를 통해 발견한 유전 암호의 가장 큰 뜻은 '서로 존중하고 협력하라'는 겁니다. 누구나 알지만 자꾸 잊는 지구의 가장 오래된 암호이지요.

김삿갓의 시를 소리 내어 읽어보세요

우리 문학에서 암호문은 김삿갓의 시가 대표적입니다. 김병연이라는 본명을 숨기고 전국을 떠돌아다닌 그는 세상의 부정을 조롱하는 시를 남겼습니다.

어느 날, 김삿갓이 한 부자의 집에 들렀습니다. 집주인과 함께 이런 저런 이야기를 나누다가 어느덧 저녁 식사할 때가 되었습니다. 부자의 아내는 남편의 눈치를 보면서 이렇게 말했습니다.

"人良卜一(인량복일)하오리까?"

그러자 부자인 남편은 이렇게 말을 하는 것이 아닙니까?

"月月(월월)이 山山(산산)커든 내오시오."

이들의 대화를 듣고 있던 김삿갓은 자리에서 일어나며 삿갓을 쓰면서 이렇게 말했다고 합니다.

"이 犭者禾重(견자화중)아 丁口竹天(정구죽천)이로구나."

'人良卜一(인량복일)'은 두 글자씩 합치면 '食上(식상)', 즉 "진지를 올릴까요?"라는 뜻이 됩니다. 남편의 말인 '月月(월월)이 山山(산산)커든'도 두 글자씩 합치면 '朋出(붕출)' 곧 "친구가 나가면 들여오시오."라는 뜻입니다. 이에 대한 김삿갓의 말 '犭者禾重'도 역시 두 글자씩 합치면 '猪種(저종)-돼지새끼'가 되며, '丁口竹天'은 '可笑(가소)-가소롭구나'가 됩니다. 이는 "돼지새끼들아, 가소롭구나!"라는 뜻이 되는 것입니다. 파자의 대가인 김삿갓 앞에서 주름을 잡으려고 한 부자는 얼굴을 붉힐 수밖에 없었을 것입니다.

김삿갓 이야기 하나 더! 역시나 전국을 떠돌던 김삿갓은 어느 서당에 들어가 훈장에게 하루 재워줄 것을 청했습니다. 제자들과 함께 글을 읽던 훈장은 김삿갓에게 호통을 쳤고, 김삿갓은 그들 앞에 시 한 편을 던지고 사라집니다.

書堂來早知(서당내조지)
房中皆尊物(방중개존물)
生徒諸未十(생도제미십)
先生來不謁(선생내불알)

서당을 일찍부터 알고 와, 방 안에 모두 귀한 분들일세.
생도는 모두 열 명도 못 되고, 선생은 와서 뵙지도 않네.

이 시가 담고 있는 또 다른 암호는 무엇일까요? 차마 글로 적지는 못 하겠습니다. 의미를 모르겠다면 다시 한 번 음미하면서 한자음을 소리 내어 읽어보세요.

김삿갓의 시라고 알려진 것들이 진짜 그가 쓴 것인지에 대한 논란이 많습니다. 어쩌면 억눌린 민중들이 세상을 조롱하는 마음으로 남긴 글이 그의 시로 알려졌는지 모릅니다. 김삿갓이 쓴 시든, 다른 사람의 시든, 중요한 것은 그 당시 수많은 사람들의 마음이 그 시에 담겨 있다는 점입니다. 대놓고 욕하는 것보다 이렇게 암호 같은 파자를 이용한 것은 듣는 이가 스스로 부끄러움을 알고 깨닫기를 바라는 마음이 있었기 때문이겠죠. 여러분도 성난 마음을 말로 표현할 때 누구나 알아들을 욕 대신 나만의 암호를 만들어보면 어떨까요?

수학 수업에 통섭이 필요한 이유

"수학은 왜 배워요?", "더하기 빼기만 알아도 사회생활하는 데 아무런 지장이 없잖아요?" 우리나라에서는 초등학교 때부터 대학에 가기 위한 수학만을 가르치고 배웁니다. 정해진 시간 안에 얼마나 많은 문제를 풀었는지, 얼마나 잘 푸는지에 주로 신경을 씁니다. 그 자체도 의미는 있습니다.

하지만 수학은 인류 역사가 시작된 이래로 자연 현상을 이해하고자 하는 노력에서 출발했습니다. 큰 배를 이용해 항해를 하기 위해서 미적분학, 무역의 규모가 커지며 확률과 통계, 우주를 이해하기 위해 삼각함수, 대수학 등이 필요했던 것입니다. 현대에 이르러서는 수학이 경제학, 사회학, 음악과 미술 등에도 많은 영향을 미칩니다. 세상의 이치를 파악하는 데 수학은 없어서는 안 되는 것이지요. 이제 수학은 세상과 통하고 주위의 소중한 이웃과 사이좋게 살아가고 미래 사회를 살아가는 데 필수요소입니다.

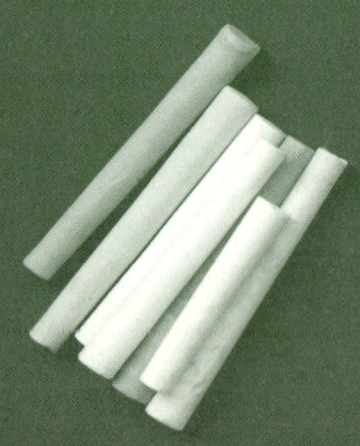

수학으로 통하다

1교시

관련 단원 ●**중학교 수학 3** 대푯값과 산포도 / 미적분과 통계 기본 – 다항함수의 적분법
●**중학교 과학** 인류 건강과 과학기술 / 식량자원 / 과학적 건강관리

평균만으로는
알 수 없는 세상

사회 교과서 속 '경제 성장과 삶의 질'에 대해 오늘은 수학 시간에 배워봐요.

가장 빠르게 배송하는 인터넷 쇼핑몰을 고르려면 '대푯값'을 알아야 하고, 항상 헷갈리는 대푯값은 사회 문제로 보면 잘 풀린답니다.

나라식품에 다니는 김 대리와 신입사원 나수학 씨가 인터넷 뉴스를 보며 대화를 나누고 있습니다.

어느 회사에 다니고 싶으십니까?

(대부분의 급여 수준 낮고
소수만 고소득)

평균 월급
300만 원!

(대부분 200만 원
근처에서 올망졸망)

평균 월급
250만 원!

여기 세 친구가 있습니다. 은진, 가연, 지선입니다. 키가 158cm인 서연은 자기의 키가 작다고 생각합니다. 키가 169cm인 은서는 조금 큰 편이라고 생각하지요. 하지만 키가 193cm인 지우는 자기 자신도 다른 사람도 작다고 생각하지 않습니다.

우리가 대체적으로 키가 작다, 크다고 말할 때는 '평균'을 기준으로 말합니다. 사람마다 차이는 있겠지만 우리나라 사람들이 생각하는 여성의 평균 키는 160~165cm 사이를 오갑니다. 이럴 때 사람들이 생각하는 '평균 키'가 바로 대푯값입니다. 자료나 어떤 특징을 대표해 나타내는 값이 그 자료나 집단의 대푯값입니다.

우리는 흔히 대푯값으로 평균(정확한 용어로는 산술평균)을 이용합니다. 평균을 구하는 방법은 간단합니다. 집단이 가진 자료의 모든 측정값을 더한 후 집단의 구성원 수로 나누면 됩니다. 성적을 낼 때 과목별 점수를 모두 합한 후 과목 수로 나눠서 평균 점수를 뽑지요? 네, 그것이 바로 평균입니다. 사람들은 평균에 대해 잘 알고 있고 널리 씁니다.

평균 키, 평균 체중, 1인당 국민 소득, 평균 소득 등으로 다양하게 사용하고 있습니다. 우리에겐 평균이 가장 익숙하지만, 사실 대푯값의 종류는 여러 가지가 있습니다. 중앙값, 최빈값 등도 자주 쓰이는 대푯값입니다. 처음 들어본다고요? 그냥 평균 하나만 대푯값으로 쓰면 편

리하지 않겠느냐고요?

아닙니다. 평균은 구하는 방법이 쉽고 익숙하지만 약점이 많은 대푯값입니다. 대푯값이라고 하지만 혼자 힘으로는 그 자료와 집단의 특성을 다 대표할 수 없지요. 그 때문에 다른 대푯값들이 필요합니다. 이제부터 여러분께 평균의 약점을 공개하겠습니다. 평균의 약점을 알면 다른 대푯값이 왜 필요한지 공감하실 거예요.

평균 배송일 4일 VS 3.4일, 어떤 인터넷 서점에 주문할까?

먼저 평균이 오류를 일으킨 사례를 소개해보겠습니다. 때는 1920년대, 중국은 내전 상황이었습니다. 병사들을 이끌고 적진을 향해 진격하던 한 지휘관은 큰 강을 만났습니다. 지휘관은 참모에게 강의 평균 수심이 얼마냐고 묻습니다. 참모는 평균 수심이 1m 40cm라고 답합니다. 장수는 평균 수심이 1.4m이고 병사의 평균 키가 1.65m이므로 걸어서 행군이 가능하다고 판단, 진격을 명합니다. 그러나 강 가운데 수심은 병사의 키보다 훨씬 깊어서 모두 물에 빠져버렸다고 합니다. 믿거나 말거나! 강을 걸어서 건널지 말지 결정하려면 평균보다 '가장 깊은 곳'의 수심이 얼마인지를 알아야 했던 것이지요.

이제 우리 생활에서 흔히 접할 수 있는 평균 얘기를 해봅시다. 다들 책을 사기 위해 인터넷 서점을 자주 이용하지요? 어떤 인터넷 서점을 이용할지 정하는 기준은 무엇인가요? 가격만큼 중요한 것이 빠른 배송입니다. 여기 2개의 인터넷 서점이 있습니다. A서점의 평균 배송일은 4일, B서점의 평균 배송일은 3.4일입니다. 여러분은 어느 서점에서 책을 주문하시겠습니까? 당연히 B서점이라고요? 결정하기 전에 이 숫자 평균 4와 3.4가 어떻게 나왔는지 살펴봅시다.

A 인터넷 서점에서 다섯 권의 책을 주문한 후 집에 도착할 때까지

의 일수를 조사한 결과가,

$$2, 1, 1, 14, 2$$

이었습니다. 평균 배송 일수는 $\frac{2+1+1+14+2}{5}=4$일입니다. 그런데 14를 제외한 평균은 $\frac{2+1+1+2}{4}=1.5$입니다. 1.5와 4 사이의 간격이 큽니다. 자료를 모두 살펴보아도 1일, 2일의 횟수가 많습니다.

B 인터넷 서점의 평균 배송일 3.4일은 어떻게 나온 숫자일까요?

$$3, 4, 5, 3, 2$$

평균 배송 일수는 $\frac{3+4+5+3+2}{5}=3.4$일입니다. 평균에서는 확실히 앞서지만, B서점에서는 가장 빨리 배송받아도 2일이 걸립니다. 반면 A서점의 경우는 14일에 걸리는 운 나쁜 경우를 제외하면 1.5일 만에 받을 가능성이 더 큽니다.

14일 만에 받을 위험 부담을 고려해 평균 배송일이 더 긴 B서점에 주문을 해야 할지, 14일을 제외하면 1.5일에 배달해주는 A서점을 이용할지 고민입니다. 평균만 봤을 때는 당연히 B서점이 앞서는 것 같지만, 실제 고객들이 느끼기에 배송이 빠른 곳은 A서점일 겁니다. 사람들이 느끼는 것과 달리 산술평균이 높게 나오는 이유는 14일이라는 극단적 수치가 있기 때문입니다.

또 다른 예를 들어보겠습니다. 어떤 회사는 평균 급여가 1,500만 원이라고 발표했습니다. 그 값은 큰 의미가 있을까요? 사장의 급여가 2억 원, 신입사원의 급여가 110만 원이라면 1,500만 원은 사장과 신입사원 어느 쪽에서 봤을 때도 터무니없이 높거나 낮은 황당한 수치가 되겠지요. 여러 회사에 동시에 합격, 어느 곳에 입사할지 행복한 고민에 빠진 사람이라면 '평균 임금'이 높은 곳이라고 무작정 선택해서는 곤란하겠지요? 여러분도 나중에 회사를 선택하게 될 때 '평균'의 함정에 빠지지 말기를 바랍니다.

이처럼 평균은 매우 큰 값이나 매우 작은 값의 영향을 받습니다. 평균은 A반과 B반의 수학 성적, C나라와 D나라의 1인당 GDP처럼 각 집단 사이를 비교할 때 사용할 수 있지만 극단적으로 크거나 작은 값이 포함되어 있으면 자료 전체의 경향을 파악하는 데는 한계가 있습니다.

이러한 평균의 단점을 보완하는 예로 체조 경기, 피겨스케이팅에서 사용하는 절사평균이 있습니다. 체조 경기는 6명의 심판이 출전한 선수의 경기에 점수를 주는데, 이때 최고점과 최하점을 제외한 네 점수의 평균으로 합니다. 자국 선수에게만 편파적으로 높은 점수를 주거나, 경쟁 선수에게 부적절하게 낮은 점수를 주는 심판의 점수를 배제하는 것이지요.

심판	A	B	C	D	E	F	평균
점수(점)	8	2	7	10	8	7	$\frac{8+7+8+7}{4}=7.5$

평균보다 유용한 중앙값

또 다른 대푯값인 중앙값에 대해 알아보기 위해 인터넷 서점 이야기로 돌아가봅시다. A서점의 배송일을 작은 값부터 크기 순으로 나열해보면 다음과 같습니다.

이렇게 크기 순으로 나열해보면 중앙에 오는 값 '2'가 평균 '4'보다 그 자료의 특징을 잘 나타냅니다. 이 값을 중앙값이라 합니다. 자료의 개수가 홀수일 때는 한가운데 있는 값이 중앙값이고, 자료의 개수가 짝수일 때는 가운데 값이 두 개이므로 이 두 값의 평균을 중앙값으로 합니다. 체조 경기의 예에서 여섯 개의 점수를 크기 순으로 나열하면 2, 7, 7, 8, 8, 10입니다. 중앙에 오는 값 7과 8의 평균 7.5가 중앙값입니다. 이 경우에는 2, 10을 제외한 7, 7, 8, 8의 중앙값은 7.5로, 2, 10을 제외할 때와 제외하지 않을 때가 같습니다. 평균과 중앙값이 일치하는 경우입니다. 평균과 중앙값의 차이가 극히 미미하거나 일치하여 구분할 필요가 없는 경우도 있는데 사람의 키, 가슴둘레, 몸무게 등 신체 부위에 관한 값이 그렇습니다. 매체를 통해 전달되는 평균 신장이나 오지 원시 부족의 평균 키에 대한 정보 등은 평균, 중앙값, 최빈값이 거의 일치한다고 보면 됩니다.

'몇 다리 거치면 다 아는 사이인데.'라는 말을 흔히들 합니다. 좁은 땅에 혈연과 지연 등으로 이리저리 얽혀 사는 인생이니 서로 얼굴 붉힐 일 없게 하자는 말이죠. 그런데 이 말은 한 동네나 우리나라에 국한되는 말이 아닙니다. '분리의 여섯 단계 이론(six degrees of separation)'에 따르면 '나와 무작위로 뽑은 어떤 사람은 6명을 매개로 연결된다.'지요. 이 이론은 1929년 헝가리 작가 프리기예스 카리니가 「분리의 여섯 단계」라는 단편소설을 발표하면서 세상에 알려졌습니다. 이 이론에 따르면 여러분은 6단계의 링크 만에 전 세계 곳곳의 사람과 친구가 될 수 있습니다. 가령 여러분이 100명의 친구를 두었고 연결되는 친구들도 모두 100명의 친구가 있다고 가정해보죠. 1단계를 거치면 100명, 2단계는 1만 명, 3단계는 100만 명, 4단계는 1억 명, 5단계는 100억 명입니다. 지구촌의 인구가 70억 명이니 6단계만 거치면 아는 사람입니다.

미국의 사회학자 스티븐 밀그램은 이 이론이 맞는지 확인하기 위해 직접 실험을 합니다. 자신이 모르는, 미국에 살고 있는 두 사람에게 편지를 보내 몇 단계 만에 도착할 수 있는지를 알아보는 실험입니다. 중간에 도착하지 못한 편지가 있기는 했지만 평균 5.5단계 안에 도착하였습니다. 이때 사용한 평균은 산술평균이 아니라 중앙값입니다. 대부분의 우편물이 1~2회에 전달되었고, 몇몇의 경우만 수십 단계를 거쳤다고 합니다. 이때 수십 단계를 거친 수치를 포함해 평균을 내면 앞서 인터넷 서점의 평균 배송 일수처럼 평균이 지나치게 부풀려집니다. 그래서 산술평균이 아니라 중앙값을 대푯값으로 내세운 것이지요.

사회의 소득 분포, 양극화를 파악할 때도 평균보다 중앙값이 유용

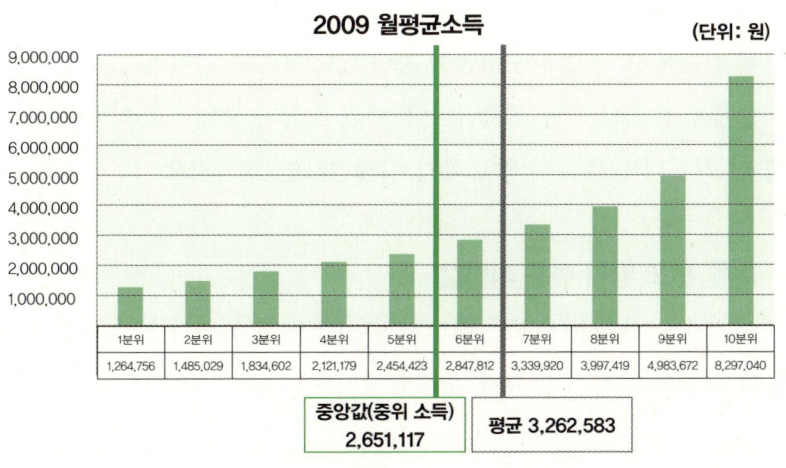

〈그림 1〉 2009 월평균 소득(분위소득 비교)

합니다. 〈그림 1〉은 2009년 우리나라의 월평균 소득을 나타낸 것입니다. 소득 10분위란 전체 소득 인구를 10%씩 나눈 것입니다. 낮은 순으로 1분위는 하위 10%, 10분위는 상위 10%입니다.

언론에 발표된 평균 소득 326만 원을 보며, '우리는 평균보다 소득이 낮구나!'라고 생각하는 사람이 많을 겁니다. 실제로 평균 소득이나 평균 임금이 발표된 인터넷 뉴스에는 '나는 평균도 안 되는 저소득층'이라거나 '우리 회사는 빼고 낸 수치?'라는 자괴감 섞인 댓글이 주르륵

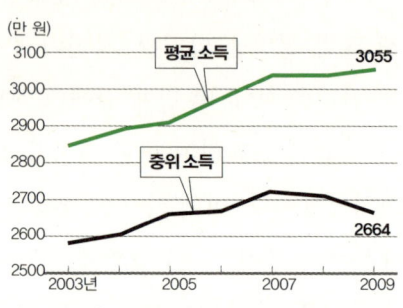

평균 소득에 못 미치는 중위 소득

〈그림 2〉 평균 소득과 중위 소득의 비교
(출처: 한국경제신문)

달립니다. 〈그림 1〉을 살펴보면 중앙값(중위 소득-5분위 소득과 6분위 소득의 합을 2로 나눈 값)은 2,651,117원으로 평균인 3,262,583원보다 적습니다. 평균이 아니라 중앙값을 실질적인 중위 소득으로 보는 것이 맞습니다. 평균 소득과 중위 소득의 차이가 나는 것은 상위 고소득자가 전체 소득에서 차지하는 비중이 높아지고 있다는 의미입니다. 즉 부가 소수에게 집중되고 있는 것입니다. 평균 소득과 중위 소득의 격차가 점점 더 커진다면 소득의 양극화가 심해진다는 뜻이지요.

소득 분포 알기 쉬운 최빈값

이번에 살펴볼 대푯값은 최빈값입니다. 여기 은진이 친구 10명의 운동화 치수(mm)가 있습니다.

220, 240, 220, 230, 220, 220, 220, 260, 220, 230

은진이 친구들은 대략 어떤 치수의 운동화를 신는다고 말할 수 있을까요? 더하기와 나누기 과정을 거치지 않고 한눈에 숫자를 살펴보세요. 10명 중 여섯 명이 220을 신으니 대략 220이라고 해도 좋지 않을까요? 이와 같이 가장 여러 번 나온 값을 최빈값이라 합니다. 자료의 개수가 아주 많은 경우에 최빈값은 자료의 특성을 파악하는 데 도움을 줍니다. 위의 예처럼 가장 많은 학생들이 신고 있는 운동화의 크기, 가장 인기 있는 운동 종목 등을 구하는 경우가 이에 해당합니다. 한 사회의 소득 분포를 파악하는 데도 평균보다는 최빈값이 더 알맞습니다.

노동자와 회사 사이의 임금 협상을 바라볼 때도 최빈값을 이용하면 더 정확한 판단을 할 수 있습니다. 이해를 돕기 위해 간단한 숫자로 예를 들어보겠습니다. '참된' 음료회사 노동조합이 임금 인상을 요구하였습니다. '참된' 음료회사 사장은 "우리 회사의 평균 월급이 경쟁사인 '새벽' 음료회사보다 많기 때문에 임금 인상은 부당하다."고 반대했습니다. 과연 노조의 임금 인상 요구가 부당한가요?

(단위: 만 원)

직위	사장	부장(2명)	직원 7명	평균
급여	1,500	500	100	320

'참된' 음료회사의 월급 분포

(단위: 만 원)

직위	사장	부장(2명)	직원 7명	평균
급여	1,000	500	150	305

'새벽' 음료회사의 월급 분포

사장의 말처럼 평균 월급은 '참된' 음료회사가 '새벽' 음료회사보다 15만 원이 많습니다. 하지만 많은 수를 차지하는 직원 7명의 급여는 '새벽' 음료회사가 50만 원이나 많습니다. 임금 인상을 요구한 직원들만 놓고 보면 경쟁사보다 월급이 적음에도 사장은 평균을 이용해 거짓 정보를 제시한 것입니다. 같은 직원의 월급만 비교할 때 노조의 월급 인상 요구는 정당합니다. 평균의 수치보다 자주 나오는 수, 최빈값을 봐야 할 이유를 알겠지요? 또 다른 예로는 프로야구 선수의 평균 연봉이 있습니다. 언론에는 연봉이 몇 억씩 되는 선수가 자주 소개되지만, 그런 선수는 소수이고 대부분의 선수는 낮은 연봉으로 살아가니까요.

불평등도 측정 도구 '지니 계수'

중앙값과 최빈값으로 소득의 불균형을 견주어 알 수 있습니다. 하지만 정확한 수치를 제시하는 데는 조금 미흡합니다. 소득 분배도를 더 정확한 수치로 나타낼 필요가 있겠지요? 이럴 때 쓰는 것이 지니 계수입니다.

지니 계수는 이탈리아의 통계학자 코라도 지니가 개발한 것으로 소득 불균형의 정도를 나타내는 경제지표입니다. 지니 계수가 낮을수록 고른 분포를, 높을수록 고르지 못한 분배 상태를 나타냅니다. 다시 말하면 지니 계수는 0과 1 사이의 값으로 나타내며 0에 가까울수록 소득이 균등하게 배분되고 1에 가까울수록 불평등함을 의미합니다(위키백과). 지니 계수는 사회의 소득 불균형과 양극화 정도를 파악하는 데 주로 사용합니다.

일반적으로 0.2~0.6 정도를 현실적인 지니 계수의 범위라고 부릅니다. 경제사회학자들은 현실적으로 0.6을 넘으면 사회적인 대혼란이 일어날 수도 있다고 합니다. 중국은 아프리카 대륙을 제외하고 세계에서

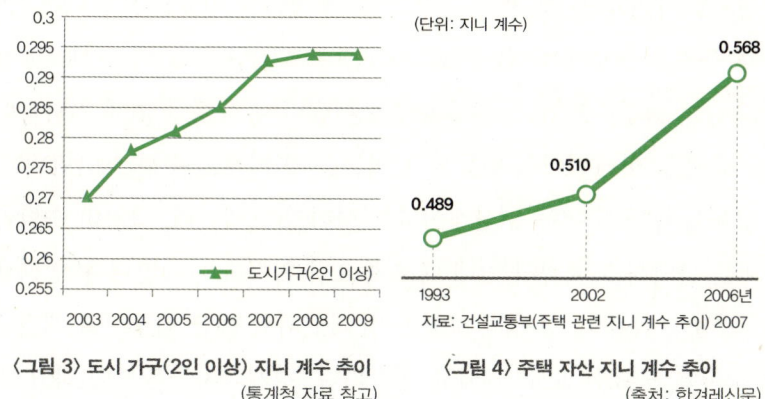

〈그림 3〉도시 가구(2인 이상) 지니 계수 추이
(통계청 자료 참고)

〈그림 4〉주택 자산 지니 계수 추이
(출처: 한겨레신문)

빈부 격차가 가장 큰 나라입니다. 2010년 기준 지니 계수가 0.5에 달하는 것으로 나타나 중국 정부는 사회 혼란을 우려하고 있는 실정입니다.

우리나라의 지니 계수는 어떨까요? 〈그림 3〉은 2003년부터 2008년까지 2인 이상 도시가구의 지니 계수가 꾸준히 상승하여 2007년 기준 0.3579로 나타납니다. 소득의 불균형이 심화되고 있음을 알 수 있습니다. 또한 〈그림 4〉에서 보듯 주택 자산(주택, 토지, 금융자산)에 대한 지니 계수도 급상승하고 있습니다. 특히 2007년 기준 주택자산 지니 계수가 0.7609까지 올라갔는데, 이는 서울과 수도권을 중심으로 아파트 값과 토지 비용이 크게 올라 주택 자산 양극화가 심화되고 있음을 보여줍니다.

수학은 인류의 삶과 함께 시작해, 삶을 이끌어 가는 도구입니다. 원시 인류는 손가락을 하나씩 접는다든지, 또는 조약돌이나 막대를 모은다든지, 흙이나 돌 위에 자국을 낸다든지, 나뭇조각에 새김눈을 낸다든지 하는 방법으로 셈을 했습니다. 또한 인간은 다른 영장류와 달리 불필요한 것은 버리고 필요한 부분만을 뽑아내는 추상 능력이 있습니다. 양 두 마리와 돌 두 개는 모두 '2'로 추상하고 기호를 만듭니다. '2'라는 수는 참으로 많은 것을 담고 있는 기호입니다. 고대 이집트에선 나일 강의 범람으로 토지 측량이 중요했습니다. 측량을 위해 기하학이 발달했지요. 아라비아와 인도의 상인들은 '0'이라는 수를 고안합니다.

모두들 수학이 너무 추상적이고 어렵다고 느낍니다. 하지만 수학은 사회를 파악하고 예측하는 데 매우 중요한 위치를 차지합니다. 인터넷 암호, GPS, 컴퓨터, 경제학, 사회과학, 자연과학 등을 연구하고 개발할 때 수학은 중요한 도구가 되고 있습니다. 경제학자들은 면밀하고 정확한 분석과 예측을 위해 수학 공부를 게을리하지 않습니다. 여러분도 이제 신문 기사를 읽을 때 수학의 힘을 이용하세요. 기사 속에 숨겨진 의미까지 읽을 수 있으니까요.

돋보기

로렌츠 곡선과 지니 계수는 둘 다 빈부 격차의 정도를 나타내는 지표다. 로렌츠 곡선은 불평등도를 그림으로, 지니 계수는 숫자로 표현한다. GDP는 한 국가의 총생산을 측정하기엔 좋지만, 소득 분배 상태를 나타내지 못한다는 한계가 있다. 이러한 GDP의 약점을 보안하기 위해 만든 도구가 '로렌츠 곡선'이다. 미국의 경제학자 로렌츠가 고안한 그래프로 소득 분배 상황을 보여준다. 그래프의 가로축에는 소득 규모의 순서대로 세운 인구의 누적분포, 세로축에는 소득의 누적분포를 배치한다. 소득 분배가 가장 공평한 상태는 회색 선으로 나타난 균등분포선이다. 인구의 20%가 국가 소득의 20%를 차지하면 되고, 인구의 40%가 국가 소득의 40%를 차지하는 상태다. 인구의 누적분포와 소득의 누적분포가 같을 때

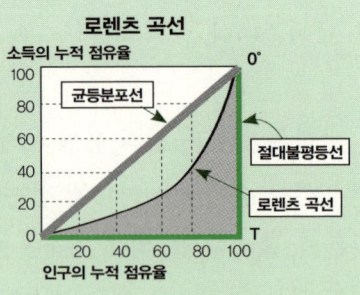

로렌츠 곡선

소득의 누적 점유율

균등분포선

절대불평등선

로렌츠 곡선

인구의 누적 점유율

가 가장 평등한 소득 분배다. 이를 그래프로 나타내면 기울기가 1인 직선이다. 그러나 현실에는 존재하지 않는다. 현실은 상위 5%가 국가의 부의 80%를 차지하고, 하위 40%의 인구는 국가 소득의 10%도 못 차지하기도 한다. 이러한 불평등 상황을 그래프로 그려보면 앞에서 보듯이 균등분포선에 비해 왜곡된 그래프가 나타날 수밖에 없다. 이렇게 균등분포선에서 벌어져 왜곡된 소득 분배를 나타내는 그래프가 '로렌츠 곡선'이다.

절대불평등선은 초록색 선으로 나타난 그래프로, 한 사람이 전 국가의 부를 모두 가지는 극단적인 경우를 말한다. 지니 계수는 다음과 같이 구한다.

$$\text{지니 계수} = \frac{\text{초록색 반달 부분의 면적}}{\text{삼각형 OO'T의 면적}}$$

완전평등선과 로렌츠 곡선이 만나 만드는 반달 부분의 면적이 클수록 분배의 불평등이 심하다는 것을 의미한다. 초록색 반달 부분의 면적은 '적분'을 통해 구할 수 있다.

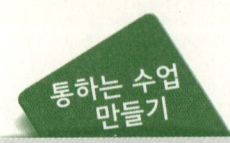
10분위 배율

소득의 불평등 정도를 파악하는 데 '10분위 배율'도 사용합니다. 10분위 배율이란 상위 두 분위(9분위, 10분위) 소득으로 하위 네 분위(1분위, 2분위, 3분위, 4분위)의 소득을 나누어주는 것입니다. 10분위 배율이 낮을수록 불평등 정도가 심합니다.

$$10분위 배율 = \frac{1분위 소득+2분위 소득+3분위 소득+4분위 소득}{9분위 소득 + 10분위 소득}$$

다음 그림은 A나라와 B나라의 10분위 소득을 막대그래프로 나타낸 것입니다. 두 그림을 보고 A나라와 B나라의 10분위 배율을 계산하고 불평등 정도가 높은 나라는 어느 나라인지 설명하고 이를 서술하시오 (단, 소수점 아래 세 번째 자리에서 반올림하시오).

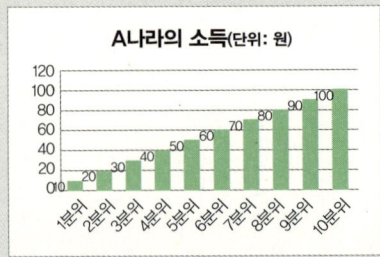

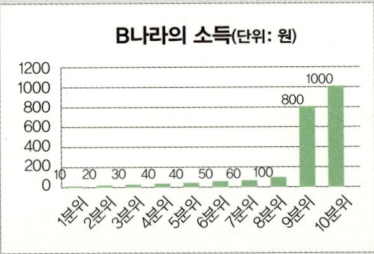

A, B 두 나라의 10분위 배율을 계산하면 다음과 같다.

A나라의 10분위 배율=(10+20+30+40)/(90+100)≒0.53
B나라의 10분위 배율=(10+20+30+40)/(800+1000)≒0.06

이는 9분위와 10분위의 합이 B나라가 A나라보다 절대적으로 크며, 따라서 B나라가 **소득의 불균형 정도가 큼**을 알 수 있다.

더 읽어볼 책

- 『**새빨간 거짓말 통계**』, 대럴 허프, 더불어책, 2004.
- 『**통계의 미학**』, 최제호, 동아시아, 2007.
- 『**경제 성장이 안 되면 우리는 풍요롭지 못할 것인가**』, 그레이엄 태터솔, 한겨레출판, 2009.
- 『**마을에서 희망을 만나다**』, 박원순, 검둥소, 2009.
- 『**재미있는 수학 여행 1**』, 김용운 · 김용국, 김영사, 2007.

관련 단원 ●**중학교 수학** 문자와 식 / 방정식 ●**중학교 사회** 경제 성장과 삶의 질
●**중학교 국어 1** 이야기(11단원) ●**중학교 도덕** 청소년과 도덕
●**중학교 과학** 인류의 건강과 과학기술 / 식량자원 / 과학적 건강관리 / 첨단과학과 질병치료 / 국가의 모색

세상에서 가장
행복한 공식

다음 중
어떤 학생이 가장
수학을 잘할까요?

경쟁자는
계산기뿐!
계산 속도는
내가 최고지.

난 공식이라면
모르는 게 없어.

문제를
잘 풀어야
성적이 나오지.
계산이랑 공식은
기본이야.

A B C

공식이
왜 나왔는지
아는 것이 중요하지
않을까요?

공식은 필요에 따라서 만들어지고 그 공식은 인류에 큰 공헌을 합니다. '행복 공식'도 있을까요? 알아봅시다.

어떤 학생이 수학을 잘할까요? 계산이 빠른 학생? 문제를 잘 푸는 학생? 공식을 많이 외우고 있는 학생? 계산이 빠르고 문제를 잘 풀고 여러 공식을 두루 외우고 있다면 확실히 시험에서 높은 점수를 받을 수 있겠죠. 하지만 수학을 잘한다, 잘 안다는 것이 수학 점수가 높다는 의미만은 아닙니다. 공식을 외운 뒤 문제를 푸는 것이 수학이라면 그건 사실 수학이 아니라 '암기'일 뿐입니다. 암기와 반복 훈련으로 높은 점수를 받을 수 있다고 선전하는 학원들을 보면 수학 선생인 저는 조금 서글퍼집니다. 암기와 반복 훈련이야말로 '수학'과는 가장 거리가 먼 것이니까 말입니다.

수학은 영어로 mathematics입니다. 이 단어는 '배우는 모든 것'이라는 뜻의 그리스어 mathemate, 또는 mathema에서 유래했다고 합니다. 두 단어 모두 배움, 지식과 같은 의미를 나타내는 mathesis에서 파생한 것입니다. 플라톤은 'math를 배우지 않은 이는 교육받은 이라고 볼 수 없다'고 믿었습니다. 이때의 math는 수에 대한 학문이 아니라 사고하고 사유하는 학문이라는 의미지요.

수학을 '잘' 하려면 원리와 개념이 왜 만들어졌는지 공식은 어떻게 만들어졌는지, 그 과정을 우선 파악해야 합니다. 그 과정에서 수학의 참맛을 느끼게 됩니다. 수학자와 과학자들이 만들어낸 공식 하나에는 우리가 사는 세계와 우주를 설명하기 위한 노력이 담겨 있습니다. 복잡한 세상을 하나의 공식에 아름답고도 간결하게 담아내는 것이 그들의 목표입니다. 소설가가 1만 장의 원고지에 쓸 내용을 과학자는 하나의 공식에 담고 싶어 하는 것이지요.

$$E = mc^2$$

많이 본 공식이지요? 아인슈타인이 정리한 에너지와 질량 관계식입니다. 학습지나 두뇌 계발 기구의 광고에서 가장 흔하게 쓰이는 공식입니다. 이 공식이야말로 누구나 알고 있지만, 무슨 의미인지 어째서 나온 것인지 이해하려는 사람이 없는 대표적인 예일 것 같네요.

$$F = ma, \quad 1 + e^{i\pi}, \quad \lambda = \frac{h}{mv}$$

이런 공식들은 어떤가요? $E = mc^2$보다는 조금 낯선가요? $F = ma$는 물체에 미치는 힘은 그 질량과 가속도에 비례한다는 뉴턴의 제2법칙이고, $1 + e^{i\pi} = 0$은 오일러 공식, $\lambda = \frac{h}{mv}$는 물질이 파장과 입자의 성격을 가지고 있다는 드 브로이의 파장 공식입니다. 간단해 보이는 공식이지만, 이 속에는 복잡한 물질세계를 설명하려는 수학자와 과학자들의 노력이 담겨 있습니다. 공식은 복잡한 현실세계를 간명하게 설명하려는 노력의 결과물인 것입니다. 뛰어난 공식일수록 간단하고 명료합니다. 여러분은 이 공식들을 보면 어떤 생각이 드나요? 그저 머리 아픈 외계어로 보이나요? 저 기호들 속에 숨은 진짜 의미가 무엇인지 궁금하다면, 그 의미를 찾아보세요. 그것이 바로 수학을 알고, 잘하게 되는 첫걸음입니다. 호기심이 생겼다면 용감하게 첫발을 디뎌봅시다.

▲ 소설 『태백산맥』의 원고

『태백산맥』은 한국 현대사를 그린 대표 대하소설입니다. 작가인 조정래는 태백산맥을 손으로 꾹꾹 눌러 원고지에 썼습니다. 무려 원고지 1만 6,500장이었습니다. 벌교에 있는 태백산맥 문학관에는 그 원고지가 전시되어 있습니다. 탑처럼 높이도 쌓여 있지요. 조정래 작가가 일생 동안 쓴 원고지는 무려 5만 장에 달한다고 합니다.

코시-슈바르쯔 부등식으로 유

▲ 프랑스의 수학자 코시

명한 프랑스의 위대한 수학자 코시(1789~1857)는 정다면체는 면수가 4, 6, 8, 12, 20의 5종류 외에는 없다는 것을 증명했습니다. 수학 외에 수리물리학, 천체역학 등 많은 부분에서 업적을 남겼지요. 다른 수학자들은 한 해 한 편 내기도 어려운 논문, 그는 30여 쪽에 달하는 긴 논문을 일주일에 몇 편씩 제출해 무려 780편에 달하는 논문을 남겼습니다. 당시 프랑스 과학아카데미는 코시의 방대한 논문 때문에 인쇄비가 꽤나 들어 곤란했던 모양입니다. 이즈음 수학 논문은 4쪽 이내로만 내기로 정했지요. 이 원칙은 아직도 지켜지고 있답니다.

하나의 공식이 세상에 어떤 영향을 미치는지 좀 더 자세히 살펴봅시다.

$$F = \frac{kMm}{r^2}$$

(k는 만유인력 상수, m·M은 두 물체의 질량, r은 두 물체 사이의 거리)

위의 공식은 뉴턴의 만유인력의 법칙입니다. 두 물체 사이에 미치는 힘은 두 물체의 질량에 비례하고 또한 두 물체 사이의 거리의 제곱에 반비례한다는 것이지요. 흔히 '떨어지는 사과를 보고 영감을 받았다.'는 바로 그 법칙입니다. 이 공식은 인류 문명사에 크나큰 영향을 미칩니다. 뉴턴은 수학적 추론과 계산으로 이 공식을 이끌어냈습니다. 떨어지는 사과에서 그 영감을 받았다는 것은 비유일 뿐 실은 기나긴 사유를 거쳐 만든 법칙이죠. 뉴턴이 살던 시대 과학자들은 태양과 다른 행성들 사이에 인력이 작용하고 있다는 사실을 알고 있었습니다. 갈릴레이 운동의 제1법칙에 따르면 물체들은 힘에 방해를 받지 않는 한 직선으로 계속 움직이려 합니다. 이 법칙에 따르면 지구나 다른 행성들이 태양 둘레를 타원 궤도로 도는 건 불가능합니다. 따라서 행성들이 직선으로 튕겨 나가지 않고 타원 궤도를 돌고 있는 것은 태양과 행성 사이에 끌어당기는 힘이 있기 때문일 것이라 생각하였습니다. 쥐불놀이를 할 때 줄을 잡고 돌리면 깡통이 원 모양으로 회전하지만 줄을 놓으면 저 멀리 튕겨 나가는 이치와 같습니다.

뉴턴은 이 당연하고 상식적인 생각을 수학 공식으로 전환합니다. 뉴턴은 지구에서 달아나지 않고 지구 둘레를 원 모양으로 도는 달을 보며, 달과 지구 사이의 끌어당기는 힘, 즉 지구의 중력을 측정하고자 했습니다. 그리고 이 생각을 더 확장해 어떤 두 물체 사이에도 작용하는 만유인력의 법칙을 발견하게 됩니다. 또한 뉴턴은 만유인력의 법칙을 통해 케플러가 행성이 태양 주위를 타원형으로 돌고 있다고 관측한 것을 수학으로 정리합니다.

뉴턴의 만유인력의 법칙은 프랑스혁명의 사상에도 영향을 미칩니다. 당시 프랑스에서 도망쳐 영국에 머무르고 있던 프랑스 사상가 '볼테르'는 뉴딘의 과학에 매료되어 이를 프랑스어로 번역하여 소개합니다. 이는 이후 프랑스혁명의 사상적 기초가 된 계몽주의에 영향을 줍니다. 계몽주의는 이성의 힘을 믿고, 인간의 존엄성과 자유를 회복하자는 운동입니다. 당시 프랑스 민중은 부패한 왕권, 교회, 신분제에 억눌려 있었지요. 프랑스인들에게 하늘과 땅이 똑같은 원리로 움직인다는 만유인력의 법칙은 왕은 인간의 아들일 뿐이고, 신성한 신의 공간은 따로 존재하지 않는다는 메시지로 다가갔습니다.

뉴턴의 만유인력의 법칙이 과학사에 미친 영향은 헤아릴 수 없이 크고 많습니다. 그중 가장 큰 영향은 이후로 많은 과학자들이 자신의 연구 결과를 간단한 공식으로 나타내려 애쓰게 됐다는 겁니다. 간단한 공식으로 세상의 법칙을 설명하는 건 당시 매우 흥미로운 일이었으니까요. 물론 지금도 그렇습니다. 수학자와 과학자는 하나의 공식에 물리의 법칙을 담고, 별과 우주의 움직임을 설명하기도 합니다. 수학자와 과학자들은 세상 모두를 공식으로 설명하려 하죠. 공식으로 담을 수 있는 것은 무궁무진합니다. 그렇다면 사랑이나 행복도 공식으로 만들 수 있을까요?

행복도 수학 공식으로 측정할 수 있다

자, 이제 행복에 대해 얘기해봅시다. 행복하기 위해 무엇이 필요하다고 생각하세요? 많은 사람들이 행복을 위한 필수조건으로 '돈'을 얘기합니다. 사랑, 가족, 건강 다 중요하지만 돈이 없으면 곤란하다는 생각이지요. 돈과 물건들은 삶의 척도가 되어버렸습니다. 얼마나 버는지, 어떤 집에서 사는지, 어떤 차를 모는지, 어떤 휴대폰을 쓰는지 하는 것들이죠. 하지만 우리는 생활이 편리하고 풍족해질수록 행복에 대해 의문을 갖게 됩니다. 나는 행복한가? 하고 말이죠. 현대인은 누구나 할 것 없이 어떻게 해야 행복할 수 있는지, 내가 행복하지 못한 이유는 무엇인지를 고민합니다. 이에 경제학자, 사회학자, 심리학자들은 행복의 정도를 알아볼 공식을 만듭니다. 과연 수식화된 공식이 행복을 측정할 수 있을까요?

이제부터 행복을 재는 공식을 소개합니다. 이 공식들은 행복감을 높이는 데 필요한 요소를 관찰하고 실험해서 만든 공식입니다. 뉴턴이 물체 사이의 역학관계를 관찰하고 실험해서 만유인력의 공식을 만든 것처럼 말이죠. 만유인력 법칙이 과학 발전에 큰 획을 그은 것처럼 행복 공식이 인류를 더 행복하게 해줄지 알아봅시다.

자신이 처한 상황에 따라 행복의 기준은 달라집니다. 이 때문에 행복지수는 각 나라의 실정에 맞게 개발되고 있습니다. 영국의 심리학자 로스웰과 인생상담사 코언은 개인의 행복도를 객관화하여 행복지수 (Happiness Index)를 만들었습니다. 아래에 측정 문항을 따라 여러분도 각자의 행복지수를 측정해보세요.

1번 : 나는 사교적이고 원기 왕성하며 변화를 잘 받아들이는가?

0점	1점	2점	3점	4점	5점	6점	7점	8점	9점	10점

2번 : 나는 매사에 긍정적이며, 실패해도 빨리 일어서며, 삶을 스스로 잘 통제하고 있는가?

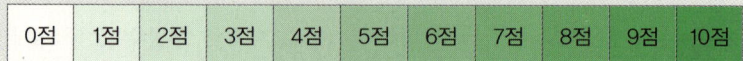

0점	1점	2점	3점	4점	5점	6점	7점	8점	9점	10점

3번 : 건강과 돈, 안전, 선택의 자유, 공동체 의식 등 삶의 기본적

욕구가 잘 충족되는 편인가?

0점	1점	2점	3점	4점	5점	6점	7점	8점	9점	10점

4번 : 필요할 때 도와달라고 부탁할 사람이 주위에 있는가, 지금
　　 하고 있는 일을 열심히 하는 편인가, 목표를 달성하기 위해
　　 애쓰고 있는가?

0점	1점	2점	3점	4점	5점	6점	7점	8점	9점	10점

　각 문항에 대하여 점수를 매겼으면 그 점수를 아래 공식에 대입해
보세요.

> 행복지수 = (1번 점수 + 2번 점수) + 3번 점수 × 3 + 4번 점수×5

　여러분의 행복지수는 얼마입니까? 우리나라 국민의 평균 행복지수
가 약 60점이니 그보다 높으면 여러분은 행복지수가 대한민국 평균
이상입니다.

　1번과 2번 문항은 개인 특성을 나타내며, 다른 사람들과의 관계나
도전 능력, 긍정적 사고, 유연성을 측정하고 있으며, 3번 문항은 기본
적인 생존욕구를 뜻하는 것으로 건강, 돈, 안전 등을 뜻합니다. 4번 문
항은 삶과 개인의 관계와 깊이 관련된 고차원적 행복요소로 자존감,
도전, 자아실현 등을 의미합니다. 위의 공식을 보면 3번 문항에 3, 4

번 문항에 5를 곱하지요. 이것은 개인의 행복을 좌우하는 것은 1번, 2번 문항보다는 3번 문항인 생존욕구가 3배, 4번 문항인 사회적 욕구가 5배 더 중요하다는 의미입니다. 따라서 개인적 특성보다 생존조건과 사회적 욕구가 높으면 행복지수는 높게 나옵니다. 이것은 가중 평균의 개념으로 그 중요도에 따라 항목마다 가중치를 다르게 둡니다. 예를 들어 소비자 물가를 산정할 때도 가중치로 선정합니다. 가계소비지출 중 비중이 큰 489개 품목을 정하고 그 품목의 중요도에 따라 가중치를 따로 부여합니다. 서민 경제에 미치는 비중에 따라 전셋값은 93.5, 휘발유 41.4, 월세 37.9, 쌀은 24.5의 가중치를 부여합니다. 가중치는 시대에 따라 달라집니다. 먹고살기 팍팍했던 시절에는 지금보다 쌀의 가중치가 더 높았겠지요.

나만의 행복지수를 만들어보자

이 공식을 만들기까지 로스웰과 코언은 수천 명에게 80가지 문항을 제시하여 행복을 위해 가장 필요한 조건이 무엇인지 물었습니다. 그 결과를 바탕으로 사람들이 생각하는 행복의 요소를 간추려 가중치를 주었습니다. 이 공식은 개인과 집단이 처한 상황에 따라 변형될 수도 있습니다. 여러분의 행복도를 측정하기 위해서 네 가지 문항을 만들어보세요. 예를 들어 '나는 뚜렷한 인생의 목표가 있는가?', '나는 고민을 털어놓을 친구가 있는가?', '나는 용돈이 충분한가?', '나는 가족과의 대화 시간이 충분한가?'와 같은 방식으로요. 네 가지 문항 각각에 대하여 가중치를 주고 점수를 매겨봅시다. 본인이 더 중요하다고 생각하는 질문에 가중치를 더 줄 수 있습니다.

행복은 개인마다 문화에 따라 다르므로 이 공식의 의미가 없다고 생각할 수도 있습니다. 하지만 각각에 대하여 점수를 매기고 점수가 낮게 나온 부분을 메우고자 노력한다면, 예를 들어 필요할 때 도와줄 친구가 없다면 친구를 만들기 위해, 인생의 목표가 없다면 실현 가능한 목표를 세우기 위해 노력하다 보면 행복도 어느새 가까이 와 있을 겁니다.

그렇다면 이쯤에서 궁금한 것 하나 짚고 넘어갑시다. 로스웰과 코언은 행복지수에서 왜 3번과 4번에 더 큰 가중치를 줬을까요? 지난 반세기 동안 급속한 과학기술의 발달로 수명이나 소득은 눈에 띄게 늘었지만 가족과 마을은 해체되고 사람들은 뿔뿔이 흩어졌습니다. 한집에 사는 가족끼리도 얼굴 보기가 힘들어졌죠. 옛날 우리 선조들은 어려운 일이 생기면 마을공동체 안에서 서로 도와 이겨냈습니다. 하지만 지금 우리는 아파트 옆집에 누가 사는지도 모르며 지냅니다. 현대사회에선 가족의 유대관계, 지역사회의 연대가 느슨하지요. 여러분은 어려움이 있을 때 도움을 청할 친구나 어른이 있는지요? 나의 속마음까지 모두 드러내놓고 이야기할 수 있는 친구 말입니다. 현대인은 누구나 외롭고 우울하다고 합니다. 우울증과 범죄가 늘어나는 것도 같은 원인일 겁니다. 사람들이 서로를 믿지 못하고, 동고동락할 공동체를 잃었기 때문이지요.

또 행복한 사람은 누구나 목표를 가지고 있습니다. 로또 당첨이나 노벨상 수상 같은 멀고 먼 꿈이 아니라 조금만 노력하면 실현 가능한 목표입니다. 목표가 너무 높으면 좌절의 쓴맛을 느낄 것이고 목표가 너무 낮으면 인생이 지루해집니다. 1970년대 스키토프스키라는 경제학자는 부유해도 행복하지 않은 이유를 지루함 때문이라고 지적했습니다.

행복지수가 높은 나라는 의외로 선진국이 아니라 멕시코, 푸에르토리코, 방글라데시 등 그리 잘살지 못하는 나라들입니다. 이들 나라는 국내총생산 GDP는 높지 않습니다. 2007년 37개국을 대상으로 행복지수를 조사한 결과, 멕시코가 1위, 우리나라는 27위였습니다. 멕시코의

1인당 국민총생산 GNP는 우리나라의 절반 수준입니다. 이들 나라는 4번 문항의 사회적 욕구(야망, 성공, 기대, 자존심)에 높은 점수를 주었습니다. 이들 나라는 마을공동체가 잘 발달하였고 대가족을 이루어 삽니다. 항상 삶을 같이 나눌 수 있는 사람들과 함께 있지요. 또한 남미 특유의 낙천적 성격도 한몫했습니다. 이들은 소득이 약간만 늘어도, 작은 일에 성공해도 크게 기뻐했습니다. 멕시코의 점심시간은 2시간이랍니다. 점심시간에 친구를 만나고, 개인적 일도 보고 한다는군요. 4교시 끝나자마자 벌떼처럼 급식소로 뛰어가고 시간에 쫓겨 허겁지겁 밥을 먹는 우리의 모습과는 너무도 다르지요.

그렇다면 행복지수를 높이기 위해서는 어떻게 해야 할까요? 로스웰과 코언은 다음과 같이 해볼 것을 제안하고 있습니다.

① 가족, 친구, 그리고 자신에게 시간을 쏟기
② 흥미와 취미를 추구하기
③ 밀접한 대인관계를 맺기
④ 새로운 사람들을 만나고 기존의 틀에서 벗어나기
⑤ 현재에 몰두하고 과거나 미래에 집착하지 말기
⑥ 운동을 하고 휴식하기
⑦ 항상 최선을 다하되 실현 가능한 목표를 갖기

어떤가요? 좋은 대학에 가기 위해서, 혹은 컴퓨터 게임에 매몰되어 자신만의 성취에만 만족하지 말고 내 주변의 많은 사람들과 관계를 맺어나가다 보면 더욱 행복해질 수도 있지 않을까요.

GDP로는 행복을 잴 수 없다

고등학교『사회』교과서 9단원은 '경제 성장과 삶의 질'입니다. 내용을 살짝 볼까요?

> "돈으로 사랑은 살 수 없어도 행복은 살 수 있다."라는 말에 동의하는가? 한 나라의 경제가 성장하여 국민 소득이 증가하게 되면 사람들의 삶의 질도 높아지고 행복도 증진될까? 이를 알아보기 위해 한 나라의 경제 성장의 정도를 측정하는 방법은 무엇인지 알아보고, 국민 소득의 증가가 삶의 질을 향상시키는 데 어느 정도 기여하는지 알아보자.
>
> ─고등학교『사회』, p.234 'IX. 경제 성장과 삶의 질 1. 국민 소득과 삶의 질' 단원
> 머리말 인용, (주)미래엔컬처 그룹, 2011.

흔히들 국제 경제의 수준과 규모를 나타내는 지표로 GDP를 씁니다. 하지만 GDP는 고소득자와 저소득자의 수입을 합한 것이니 누가 얼마만큼 잘살고 못사는지 알 수가 없습니다. 그래서 나온 것이 '삶의 질' 개념입니다. '행복지수'와 유사한 개념이지요. OECD가 제시하는 삶의 질은 각국의 평균 수명, 연평균 근로 시간, 1인당 보건 지출(의료비), 이산화탄소 배출량, 비만율 등으로 측정한답니다.

사회 교과서는 이 밖에도 행복지수로 유엔개발계획(UNDP)의 삶의 질 측정치인 '인간개발지수(HDI)[*]'를 보여줍니다. 이 지수에서 우리나라는 2009년까지 세계 전체 국가 중 26위에 머물다가 2010년 일본에

---

[*] HDI는 평균 수명, 성인 문맹률, 1인당 국민 소득, 교육 수준 등을 종합 평가한 것으로 인간 개발 성취 정도를 나타낸다. 소득, 교육, 빈곤, 실업, 환경, 건강 등 인간의 생활과 관련된 기본 요소들을 기초로 사회생활에서 느끼는 행복감을 측정한 지수인 셈이다.

이어 12위에 올랐습니다. 우리나라의 행복감이 26위에서 12위로 올랐다니 참 다행스러운 일이지만, 그게 피부로 다가오지 않는 것은 왜일까요? 아무래도 내 인생은 2009년보다 2010년에 14단계 더 행복하지 않은 것 같습니다.

행복이라는 감정을 측정한다는 것은 참 어려운 일입니다. 그래서인지 행복을 측정하는 도구도 다양하게 개발되고 있습니다. 여러 국제기구와 국가가 삶의 질과 행복지수를 측정하는 도구들을 개발하고 있습니다. 우리가 사는 지구라는 별의 행복도를 측정하는 '행복한 지구지수(Happy Planet Index : HPI)'도 있지요. 대표적인 행복지수로 이런 것들이 있습니다.

- **UNDP**(유엔개발계획)의 **HDI**(인간개발지수)
- **EIU**(Economist Intelligence Unit, 영국의 경제조사기관)의 **삶의 지수**
- **WHO**(세계보건기구)의 **QOL**(삶의 지수)
- **캐나다의 CIW**(캐나다 웰빙 지수)
- **OECD**(경제협력개발기구) **NIW**(국가행복지수)
- **부탄의 GNH**(국민총행복지수)
- **호주의 웰빙 지수**
- **일본의 PLI**(신국민생활지표)

이렇게 행복을 찾아나가는 이유는 무엇일까요? 프랑스의 사르코지 대통령은 사회 발전을 측정할 때 여가·환경보호 등을 고려한 행복 GDP(GNH)를 개발해야 한다고 역설했습니다. 또 부탄의 국왕 왕추크는 좋은 발전이란 한 사회에 행복과 웰빙을 가져다주는 것이라 정의하였습니다. 우리나라를 포함하여 각 나라에서는 나라의 실정에 맞는 행복 GDP를 개발하기 위해 고심하고 있습니다.

　잘 만든 하나의 공식이 인류의 삶의 질을 높이고 행복을 키워준다면 큰 의미가 있겠지요? 수학이 그런 대단한 일을 한다니 기특합니다. 여러분의 인생을 행복으로 이끌 자신만의 행복공식을 만들어보세요. 수학이란 어려운 수학문제를 풀 때에만 필요한 것이 아니랍니다.

1. 자신만의 행복을 결정짓는 요소가 무엇인지 나열하고, 가중치를 이용해 자신의 행복지수 공식을 만들고, 행복지수(총합 100점 기준)를 산정하는 과정을 서술해봅시다.

● **행복의 요소**

　[예] 1. 나는 부모님과 솔직한 대화를 한다. (0점~10점) (가중치 3)
　　　 2. 나는 친구들과 무엇이든 이야기할 수 있다. (0점~10점) (가중치 2)
　　　 3. 나는 용돈이 충분하다. (0점~10점) (가중치 1)
　　　 4. 나는 나의 성적에 만족한다. (0점~10점) (가중치 4)

● **행복지수**

　[예] 행복지수 = (부모님과의 시간)×3+(친구들과의 관계)×2
　　　　　　　　+(용돈)×1+성적 향상×4
　　　　　　　= 5×3+8×2+3×1+4×4
　　　　　　　= 50

2. 탐험가, 인류학자, 다큐멘터리 제작자인 존 고다드는 카약 하나

로 세계에서 가장 긴 나일 강 탐험을 역사상 처음으로 해낸 인물로 유명하지만, 정말 유명해진 이유는 15살에 적었던 '꿈의 목록' 때문입니다. 어릴 적 127개의 꿈의 목록을 만들고 지금은 그중에서 111개의 꿈을 성취했다고 합니다. 실현한 꿈 중에는 실제 우주비행사가 되어 달나라로 간 내용도 있습니다. 물론 그 후로도 500여 개의 꿈을 더 이루어냈습니다. 아래 존 고다드의 꿈의 목록을 참고해 나의 꿈 리스트를 만들어보세요.

해낼 일

72. 독수리 스카우트 단원 되기
73. 잠수함 타기
74. 항공모함에서 비행기를 조종해서 이착륙하기
75. 전 세계의 모든 국가들을 한 번씩 방문할 것
76. 소형 비행선, 열기구, 글라이더 타기
77. 코끼리, 낙타, 타조, 야생말 타기
78. 4.5Kg의 바닷가재와 25cm의 전복 채취하기
79. 스킨다이빙으로 12m 해저로 내려가서 2분 30초 동안 호흡을 참고 있기
80. 1분에 50자 타자하기
81. 플루트, 바이올린 연주
82. 낙하산 타고 뛰어내리기
85. 탐험가 존 뮤어의 탐험 길을 따라 여행할 것
86. 원시 부족의 의약품을 공부해 유용한 것들 가져오기
87. 코끼리, 사자, 코뿔소, 케이프 버팔로, 고래를 촬영할 것
88. 검도 배우기
95. 아마추어 햄 무선국의 회원이 될 것
97. 저서 한 권 갖기

99. 몸무게 80Kg 유지

100. 윗몸 일으키기 200회, 턱걸이 20회 유지

101. 프랑스어, 스페인어, 그리고 아랍어를 배울 것

103. 높이뛰기 1m 50cm

104. 넓이뛰기 4m 50cm

105. 1마일을 5분에 주파하기

108. 선원 자격으로 화물선에 승선할 것

116. 불 위를 걷는 것 구경하기

117. 독사에서 독 빼내기(이 과정에서 사진을 찍다가 등에 마름모무늬가 있는 뱀에게 물렸음)

118. 영화 스튜디오 구경

122. 탐험가 클럽과 클럽의 회원으로 가입

123. 걷거나 배를 타고 그랜드캐니언 일주

124. 배를 타고 지구를 일주할 것

126. 결혼해서 아이들을 가질 것

더 읽어볼 책

● 『행복 교과서』, 서울대학교 행복연구센터(문용린, 최인철 외), 월드김영사, 2011.
● 『생태 페다고지』, 우석훈, 개마고원, 2009.
● 『교과서를 만든 수학자들』, 김화영, 글담, 2005.
● 『대한민국 행복지수』, 안치용, 북스코프, 2008.

관련 단원 ●**중학교 수학 2** 경우의 수 ●**중학교 사회** 정치참여와 민주주의 / 정치생활과 민주주의
●**중학교 국어 2** 새로 여는 우리 반 ●**중학교 역사 (하)** 민주주의의 시련과 발전

반장을 뽑는 가장 좋은 방법
– 의사결정 이론

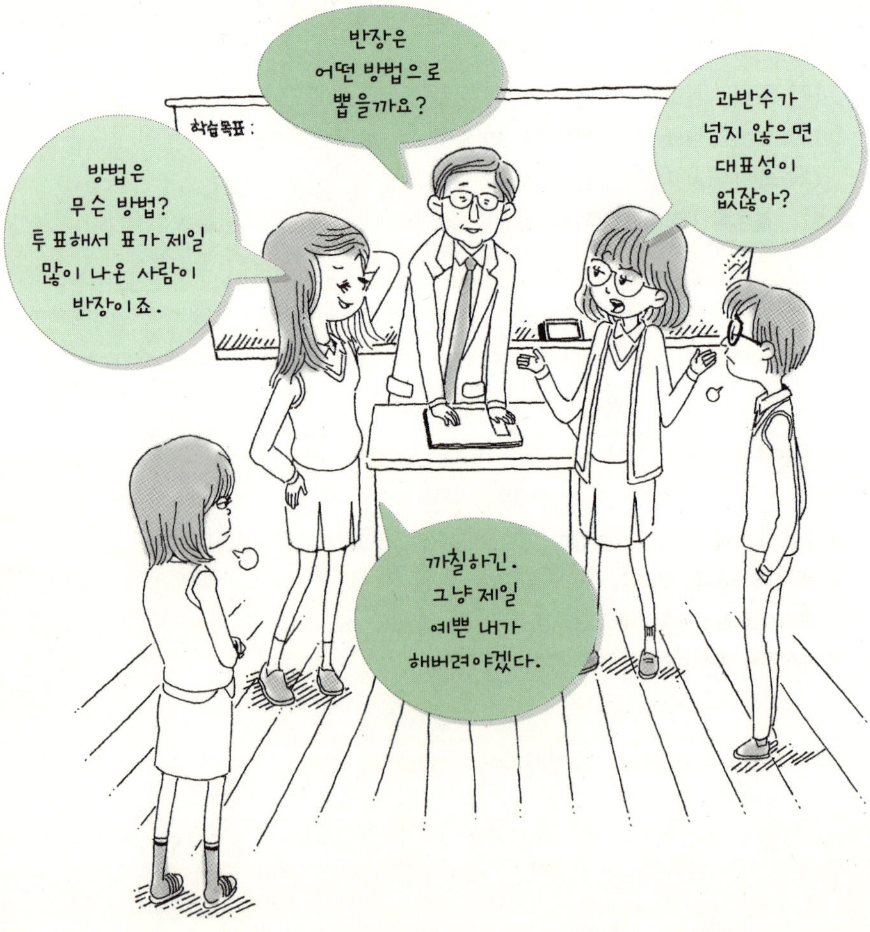

한 명도 소외되지 않는 최대 다수를 위한 민주주의는 의사결정에 따라 좌우됩니다.

선거의 중요성에 대해서는 사회 시간에 배우죠? 그런데 그것은 수학자들의 연구 대상이기도 하답니다. 의사결정 방법을 배워봅시다.

우리는 시시때때로 판단을 내려야 합니다. 점심 메뉴로 김치찌개냐 된장찌개냐 하는 양자택일 선택도 있고, 70개가 넘는 케이블 채널 중 무엇을 볼까 고르는 즐거운 갈등도 있지요. 기분이나 취향에 따라 결정해도 크게 문제없이 즐길 수 있는 상황입니다. 하지만 선거와 같이 객관적인 효율성을 확보해야 하는 경우도 있습니다. 이렇게 중요한 사안에 대해 어떻게 의사결정을 하는 것이 좋은지, 수학이 그 방안을 제시합니다.

많은 수학자들이 수학적 사고를 바탕으로 의사결정 과정을 분석할 수 있다고 봅니다. 이를 다루는 것이 이산수학입니다. 7차 교육과정에서는 이산수학이라는 선택과목을 두었으나 2009개정교육과정에서는 삭제했습니다. 별로 중요하지 않아서 교육과정에서 뺀 것 아니냐고요? 하하, 그렇지 않습니다. 갈수록 복잡해지는 세상에서 의사결정을 잘하려면 수학적 사고가 더없이 필요하니까요. 이산수학으로 설명할 수 있는 사회 현상은 여러 가지가 있지만, 이 글에서는 선거와 관련된 의사결정에 집중해서 이야기해보겠습니다.

선거란 사람이든 장소든 물건이든 무언가를 뽑는 행위입니다. 만장일치로 뽑는다면 구성원들의 불만이 없겠지요. 하지만 손가락 지문이 사람마다 다른 것처럼 사람 마음도 한 가지일 수 없습니다. 세 사람만 모여도 점심 메뉴를 하나로 정하기 힘든데 수천, 수만 명의 사람이 하나로 마음을 모으기란 어렵습니다. 전 국민이 뽑는 대통령 선거라면 더 말할 것도 없겠지요.

그러니 서로 다른 의견을 가진 사람들 중에 대표를 뽑을 때는 반대한 사람도 수긍할 만한 대표성을 띠어야 합니다. 우리는 흔히 반장 선거를 할 때 투표해서 표가 제일 많이 나온 사람이 반장, 그 다음 표가 많이 나온 사람이 부반장을 하는 단순한 방식을 선택합니다. 이것이 정말 최선일까요?

수학의 의사결정 이론에 따라 반장을 뽑을 수 있는 여러 가지 방법들을 알아봅시다. 이제부터 반장을 뽑을 때는 지금까지와는 다른 방식의 선거를 한번 시도해보세요.

반장 선거 ① 올림픽 개최지처럼 뽑아보자!

올림픽 개최지는 국제올림픽 위원회에서 각 위원이 개최 후보 도시 중 하나를 선택하여 투표하고 그중에서 과반수 표를 얻은 도시로 결정됩니다. 만약 과반수 표를 얻은 도시가 없다면 가장 적게 표를 얻은 도시를 제외하고 나머지 도시에 대하여 다시 투표하여 같은 방식으로 결정합니다.

다음은 2000년 하계 올림픽 개최지를 선정하기 위해 1993년 국제올림픽위원 89명이 투표한 결과입니다.

	1차 투표	2차 투표	3차 투표	4차 투표
북경	32	37	40	43
시드니	30	30	37	45
맨체스터	11	13	11	
베를린	9	9		
이스탄불	7			
기권	0	0	1	1

1차, 2차, 3차 투표에서 어느 도시도 과반수의 표를 얻지 못했습니다. 때문에 각 투표에서 가장 표를 적게 얻은 이스탄불, 베를린, 맨체스터를 차례로 제외하며 4차 투표까지 하게 되었지요. 마지막 4차 투표에서 비로소 올림픽 개최 도시를 결정할 수 있었습니다. 1차, 2차, 3차 투표까지 가장 많은 표를 얻은 후보지는 북경이었습니다. 3차 투표까지 북경은 시드니를 2표, 7표, 3표 차로 앞섰지요. 하지만 4차 투표에서 역전되어 2000년 하계 올림픽 개최지는 시드니가 되었습니다.

그 속내는 이렇습니다. 이스탄불, 베를린을 지지했던 표가 2차, 3차 투표에 가면서 북경과 시드니를 지지하며 득표수가 늘어납니다. 특히 북경은 과반수인 45표에 가까워집니다. 그런데 4차 투표에서 맨체스터를 지지했던 표가 시드니로 몰리며 1, 2, 3차 투표에서 1위를 고수했던 북경을 따돌리며 시드니가 올림픽 개최지로 선정되는 대역전극이 펼쳐집니다. 올림픽 개최지 선정이 4차 투표까지 가는 경우는 많지 않습니다. 그만큼 2000년 올림픽 개최지 경쟁이 치열했다는 것이지요.

개최지 선정을 두고 4차까지 이어지는 투표는 지지부진하고 기운 빠지는 일이라 생각할 수 있습니다. 하지만 그 긴 과정을 거쳐 개최지가 되면 힘 있게 올림픽을 준비할 정당성이 생깁니다. 반장 선거를 할 때 이런 방법을 도입하면 어떨까요? 반 이상의 지지를 받은 사람을 반장으로 뽑으려면 꽤 여러 번 투표를 해야 할 것 같지요?

반장 선거 ② 여러 명의 후보에게 동시에 투표한다

이번 반장 선거에는 후보가 4명이 나왔네요. 자, 기억하기 쉽게 반장 후보로 나온 친구들을 ① 소녀시대, ② 이승기, ③ 카라, ④ 2PM이라고 하죠. 큰 이변이 없다면 넷 중 누군가는 반장이 될 겁니다. 철수는 ② 이승기가 반장을 하는 게 가장 좋지만, ① 소녀시대도 반장을 잘

하리라 생각합니다. 영희는 누가 반장을 해도 괜찮지만, ④ 2PM이 반장이 되는 것보단 ③ 카라가 반장을 하면 좋겠다고 생각하죠. 이런 여러분의 마음을 다 투표지에 써봅니다. 우리는 대부분 투표할 때 선호하는 한 후보에게만 투표를 하지만 이번에는 본인이 선호하는 순위별로 투표용지에 기입하는 겁니다.

이제는 투표용지에 ① 소녀시대를 적고서 나머지 후보들을 모두 제외하지 않아도 됩니다. 우리 반의 전체 인원이 30명이고 후보자는 앞서 말한 4명입니다. 그럼 여러분은 투표지에 후보 4명을 우선순위에 따라 모두 적습니다. 투표용지는 〈표 1〉과 같겠지요.

1위	이승기
2위	2PM
3위	카라
4위	소녀시대

〈표 1〉 **투표용지**

이제 투표 결과를 종합해보겠습니다.

우선순위 \ 득표수	13	10	7
1위	소녀시대	이승기	~~카라~~
2위	2PM	2PM	이승기
3위	~~카라~~	~~카라~~	2PM
4위	이승기	소녀시대	소녀시대

〈표 2〉 **1차 투표 결과**

우선순위 \ 득표수	13	10	7
1위	소녀시대	이승기	이승기
2위	2PM	2PM	2PM
3위	이승기	소녀시대	소녀시대

〈표 3〉 **카라를 삭제한 후 결과**

〈표 2〉를 보면 소녀시대, 2PM, 카라, 이승기 순으로 쓴 사람은 13명, 이승기, 2PM, 카라, 소녀시대 순으로 쓴 사람은 10명, 카라, 이승기, 2PM, 소녀시대 순으로 쓴 사람은 7명입니다. 기존의 생각대로 한다면 다수결에 따라 1위 13표를 받은 소녀시대가 반장이 되어야 합니다. 하지만 소녀시대는 과반수의 찬성을 얻지 못했습니다. 과반수를 얻기 위해서는 소녀시대와 이승기가 결선 투표를 해야겠죠.

결선 투표를 하지 않는 방법도 있습니다. 1위를 가장 적게 차지한 후보를 차례로 제외하여 마지막에 남은 후보를 당선자로 정하는 겁니다. 〈표 3〉은 1위 표를 가장 적게 얻은 카라를 후보에서 지우고 다시 정리한 것입니다(카라는 1위 표를 7표밖에 얻지 못했죠). 카라를 후보에서 제외하자, 소녀시대를 1위로 투표한 표는 그대로 13표이지만, 이승기를 1위로 투표한 표는 17표로 늘어납니다. 이승기가 17표로 과반수 이상을 득표해 반장이 되겠네요. 만약 이 방법을 한 번 써서 과반을 확보한 후보가 없다면, 그 다음으로 1위 표가 적은 후보를 한 명 더 지우는 과정을 반복하면 됩니다. 어때요? 복잡한가요? 조금 더 복잡하지만 사람들이 어떤 생각을 하고 있는지 조금 더 잘 알 수 있는 방법이지요.

반장 선거 ③ 순위를 점수로 환산해 가장 점수가 높은 후보가 반장이 된다

자, 같은 투표 결과를 놓고 이번에 또 다른 방법으로 반장을 뽑아보겠습니다. '보르다 카운트(Borda count)'라는 방법입니다. 1위부터 4위까지 각각 4점, 3점, 2점, 1점을 줍니다. 그리고 나서 각각 후보별로 획득한 표와 순위의 점수를 곱합니다. 소녀시대가 1위(4점)를 13표 얻었으므로, 4점×13표=52점입니다. 이렇게 모든 후보의 득표수와 순위 점수를 곱하면 〈표 4〉가 완성됩니다.

우선순위 \ 득표수	13	10	7
1위(4점)	소녀시대(52점)	이승기(40점)	카라(28점)
2위(3점)	2PM(39점)	2PM(30점)	이승기(21점)
3위(2점)	카라(26점)	카라(20점)	2PM(14점)
4위(1점)	이승기(13점)	소녀시대(10점)	소녀시대(7점)

〈표 4〉 득표수에 따른 순위

후보	점수의 합
소녀시대	69
이승기	74
2PM	83
카라	74

〈표 5〉 점수의 합

〈표 5〉는 각 후보별로 받은 점수를 더한 것입니다. 소녀시대가 52점, 10점, 7점을 받았으므로 그 합은 69점입니다. 이렇게 모든 후보들의 점수를 합해보니 이승기 74점, 2PM 83점, 카라 74점입니다. 점수의 합으로 반장을 뽑는다면 2PM이 반장이 되겠군요. 소녀시대의 경우 좋아하는 사람도 많지만, 싫어하는 사람도 많았다는 얘기입니다. 가장 고른 지지를 받은 후보는 예상 외로 1위 표 종합에서 3등이던 2PM이었습니다.

순위별로 가중치 점수를 꼭 4, 3, 2, 1로 주어야 하는 것은 아닙니다. 1위 점수에 더 많은 가중치를 주거나, 가치가 없다고 생각하는 순위에 0점을 주는 식으로 다양하게 점수를 줄 수 있습니다. 어떤 규칙을 적용하느냐에 따라 당선자도 달라질 수 있습니다.

예를 들어, 이번에는 2점부터 점수를 부여해보도록 하죠. 1위는 2점, 2위는 1점 나머지는 모두 0점을 줍니다.

득표수 우선순위	13	10	7
1위(2점)	소녀시대(26점)	이승기(20점)	카라(14점)
2위(1점)	2PM(13점)	2PM(10점)	이승기(7점)
3위(0점)	카라(0점)	카라(0점)	2PM(0점)
4위(0점)	이승기(0점)	소녀시대(0점)	소녀시대(0점)

〈표 6〉 득표수에 따른 순위

후보	점수의 합
소녀시대	26
이승기	27
2PM	23
카라	14

〈표 7〉 점수의 합

이번에는 1점 차이로 이승기가 반장이 되는군요. 이와 같은 투표 방식을 '보르다의 방법'이라고 하는데, 이렇게 각각의 투표용지에서 각 순위에 해당하는 점수를 주고, 모든 투표용지의 점수를 합한 뒤 가장 높은 점수를 받은 후보를 당선자로 정하는 것입니다.

반장 선거 ④ 선호도를 비교해 뽑는다

투표는 한 번 했는데 해석하기에 따라 반장 당선자가 소녀시대가 되기도 하고 이승기가 되기도 하고 2PM이 되기도 하다니 얼떨떨합니다. 이번엔 또 다른 방법을 이용해 투표 결과를 해석해봅시다. '콩도르세의 방법'입니다. 선호도를 비교해 승자를 뽑는 방법이지요.

두 후보 간에 선호도를 비교하여 우세한 후보에게는 1점, 열세한 후보에게는 0점, 비겼을 때에는 두 후보에게 0.5점을 주고, 각 후보가 얼은 점수의 합을 구하여 그 합이 가장 높은 후보를 당선자로 정하는 방법입니다. 〈표 2〉를 다시 살펴봅시다.

득표수 우선순위	13	10	7
1위	소녀시대	이승기	카라
2위	2PM	2PM	이승기
3위	카라	카라	2PM
4위	이승기	소녀시대	소녀시대
선호도 비교	소녀시대〉2PM 소녀시대〉카라 소녀시대〉이승기 2PM〉카라 2PM〉이승기 카라〉이승기	이승기〉2PM 이승기〉카라 이승기〉소녀시대 2PM〉카라 2PM〉소녀시대 카라〉소녀시대	카라〉이승기 카라〉2PM 카라〉소녀시대 이승기〉2PM 이승기〉소녀시대 2PM〉소녀시대

소녀시대, 이승기, 2PM, 카라를 각각 짝을 지어 비교합니다. 우선 소녀시대와 이승기를 비교할 때, 소녀시대가 이승기보다 선호도가 앞서는 것은 13표, 이승기가 소녀시대보다 선호도가 앞서는 것은 10표, 7표를 더하여 모두 17표입니다. 따라서 이승기가 1점, 소녀시대가 0점을 얻게 됩니다.

이와 같이 두 명씩 짝을 지어 선호도를 정리하면,

(소녀시대 VS 2PM)=(13표, 17표)이므로 소녀시대 0점, 2PM 1점
(소녀시대 VS 카라)=(13표, 17표)이므로 소녀시대 0점, 카라 1점
(2PM VS 이승기)=(13표, 17표)이므로 2PM 0점, 이승기 1점
(2PM VS 카라)=(23표, 7표)이므로 2PM 1점, 카라 0점
(카라 VS 이승기)=(20표, 10표)이므로 카라 1점, 이승기 0점

각자 받은 점수를 모두 더해보면 소녀시대 0점, 이승기 1점, 2PM 2점, 카라 2점입니다. 같은 2점인 2PM과 카라 중 한 명이 반장입니다. 그런데 2PM VS 카라의 선호도에서 2PM이 앞서므로 2PM이 최종 반장으로 선출됩니다.

어때요? 반장을 뽑는 방법 정말 여러 가지이지요? 한 가지의 투표도 어떤 방식으로 해석하느냐에 따라 당선자가 달라집니다. 이외에도 투표 방식은 여러 가지가 있습니다. 어떠한 방식이 꼭 옳다고 말할 수는 없습니다. 공동체의 특성과 상황에 따라 구성원의 의사를 가장 잘 반영할 수 있는 방법을 채택하면 됩니다.

다수결에 맞선 콩도르세 (Condorcet, 1743~1794)

1793년 북프랑스 리버몽에서 태어난 콩도르세는 명문가 집안의 후손이었습니다. 기마대 장교였던 아버지는 콩도르세가 태어난 지 35일 만에 군사훈련 도중 사망합니다. 매우 독실한 가톨릭 신자인 어머니는 성모 마리아에 대한 헌신의 표시로 콩도르세를 9살까지 하얀 옷을 입혀 키웠습니다. 이에 따라 콩도르세는 성인이 된 후에도 병적일 정도로 내성적이고 말수가 적었다고 합니다. 이십 대에 「적분론」 등 그가 쓴 수학 논문들이 인정을 받아 26세에 과학 아카데미 회원으로 선출될 정도로 뛰어난 수학자이며 경제학, 문학, 정치, 인권에 대해서도 해박한 지식을 가졌다고 합니다.

한편 그는 「다수결에 대한 확률 분석을 다룬 논문」을 저술하여 다수결 투표에 따른 결정에 수학 이론을 적용했습니다. 이 저작에서는 다수의 의견이 항상 옳은 것은 아님을 보여주었습니다. 콩도르세는 당시 사람들과 달리 다수결의 원칙이 반드시 옳은 것이 아니며, 다수결의 원칙은 다수의 의지로 소수의 의견을 묵살하고 강요하기 위한 편의성 때문이라고 생각했습니다.

한편 콩도르세는 "인간을 노예로 삼아 속박하는 것은 진정 죄악이다."라고 말하며, 흑인 등 사회 약자에 대해서도 관심을 가졌습니다. 또한 그 당시에는 매우 혁신적으로 공교육은 국민에 대한 사회의 의무이며, 모든 교육과정은 무상으로 하고, 남녀를 구별하지 않는 평등 교육을 주장했습니다.

지금까지 반장 선거의 문제점은 무엇일까?

이렇게 많은 방법이 있는데, 우린 지금까지 참 단순하게 선거를 했다는 생각이 듭니다. 반장부터 대통령까지, 단순 다수제로 뽑고 있지요. 우리나라는 국회의원이나 대통령을 뽑을 때 다득표, 즉 많은 표를 얻은 후보가 당선이 됩니다. 어찌 보면 다수결의 원칙에 따라 민주적이라 볼 수도 있습니다. 그런데 한번 생각해봅시다. 2007년에 실시한 제17대 대통령 선거에서 총 유권자 수 37,653,518명, 투표율 63%, 득표율 48.7%를 얻었습니다. 투표율에 득표율을 곱해보면, 전체 유권자 중 약 30.7%의 지지를 받았다고 할 수 있습니다. 결국 총 유권자 중 3분의 1만 찬성한 사람을 대통령으로 뽑은 것이지요. 물론 사정이 있어 투표에 참여하지 못한 분들은 제외하고 수치로만 이야기할 때입니다.

우리나라 대통령 선거는 '단순 다수제'입니다. 즉 한 번의 투표로 경쟁에 참가한 후보 가운데 가장 많은 표를 차지한 한 명의 후보만이 당선되는 방식입니다. 과반수 이상의 찬성 없이도 말이죠. 이는 해방 이후 미군정 시대에 미국과 이승만, 한국민주당의 이해관계에 따라 채택되고 나서 지속되어오다, 1972년 10월 유신을 강행한 박정희가 선거방식을 직선제가 아니라 자신에게 유리한 간선제로 만들었습니다. 그러다 1987년 6월 항쟁으로 대통령 직선제를 쟁취합니다. 그러나 그 과정에서 당시 유력한 대통령 후보였던 노태우, 김영삼, 김대중, 김종필은 특정 지역의 탄탄한 지지 기반을 갖고 있는 상태에서 자신의 출신 지역의 지지 기반에 다른 곳의 지지를 조금만 더 받으면 대통령에 당선될 가능성이 높았습니다. 그래서 그들은 '단순 다수제'에 동의합니다. 결국 36.8%의 득표율로 노태우가 대통령에 당선됩니다. 이때도 국민의 3분의 1 정도만 찬성했다고 볼 수 있습니다.

우리나라는 대통령이 절대권한을 행사합니다. 소수의 표로 당선된 대통령이 막강한 권한을 행사하다 보니 대표성에 의문을 제기하는 사람도 생겨납니다. 국가의 중대한 일을 결정할 때 다수 국민의 뜻보다 자신을 지지하는 소수의 여론에만 관심을 기울여 편향된 결정을 하기도 합니다. 단순 다수제에서는 정말 지지하고 싶은 후보가 있어도 당선 가능성이 없으면 최선이 아닌 차선을 선택하여 자신의 진정한 뜻을 한 표로 행사할 수 없습니다. 그래서 여당과 제1야당이 아닌 소수당들은 득표율이 매우 낮게 나타납니다. 마음에 드는 당이 있어도 자신이 던진 표가 사표(死票)가 될 것을 우려, 차선으로 당선 가능한 후보에게 투표를 하게 되는 것입니다.

결선 투표제 : 과반수 찬성으로 뽑는 선거

그렇다면 단순 다수제를 보완할 방법이 없을까요? 프랑스의 예를 들어보죠. 프랑스는 1차 투표를 실시하여 과반수를 넘는 후보가 없을 시에는 가장 득표율이 높은 두 후보에 대하여 2차 투표를 합니다. 따라서 득표율이 과반수를 넘는 후보가 대통령에 당선되어 대표성을 갖게 됩니다. 2007년 대통령 선거에서 12명의 후보가 나서서 과반수 이상의 득표를 한 후보가 없어 각각 1, 2위를 한 대중운동연합의 사르코지 후보와 사회당의 루와얄 후보가 2차 투표를 하게 됩니다. 2차 투표에서 사르코지와 루와얄은 각각 53%, 47%를 얻어 사르코지 후보가 대통령에 당선됩니다. 놀라운 점은 1, 2차 모두 약 84%의 높은 투표율을 보였다는 것입니다.

결선 투표는 대통령중심제를 시행하는 나라에서는 대부분 도입하고 있습니다. 우리나라에서도 대학 총장 선거나 노동조합위원장 선거에서는 흔히 사용되는 방식입니다. 1, 2차에 이어 3차까지 가는 경우도 흔히 볼 수 있습니다.

물론 결선 투표를 하게 되면 두 번 투표하는 번거로움과 그에 따른 선거 비용이 많이 드는 문제점도 있습니다. 하지만 국민에 의한 국민을 위한 대표성을 지닌 정부가 되려면, 국민의 한 표라도 버려지지 않는 것이 바람직합니다. 단순 다수제를 운영하여 당선 가능한 후보에게만 투표하고, 최선이 아닌 차선을 선택하는 우리나라 정치 환경에서는 후보 단일화를 위한 뒷거래가 오고 가는 좋지 못한 모습도 나타납니다. 좀 더 복잡하더라도 더 대표성이 있는 대통령과 국회의원을 뽑을 방법을 고민해볼 시점이지요.

국가나 단체, 회사, 학교, 학급 구성원들의 충분한 의견을 수렴하고 이를 반영하여 구성원들이 만족하는 민주주의를 구축하기 위해서는 투표 방식도 고민해봐야 합니다. 비효율적인 방식이라 볼 수 있지만 구성원 모두가 주인이 되는 내일을 내다보는 지혜와 안목이 필요합니다. 특히 요즘처럼 인터넷, 스마트폰, IT가 즐비한 시대에는 더 많은 사람의 참여를 이끌어낼 수 있는 방법이 많습니다. 더 멀리 내다본다면 국가의 중요한 정책에 대하여 IT(Information Technology)를 통한 직접 민주주의도 가능한 시점이라고 볼 수 있습니다.

생각해볼 문제

1. 본문에서 제시한 여러 투표 방식(다수결의 원칙, 반장 선거 ①, ②, ③, ④)을 이용하여 학급회의를 열어 현장 체험학습 장소를 선정해봅시다.

2. 핵전쟁이 났는데 동굴에는 여섯 명밖에 들어갈 수 없다. 그런데 자신을 포함하여 모두 10명, 즉 수녀, 공산주의자인 의사, 시각장애인인 소년, 일본인 교사, 지금은 몸을 팔지 않는 창녀, 스캔들이 많은 가수, 정치인, 여자 물리학자, 청각장애인인 농부가 있다. 이들은 핵전쟁 이후 새롭고 정의로운 사회를 건설해야 한다.
만약 10명 중 6명만 골라야 한다면 누구를 고를까요?

더 읽어볼 책

- 『존 내쉬가 들려주는 의사결정 이론 이야기』, 유소연, 자음과 모음, 2009.
- 『내 생애 단 한 번』, 장영희, 샘터, 2010.
- 『대통령을 위한 수학』, 피터 제임스, 살림출판사, 2012.
- 『이산수학 교사용 지도서』, 강원대학교 국정도서 편찬위원회.

사회 수업에 통섭이 필요한 이유

사회 교과에서는 인류의 역사가 지속되면서 쌓인 문화와 제도를 배웁니다.
현재의 법이나 정치 제도는 각 나라가 살아온 역사와 환경에 맞게 만들어졌죠.
엄청난 노예를 부렸기에 대량의 먹을 것이 필요했던 고대 이집트는 농사가 중요
했지요. 그래서 농업용수를 확보하기 위해 대규모 공사와 토지 측량이 필요했어
요. 이것이 바로 기하학의 발전과 연결됩니다. 그리고 인도는 불교의 공(空)의 개
념을 이용해 0을 활용함으로써 수학이 비약적으로 발달했지요.
각 사회 제도가 지금의 모습을 갖게 된 것은 과학, 수학을 함께 공부할 때 더욱
폭넓게 이해할 수 있어요.
'역사'와 '문화'에 대한 이해를 바탕으로 사회가 어떤 방향으로 나아가야 할지 자
기 생각을 가졌으면 합니다.
바로 사회 교사가 바라보는 통섭입니다.

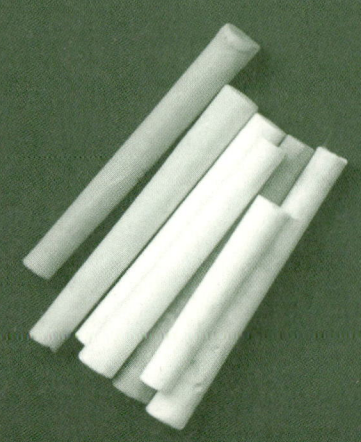

사회로
통하다

관련 단원 ●고등학교 사회문화 문화와 사회

낸시 랭을 좋아하세요?

―예술과 사회의 관계는?

▲ 2003년, 이탈리아 베니스 비엔날레와 뉴욕 타임스퀘어에서 '초대받지 못한 꿈과 갈등'이란 퍼포먼스를 펼치는 낸시 랭.

　베니스에서는 2년에 한 번씩 세계 각국 미술가들이 모이는 대규모 전시회가 열립니다. 바로 베니스 비엔날레죠. 영화계의 칸 영화제와 같은 세계적인 미술 행사입니다. 우리나라에서 열리는 광주 비엔날레도 비슷한 성격의 미술 행사지요. 2003년 베니스 비엔날레에서 한 젊은 여성이 얼굴에 가면을 쓴 채 비키니 수영복을 입고 바이올린을 연주했습니다. 주최 측의 초대도 받지 않은 채로 말이죠. 베니스 비엔날레의 초대받지 않은 손님, 비키니를 입은 미술가는 '낸시 랭'이었습니다. 낸시 랭은 그 뒤로도 사람들이 몰리는 행사장에서 독특한 행동으로 화제를 모았습니다. 영국 엘리자베스 여왕 생일 때는 자신의 왕국 건설을 위해 1파운드를 기부하라는 '거지 여왕' 퍼포먼스를 벌이기도 했지요.

　재미있다, 이상하다, 망신스럽다 등 낸시 랭에 대한 사람들의 반응은 각양각색입니다. 낸시 랭은 왜 그런 행동을 하는 걸까요? 아니, 도대체 어떤 사람일까요? 낸시 랭의 홈페이지에 가서 이력을 살펴보았습니다.

안 해본 것이 없는 화려한 이력의 그녀

본명 낸시 랭(Nancy Lang), 국적은 미국. 한국에서 초등학교를 다니고 필리핀에서 고등학교를 마친 뒤 다시 한국에서 대학과 대학원을 졸업했습니다. 록 그룹 린킨파크와 공동 작업으로 음반을 내기도 하고, KBS와 케이블TV 등 방송 프로그램에 출연했고, 쌈지, KT 메가패스, 삼성, LG전자 와이드 플래트론 등의 광고 모델로 활동했습니다. 패션쇼를 진행하고, Mnet, YTN 등에서 방송 MC를 맡기도 했네요. 『비키니를 입은 현대 미술』이란 책도 냈습니다. 대학과 기업에서 수차례 강의를 진행했고요. 그러니까 직업으로 말하자면 화가이자 방송인, 광고 모델, 작가, 강사, 디자이너…… 휴, 숨이 찰 지경이네요. 전시, 음반, 방송, 출판까지! 분명 유명하고 성공한 사람처럼 보입니다. 하지만 낸시 랭의 길고 화려한 활동 목록을 보고 있자면 그가 어떤 사람인지 점점 더 헷갈리기만 합니다. 예술가? 연예인? 아니면 그저 사람들의 주목을 받고 싶어 하는 철부지?

그렇다면 낸시 랭은 자기 자신이 무엇을 하는 사람이라고 말할까요? 낸시 랭은 스스로를 '팝 아티스트'라고 말합니다. 팝 아티스트란 '대중(Pop)'과 '예술가(artist)'가 결합된 말입니다. 캠벨 깡통 수프 그림으로 유명한 앤디 워홀이 대표적인 팝 아티스트죠. 몇 해 전 삼성 그룹 비자금 사건 때 리히텐슈타인의 「행복한 눈물」이 뉴스에 자주 등장했습니다. 만화의 한 장면을 확대해서 그린 이 그림 역시 대표적인 팝 아트 작품입니다. 팝 아티스트는 슈퍼마켓에서 흔히 볼 수 있는 물건이나 만화처럼 대중적인 소재를 이용해 예술 작품을 만듭니다. 팝 아트는 "예술은 어렵고 고상한 것이 아니다, 이런 것도 예술이 될 수 있다."고 선언하는 예술입니다. 우리가 매일 먹는 우유 팩이나 심심풀이로 보는 TV 광고도 미술관에 걸린 화가의 그림과 다를 게 없다는 것이죠. 미술은 미술관 안에 있다는 기존의 관념을 깨는 것이 팝 아티스트들의 목적입니다. 그런 점을 더 충격적으로 알리기 위해서 거대한 작품을 만들기도 하고 엉뚱한 퍼포먼스를 벌이기도 합니다. 자신을 팝 아티스트라고 주장하는 낸시 랭에게 "당신은 예술가인가요? 연예인인가요?"라고 묻는다면 "그걸 구분할 필요가 있나요?"라면서 어깨를 으쓱할 것 같네요.

그렇지만 여전히 의아한 점이 남습니다. 엉뚱한 퍼포먼스를 하면 다 현대 미술이고 팝 아트가 되는 걸까요. 낸시 랭이 예술가인지 아닌지를 얘기해보려면 먼저 현대 미술에 대해 짚어봐야겠습니다. 머리가 지끈지끈, 도대체 뭐가 뭔지 헷갈리는 현대 미술은 어떻게 생겨난 건지 알아봅시다.

미술이라면 '그림'이 가장 먼저 떠오르지요? 미술에도 여러 표현 방식이 있지만 역시 종이에 그리는 것이 가장 익숙합니다. 사람들은 보통 대상을 보고 실제와 똑같이 따라 그린 것을 잘 그린 그림이라고 생각합니다. 그런데 현대 미술은 실제와 똑같이 그리는 것에 별로 관심을 두지 않습니다. 풍경이 멋진 곳에 가거나 날씨가 좋아 하늘이 맑고 푸를 때 "이야~ 그림 같다!"는 감탄사가 절로 나오곤 하지만, 현대 미술은 그토록 아름다운 광경을 재현하려고 애쓰지도 않습니다. 우리가 미술이라고 생각하는 것과 현대 미술 사이에는 거리가 있습니다. 현대 미술 하면 무엇이 떠오르나요? 가장 먼저 생각나는 건 추상화입니다. 아무것도 그리지 않고 그저 파란색만 칠해놓은 캔버스라든가 어디가 위고 아래인지 구분하기 힘든 그림, 뭘 그린 건지 도통 알 수 없는 그림들이죠. 그런 그림에 무슨 뜻이 담겨 있는지는 눈이 아프도록 들여다보아도 알 수가 없습니다. 그 그림의 의미는 그림 밖, 작가의 내면 혹은 그림과 사회의 관계 속에 있기 때문입니다. 현대 미술을 이해하기 위해서는 그 작품이 탄생하게 된 맥락(context)을 알고 이해하는 것이 중요합니다.

현대 미술은 왜 생겼나

1800년대가 될 때까지 '보이는 것을 그대로 옮기는' 것이 미술의 대세였습니다. 그러나 그 이후로 많은 것이 달라졌습니다. 여러 요인이 있지만 19세기의 급격한 사회 변화가 미술에 큰 영향을 끼쳤습니다.

1800년대 전후 유럽은 거대한 변화를 맞이합니다. 우선 신분제 사회가 혁명으로 종말을 맞았습니다. 그 전까지 화가들은 종교 지도자나 왕, 귀족 등 후원자가 원하는 그림을 그렸습니다. 그런데 혁명이 일어나고 왕과 귀족이 사라지자 화가들은 더 이상 그들에 얽매일 필요가 없었습니다. 후원자의 입맛에 맞출 필요가 없어졌으니 다양한 방식을 시도해보고 파격적인 소재도 그리게 되었죠. 19세기에 등장한 인상주의 화가들은 이전까지 실내 스튜디오에서만 그리던 규범을 깨고 야외로 나가 그림을 그렸습니다. 거리를 산책하는 사람들, 술집이나 카페에서 즐기는 사람 등 왕족이나 귀족이 아닌 평범한 사람들을 그림에 담았죠. 사물의 모습을 그대로 베껴내지도 않았습니다. 마치 초점이 흐린 사진처럼 흔들린 듯 그리기

▲ 화가가 풍경을 본 '느낌'대로 그리는 그림. 이 때문에 '인상주의'라고 한다.

도 했지요.

한편, 19세기는 산업화가 급격하게 이루어진 시대였습니다. 다양한 발명품과 기계가 일상생활에 등장했습니다. 카메라도 그중 하나지요. 1839년 사진술이 발명된 뒤 해마다 발전을 거듭합니다. 사실을 그대로 옮기는 작업은 화가의 손보다 카메라가 더 뛰어나고 편리했죠. 카메라라는 경쟁 상대를 만난 화가들은 새로운 길을 개척해야 했습니다. 이렇듯 혁명과 산업화 같은 19세기의 급격한 사회적 변화가 미술에 큰 영향을 미쳤습니다. 화가들은 후원자를 잃은 대신 마음껏 대상을 정하고 표현할 자유를 얻었습니다. 대상을 그대로 베끼는 역할을 카메라에 빼앗긴 대신 내면의 세계를 표현할 기회를 얻은 것이죠.

이후 현대 미술은 다양한 시도를 하며 변신을 거듭합니다. 표현주의, 다다이즘, 초현실주의, 미니멀리즘, 개념미술 등 수많은 사조가 나타났다 사라졌습니다. 미술가들은 사회의 변화에 민감하게 반응했습니다. 미래파 화가들의 그림엔 새로운 기계문명에 대한 동경이, 표현주의와 야수파 화가들의 격렬한 그림에는 제1차 세계대전을 전후한 인간의 상실과 아픔이 담겨 있습니다. 러시아 혁명 시기 화가들은 혁명의 이상을 미술로 표현하려고 했습니다. 정신분석학이 나타났을 때 미술은 초현실주의라는 화풍으로 답했죠.

앤디 워홀의 팝 아트 역시 사회의 변화와 깊은 관련을 맺고 있습니다. 앤디 워홀이 그린 캠벨 수프는 미국인이 가장 좋아하는 인스턴트 수프입니다. 미국의 '신라면' 정도라고 생각하면 되겠네요. 많은 미술가들이 현대 사회의 특성을 작품 안에 담으려 했습니다. 영국 출신 리처드 해밀턴은 잡지에서 거실 사진을 오려 붙였고, 리히텐슈타인은 말풍선이 있는 만화를 그렸습니다. 올덴버그라는 사람은 거대한 햄버거나 치약을 만들었습니다. 팝 아트는 비누, 수건, 칫솔, 깡통…… 생활의 모든 것을 예술이라고 선언한 겁니다.

반응은 어땠을까요? 사람들은 처음엔 당황하고 어이없어 했지만, 이내 환호했습니다. 머리가 지끈지끈 심각하기만 한 예술에 지쳐 있던 사람들은 팝 아트의 친숙함과 유머가 반가웠지요. '이거 우리 주변에서 쉽게 볼 수 있는 거잖아!', '예술도 어렵지 않네!' 하는 식으로요. 그렇다고 팝 아트가 가볍기만 한 것은 아닙니다. 앤디 워홀이 흔해 빠진 통조림을 그린 이유는 무엇일까요? 어쩌면 앤디 워홀은 이렇게 말하고 싶었던 게 아닐까요.

▲ 앤디 워홀의 「캠벨 수프 캔」은 무엇을 말하고자 하는 걸까?

보세요, 이게 우리가 늘 보는 수프 캔이죠. 우린 매일 이걸 즐겨 먹어요. 얼굴도 하는 일도 다르지만 결국 우리 모두는 같은 수프 캔이 만든 몸이죠. 우리 역시 대량 생산된 물건의 일부랍니다. 내 의견에 박수를 치든 콧방귀를 뀌든 당신 마음이지만요.

슈퍼마켓의 진열대를 가득 채운 통조림은 현대 사회의 상징과 같습니다. 공장에서 대량 생산된 먹을거리가 넘치도록 많은 세상이 된 것이죠. 팝 아트는 공장에서 대량 생산된 흔하디흔한 수프 캔에 예술이라는 딱지를 붙이며 우리에게 여러 가지 질문을 던집니다. '예술이라는 게 별거 있나요? 우리가 사는 세상은 어떤 곳인가요? 인간 역시 공장에서 대량 생산된 통조림과 다를 게 없지 않나요?'라고요. 슈퍼마켓

진열대에 쌓여 있는 수프 캔은 예술이 아니지만 앤디 워홀이 작업한 수프 캔은 예술이 되는 이유. 그것은 앤디 워홀의 수프 캔이 우리를 고민하게 만들기 때문일 겁니다.

낸시 랭의 퍼포먼스는 미술일까

자, 다시 낸시 랭으로 돌아갑니다. 낸시 랭의 퍼포먼스는 우리에게 어떤 고민거리를 던져줄까요? '거지 여왕 퍼포먼스'에서 낸시 랭은 영국의 미술가 데미안 허스트의 작품 「채리티」를 패러디합니다. 데미안 허스트는 소 등의 동물을 절단하여 투명한 포름알데히드 액에 담아 전시한 엽기적인 작품으로 유명한 예술가입니다. 「채리티」는 풍요로운 시대에 구걸하는 소녀와 아무도 그 소녀를 거들떠보지 않는 현실을 비판한 조형물입니다. 낸시 랭은 「채리티」 소녀처럼 꾸미고 퍼포먼스를 벌입니다.

낸시 랭이 밝힌 퍼포먼스의 의도는 아래와 같습니다.

팝 아티스트 낸시 랭이 거지 여왕의 복장을 하고 런던 시내를 누비며 구걸을 한다. 낸시 랭은 테이트브리튼, 테이트모던, 트라팔가 광장, 버킹엄 궁전 등을 다니며 시민들에게 the United Kingdom of Nancy Lang의 건국을 위한 모금 활동을 한다. 6월 12일 여왕의 생일 퍼레이드에서 게릴라 퍼포먼스를 할 예정이다. 낸시 랭은 '거지 여왕(Beggar the Queen)'이라는 도발적인 슬로건을 통해 신자유주의 시대의 계급과 개인과 국가의 경계에 대한 질문을 던지고자 한다.

신자유주의 시대, 개인과 국가의 경계와 같은 어려운 말들이 나옵니다. 벌써 머리가 아픈 걸 보니 역시 현대 미술이네요. 그런데 '낸시 랭

왕국' 건국을 위한 모금이라니 그게 신자유주의와 무슨 상관인 걸까요?

우리나라 미술가 중 퍼포먼스로 잘 알려진 이는 백남준입니다. 바이올린을 부수는 퍼포먼스로 유명하죠. 백남준은 세계적으로 인정받는 미술가였지만, 전문가라고 해도 그가 벌인 퍼포먼스의 의미를 똑 떨어지게 말하긴 힘듭니다. 하지만 많은 이들이 그의 예술 세계를 높이 평가합니다. 그의 일관된 행동 속에서 메시지를 발견하고 느끼기 때문입니다.

낸시 랭의 퍼포먼스는 앞으로 어떤 평가를 받게 될까요? 백남준처럼 한 시대를 대표하는 예술 행위로 기억될까요? 아니면 그저 방송용 쇼로 스르르 잊혀버리고 말까요? 각자가 그녀의 퍼포먼스에서 어떤 느낌을 받았는지, 어떤 고민과 질문이 생겼는지 생각해봅시다.

인간답게 살려면 예술도 중요하다

여전히 미술이 어렵고 내가 관심 갖기엔 거리가 멀다 싶은가요? 사회 샘인 저도 현대 미술을 이해하는 데 꽤 많은 공부가 필요했답니다. 몰라도 사는 데 별 지장이 없을 것 같은데 꼭 알아야 할까요? 네, 정말 알아두면 좋답니다. 어느 시대건 인간은 감정을 느끼고 표현할 것입니다. 과거에 그랬던 것처럼 앞으로도 예술은 결코 사라지지 않겠지요. 글을 쓰고, 노래를 부르고, 영화를 찍고, 그림을 그리고, 퍼포먼스도 할 겁니다. 그게 인간이 자신의 삶과 사회를 풍요롭게 만들어가는 방법이기 때문입니다. 예술에 관심을 갖고 이해하는 순간 삶은 꽃처럼 활짝 피어난답니다.

현대 미술은 우리에게 익숙한 '그림'은 아니지만 그 속에는 여전히 우리의 마음과 머리를 울리는 무언가가 담겨 있습니다. 찾기는 조금 어렵지만요. 중요한 것은 무엇이든 자유롭게 받아들일 수 있는 넉넉

▲ 2010년, 영국 런던에서 'Beggar the Queen'이란 구걸 퍼포먼스를 펼치는 낸시 랭.

함일 것입니다. 생각해보세요. 지금 당신에겐 타인의 다양한 표현 방식을 이해하고 받아들일 포용력이 있나요? 당신은 자신이 이야기하고 싶은 것을 어떻게 표현하고 싶은가요? 또, 그것은 자기 자신을 돌아보게 만들고 감동을 주는 예술 작품이 될 수 있을까요?

미술의 가치는 얼마일까

데미안 허스트가 만들었다는 「채리티」라는 조형물은 천안에 있습니다. 화가이자 미술품 수집가 김창일(아라리오 갤러리 대표) 씨가 20억을 주고 샀대요. 근데 엄청난 값을 치른 이 조형물의 가치는 과연 어떻게 매기는 것일까요? 피로시카 도시가 쓴 『이 그림은 왜 비쌀까』를 보면 미술품 투자가 특정 작품의 가격을 높이기 위해 관계자들과 짜고 가격을 올리는 커넥션이 있다고 합니다. 마치 증권 시장에서 특정 회사 주식 가격을 일시에 높이려고 모의하

▲ 「채리티(charity)」, 데미안 허스트

는 '작전 세력'처럼 말이죠. 작품의 가격이 예술성에 따라 정해지는 게 아니라 부동산 투기와 마찬가지라는 겁니다. 현대 사회는 미술을 시장에서 파는 상품으로 만들어놓았지요.

현대 미술은 비디오, 퍼포먼스, 설치 등 표현의 경계를 허물며 새로운 시도를 계속해갑니다. 이해하기 무척 힘들더라도, 또 땅이나 아파트처럼 투기의 대상이 되기도 하지만 그 속에는 예술의 근본정신인 자유로움에 대한 열망이 살아 있지요. 이것을 '희망'이라고 불러도 될까요? 여러분은 어떻게 생각하세요?

▲ 12회 뉴욕 아방가르드 페스티벌에서 길에 끌리는 바이올린 퍼포먼스를 펼친 백남준. 그는 비디오 아트, 퍼포먼스 등으로 현대 예술계를 뒤흔든 사람이다.

생각해볼 문제

1. 거지 여왕 퍼포먼스와 '무한도전' 혹은 '서바이벌 TV 프로그램'은 어떤 차이가 있을까요?

2. 예술가의 자격이나 능력이란 것이 있다면 무엇일까요?

더 읽어볼 책

- 『현대인도 못 알아먹는 현대 미술』, 조영남, 한길사, 2007.
- 『비키니 입은 현대 미술』, 낸시 랭, 랜덤하우스코리아, 2006.
- 『이 그림은 왜 비쌀까』, 피로시카 도시, 웅진지식하우스, 2007.

관련 단원 ●**고등학교 경제** 시장과 경제활동 / 시장의 형태(인터넷 검색 시장, 독과점 시장의 폐해)

정보의 바다에서
표류하지 않기

–인터넷 검색을 잘하는 방법

자, 여러분께 과제를 하나 내겠습니다. 지난 2011년 6월 10일 프랑스 파리에서 열린 'SM타운 라이브 월드 투어' 공연을 두고 각 언론에서 대서특필했습니다.

환호하는 파리의 젊은이들을 보며 "유럽에서 한류의 붐이 일고 있다."고 호평했지요. 한편에서는 연예기획사의 홍보 공연일 뿐이라며 과대 포장은 위험하다는 신중론이 있었습니다. 여러분은 가수가 기획사를 통해 교육받아 아이돌로 성장하는 시스템, 이른바 공장식 아이돌 육성에 대해 어떻게 생각하나요?

인터넷 정보를 참조해서 이에 대한 자신의 의견을 써보세요.

네이버 VS 구글 검색 결과 비교

이런 과제가 나오면 다들 컴퓨터를 켜고 '네이버'에 접속합니다. 검색창에 '공장식 아이돌 육성'을 쳐봅니다. 아휴, 한 페이지 가득 나오네요. 이 중에서 적당한 걸 하나 골라 복사해서 붙여 넣고선 숙제를 완성합니다. 인터넷 정보를 참조하는 숙제라면 열에 아홉은 똑같은 내용을 봅니다. 넓고 넓은 정보의 바다라는 인터넷, 그런데 결과물은 빈약하기 짝이 없고, 숙제는 천편일률입니다. 이제 인터넷이란 바다는 어떤 방향으로 흐르는지, 고기를 잡으려면 어디에 낚싯대를 드리워야 할지 알아봅시다. 아마 이런 것들을 알고 나면 숙제하는 방식도, 숙제의 결과물도 훨씬 달라질 겁니다.

늘 네이버 한 곳만 이용해왔다면, 이번엔 다른 검색 엔진 '구글'도 함께 살펴봅시다. 구글의 첫 화면이 무척 낯설겠지요? 도무지 한눈팔 구석 없이 덜렁 검색창만 있으니까요. 네이버와 구글에서 각각 '공장식 아이돌 육성'이라는 검색어를 입력합니다. 결과는 어떨까요? 같은 검색 엔진인데도 많은 차이가 있었습니다. 먼저 네이버부터 보겠습니다.

2013년 2월 16일자 검색 결과, 네이버는 첫 화면에서 블로그 5개, 웹 문서 3개를 보여줍니다. 이 중 주제와 맞는 글은 블로그 5개 중 2개, 웹 문서는 3개 모두 상관없는 광고성 사이트입니다. 가장 상단에 뜬 블로그 포스트는 '어릴 때 꿈꾸던 대학생활은(2012. 12. 7)'인데 개인적인 글로 단지 '공장식 아이돌 육성'이라는 키워드가 포함되어 있을 뿐이네요.

다음은 구글입니다. 구글은 첫 화면에 웹 문서 10개가 표시되었는데, 그중 첫 번째가 '[논쟁] 아이돌 육성 시스템 이대로 좋은가?'(한겨레신문), 세 번째가 '한류를 위협하는 요인들─사설 칼럼'(중앙일보), 일곱 번째가 '우리 아이돌 스타 육성 시스템을 두고서도 톤이 다르지 않아'(매일경제), 아홉 번째 '팝 아이돌에 관한 존 시브룩 기사는……'(동아일보 MLB 파크 게시판) 등 관련 있는 글이 10개 중 4개가 나옵니다.

같은 단어로 검색을 했는데, 어째서 이렇게 검색 결과가 다를까요? 이런 차이는 검색 방식의 차이 때문에 생깁니다. 네이버는 키워드 중심, 구글은 링크 중심으로 검색하지요. 네이버가 키워드 중심이라는 것은 해당 문서의 내용에 초점을 맞춰 검색 결과를 보여준다는 뜻입니다. 글을 쓴 작성자가 자주 사용한 어휘와 태그, 선택한 분류 등이 큰 영향을 미칩니다. 반면 구글은 해당 문서가 링크된 빈도를 기준으로

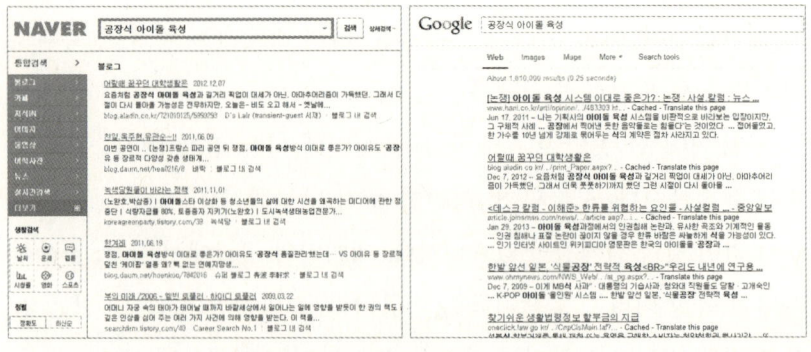

▲ 네이버 검색 결과 창 / 구글 검색 결과 창

신뢰도를 계산합니다. 링크가 많이 되었으면 다른 사용자들이 그 내용을 신뢰한다는 것으로 해석하여 이것을 바로 검색 결과에 반영합니다. 네이버는 작성자의 주관적인 판단, 구글은 다수의 다른 사람들의 평가에 더 무게를 두는 것이죠. 구글이 좀 더 기계적이며 정확한 수치에 근거해 화면 구성을 한다고 할 수 있습니다. 해외에서는 구글의 이런 페이지 링크 방식이 검색의 정확도를 높인다고 생각합니다. 네이버의 검색 결과는 네이버가 제공하는 서비스, 블로그나 카페, 뉴스 등을 우선해서 보여줍니다. 따라서 외부에 개방적인 구글과는 검색 결과가 크게 다를 수밖에 없습니다. 네이버를 두고 '우물 안 개구리'라고 비판하는 것도 이 때문이지요. 구글은 스마트폰의 안드로이드 시스템을 장악하여 세계 시장에서 영향력을 더 키워가고 있습니다. 영어권에서는 '구글링(googling)'이란 신조어가 널리 쓰이고 있어요. '검색하다=구글하다'가 된 것이죠.

그럼 구글이 대세일까요? 모름지기 검색이란 사용자가 얼마나 쉽고 편하게 원하는 정보를 찾을 수 있느냐가 관건입니다. 원하는 정보는 사람마다 다를 수밖에 없고 사람들이 찾는 정보는 시간이 흐르면 달라지겠지요. 검색 엔진은 더 많은 사람들이 원하는 결과와 방식을 찾아 계속 진화할 겁니다. 지금 미국은 구글, 우리나라는 네이버이지만 미래는 예측 불허입니다. 네이버에 익숙한 우리나라 사용자들도 구글을 선택할 수 있고, 구글을 능가하는 새로운 검색 엔진이 등장할 수도 있겠지요.

인터넷 검색 결과에는 '광고'가 많이 포함되어 있습니다. 딱 보면 광고라고 알 수 있는 것들도 많지만, 우리가 전혀 광고라고 인식하지 못했던 체험 글이나 이용 후기 중에도 알고 보면 광고인 것이 많습니다.

블로그(blog)는 웹(Web)과 로그(Log)의 합성어(WEB LOG)입니다. 이것을 쓰는 사람을 '블로거(Bloger)'라고 하죠. 블로그는 인터넷에 일기장처럼 글을 간편하게 올릴 수 있도록 하는 개인 서비스입니다. 회사의 상품 소개와 광고에 현혹되지 않으려는 사람들도 블로그에 담긴 체험담과 이용 후기는 신뢰하지요. 블로그의 충실한 리뷰는 '입소문'을 타고 퍼져 나갑니다.

포털 사이트는 유용한 콘텐츠를 많은 사람들에게 공급한다는 취지로 매년 파워 블로그를 선정하고, 이들을 상위 검색 결과에 올려놓았습니다. 이로써 한정된 블로그에 많은 사람들이 모여들면서 그야말로 '블로그의 부익부 빈익빈' 현상이 나타나게 됐습니다.

사람들이 많이 모여드는 블로그는 광고주에게는 더없이 매력적인 광고의 공간입니다. 그런 블로그에 제품이 소개되면 광고 효과는 물론 신뢰도도 올라가지요. 비용 면에서도 미디어를 이용해 광고하는 것보다 훨씬 쌉니다. 기업이 관심을 보이고, 즉 블로그로 '돈벌이'가 되자 정보인 척하며 광고만 파는 블로그가 생겨났습니다. 방문자들은 좋은 정보를 주는 블로거라고 생각했지만 실상은 업체 광고를 전업으로 하는 브로커들이었습니다.

지난 2011년 6월, 네이버 파워 블로거의 지위를 이용해 안전성이 확인되지 않은 식기 세척기 공동 구매로 문제가 된 파워 블로거 '베비로즈' 사건이 있었습니다. 또 세금을 제대로 내지 않은 파워 블로거들이 무더기로 적발되기도 했지요.

숙제의 달인이 될 검색 방법

이제, 숙제 하나 더 해봅시다. 이 책의 5교시 역사 수업 중 '미국은 제국주의 국가일까(266쪽)'에 나온 숙제를 골라 검색해보죠.

3. 한국과 미국의 빈곤율과 빈곤 원인을 조사하고 서로 견줘봅시다. 그 자료들을 어디서, 어떻게 찾아냈는지 과정도 적어봅시다.

우리나라의 빈곤율을 조사하라는군요. '우리나라의 빈곤율', '한국의 빈곤 원인', '미국의 빈곤 원인' 등으로 검색해봐야겠네요. 이번에도 역시 네이버와 구글을 함께 이용해봅시다.

네이버는 '우리나라의 빈곤율'로 통합 검색을 했을 때 다소 엉뚱한 결과를 내놓네요. 가장 상단에 있는 지식백과는 전혀 엉뚱한 내용이고, 아래쪽으로 내려가니 카페에 관련 글이 있지만, 불행히도 개인이 운영하는 카페라 정보의 출처가 정확하지 않습니다. 별 도움이 되지 않는군요. 더 아래로 가면 지식iN-블로그-웹 문서-전문정보-뉴스-책 본문-카페-책-이미지-뉴스라이브러리-동영상의 순으로 나열됩니다. 계속 마우스 휠을 돌리니 눈도 뻑뻑하고 등도 꾸부정해집니다. '이래서 조사하는 숙제 싫어.' 하는 생각이 몰려오지요.

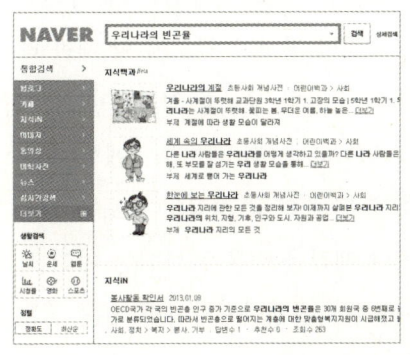 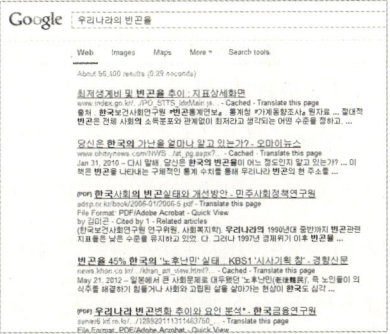

▲ 네이버 검색 결과 창 / 구글 검색 결과 창

이번엔 구글입니다. 구글은 첫 글(최저생계비 및 빈곤율 추이)로 통계청의 나라지표 사이트를 연결해줍니다. 검색 결과는 역시 신뢰도 순이므로 사이트 구분은 없고요. 다행히 여기는 몇 개의 글을 제외하고는 대부분이 참고할 만하군요. 그렇다면 구글 만세? 아닙니다. 다만 이번에 찾으려고 한 정보의 특성상 구글의 검색 방식이 더 유리했다는 것이죠.

찾으려는 정보의 속성에 따라 검색 엔진을 선택해야

이 사례에서 통계나 현상을 설명하는 사회적 정보는 참고한 글의 빈도를 계산하여 신뢰도 순으로 표시하는 구글의 검색이 유리하다는 것을 알 수 있습니다. 하지만 사용자가 원하는 정보가 어떤 것이냐에 따라 때로는 네이버가 훨씬 나은 검색 결과를 제공하기도 합니다. 예를 들어 '밥 잘 안 먹는 5세 여자아이 어떡해야 할까요?'라는 내용을 검색하려는 아이 엄마가 구글에서 검색을 하면 또래 아이 엄마들의 노하우를 알기 어렵습니다. 이런 경우에는 카페나 블로그의 검색 결과를 우선해서 보여주는 네이버나 다음 등 국내 포털이 훨씬 생생하고 효과적인 정보를 주지요. 남자 친구에게 줄 발렌타인데이 선물을 고르려면 전문 쇼핑몰 사이트를 이용하거나 가격 비교 사이트를 이용하는 게 합리적이고, 입사나 입학을 위해 채용 정보나 진학 정보를 얻고자 할 때는 해당 회사나 대학의 홈페이지를 방문해야 정확한 정보를 얻을 수 있습니다. 블로그나 카페 검색 결과만 보고 있다가는 떠도는 소문에만 밝아지겠지요. 그렇다면 여러분처럼 숙제를 위해 해당 지식의 정보를 얻고자 할 때는 어떨까요? 개인의 감상이나 생각을 적은 글보다는 여러 사람으로부터 신뢰받을 수 있는 내용이 우선이겠지요? 이럴 때는 전문가의 글이 실린 웹 문서나 백과사전 검색을 이용하는 게 우선입니다.

일반적인 통합 검색 한 번에 수십만 수백만 건의 검색 결과가 나타납니다. 무수한 검색 결과와 광고 때문에 눈만 아플 뿐이죠. 그래서 내가 원하는 정보가 어떤 카테고리에 있을지 먼저 생각하고 범위를 좁혀서 검색하는 것이 좋습니다. 사회 숙제에 도움이 되는 검색 서비스 두 가지를 소개합니다. 하나는 도서 본문 검색입니다. 도서 본문 검색은 책 속에서 있는 내용을 검색해줍니다. 구글은 물론 다음과 네이버에서도 제공하고 있지요(구글의 경우는 방대한 양의 영어권 도서를 제공합니다). 이 검색을 활용하면 해당 단어가 있는 도서를 찾아 본문을 이미지 형태로 볼 수 있습니다. 도서관에 가서 일일이 책을 찾아보지 않아도 되지요.

백과사전 중에선 위키피디아를 이용해보세요. 위키피디아는 '위키백과'라고도 하는데 하와이 말로 '빨리'를 뜻하는 '위키(wiki)'와 백과사전을 뜻하는 '엔사이클로피디아(encyclopedia)'의 합성어입니다. 위키백과에 나온 소개 글을 볼까요.

위키백과는 전 세계 사람들이 공동으로 참여하는 웹 기반의 다언어 백과사전으로, 위키로 만들어져 있어 누구든지 '편집'을 눌러서 내용을 고칠 수 있으며, 목적에 관계없이 자유롭게 사용할 수 있는 자유 콘텐츠 프로젝트입니다. 위키백과는 현재 위키미디어 재단이 운영하고 있습니다.

2001년에 시작되어 빠른 속도로 성장해온 위키백과의 가장 큰 특징은, 누구나 자유롭게 글을 고칠 수 있으며 이 모든 문서는 크리에이티브 커먼즈의 저작자표시-동일조건변경허락(CC-BY-SA) 라이선스에 따라 자유롭게 사용할 수 있다는 점입니다.

많은 사람이 필요한 지식을 검색하기 위해 위키백과를 방문합니다. 또 위키백과에 방문한 사람은 누구나 글을 고칠 수 있는 권한을 가지고 있지요. 보통 위키백과를 방문하는 100명 중 한 명 정도가 적극적으로 편집에 참여한다고 합니다. 덕분에 위키백과가 신속하게, 다양한 정보를 쌓을 수 있지요. 위키백과는 브리태니커 백과사전과 같이 정해진 항목의 정보를 제공하는 백과사전이 아닙니다. 항상 새로운 정보가 만들어지고 여러 사람이 그것을 상호 검증하며 객관성을 키워갑니다. 요즘 흔히 말하는 '집단 지성'의 대표 격이죠. 백과사전보다 빠르고, 지식in보다 객관적이라고 생각하면 쉬울까요? 위키피디아를 검색하는 데만 이용하지 말고 직접 정보를 검증하고, 새로운 내용을 올리려는 시도를 해보세요. 지식in에 답변을 달거나 트위터를 하는 것보다 몇 배 힘이 들겠지만, '아, 이런 것이 정보구나.' 하고 느낄 수 있을 거예요.

효과적인 검색 방법에 관해 다음커뮤니케이션 검색 개발팀 박정아 팀장은 이렇게 조언합니다.

"낱낱의 단어 한두 가지로 검색하면 검색 결과가 너무 많아서 오히려 찾기가 힘듭니다. 찾으려는 용어가 어떤 상황에서 나온 말인지 고려하여 되도록 구체적인 단어를 사용해야 합니다. 연관된 단어를 함께 활용하는 것도 방법입니다. 특히 영어 등 외국어로 되어 있는 것은 외국어로 검색하셔도 좋습니다. 국내의 자료만으로는 한계가 있을 수 있으니까요. 또한 개인 블로그나 개인 홈페이지의 내용보다는 찾으려는 정보와 관련된 공식 기관의 홈페이지를 방문하는 게 정보의 신뢰도를 높이는 방법이겠죠."

그러면서도 박 팀장은 검색의 한계를 토로합니다.

"검색을 잘하는 방법은 정해져 있지 않습니다. 검색 결과로 나온 정보의 맥락을 잘 이해하고, 그 정보가 얼마나 믿을 수 있느냐를 비판적으로 검토할 능력이 필요하죠. 이런 건 전문가가 따로 있는 게 아니에요. 인터넷 회사 직원보다 훨씬 검색을 잘하는 사람도 많아요."

정보는 넘치고 넘칩니다. 공들여서 정보를 찾았다면, 여러분이 찾은 정보가 진짜인지를 확인해야 합니다. 블로그나 카페의 정보는 개인의 생각인지 근거 있는 객관적인 자료인지 여부를 가늠하기가 어렵습니다. 때문에 정보의 정확한 출처와 근거에도 관심을 기울여야 합니다. 인터넷에서 많은 정보를 얻는 사람들이 쓸모없는 소문에 휘둘리지 않고 중심을 잡으려면 꼭 필요한 과정이지요.

이제 인터넷 회사가 정보를 검색하는 방식과 그것을 제공하는 방법에 대해서도 주의를 기울여보세요. 자기도 모르는 동안 광고에 휘둘리거나 회사의 의도에 따라 특정한 정보만을 접할 수도 있으니까요. 다들 자신만의 정보 검색 노하우가 있겠지요? 조금만 더 신경 쓰면 검색의 달인이 될 수 있을 겁니다. 그런데 제 생각에 가장 좋은 것은 여러분이 정보의 생산자가 되는 것이랍니다.

검색의 원리

네이버와 구글 등의 검색 서비스는 웹에 흩어져 있는 정보를 어떻게 찾아줄까요? 인터넷 검색의 원리를 알아봅시다. 검색 과정은 간단히 말해서 아래의 3단계를 거칩니다.

① 웹상에 떠 있는 온갖 관련 자료를 물어 오는 '웹 로봇(정확히 말하자면 로봇이 아니라 프로그램입니다)'이 돌아다닙니다.
② 로봇이 물어 온 문서의 단어를 '분류'하고 '분석'하여,
③ 분석 작업을 검색 결과로 표현합니다. 이 과정에서 금지어나 상업성, 사회적 악영향을 미칠 수 있는 단어 등을 조건으로 제시하여 '필터링'을 하지요.

이 과정에서 우리가 기초 수학에서 배우는 ∩(교집합), ∪(합집합)과 필요조건, 충분조건, 참과 거짓 명제가 쓰입니다. 이것을 응용해 컴퓨터 프로그래밍을 하지요. 정보 과학에서 말하는 정보 검색 모델에는 불리언 검색과 벡터 검색이 있습니다.

검색 시스템에서 가장 기본적으로 사용하는 검색 모델로서, 다양한 연산자를 지원하는 장점이 있습니다. 아래 표와 같은 연산자를 사용하여 검색합니다.

기능	연산자	사용자 질의어	설명
AND 연산	&	짜장&짬뽕	'짜장'과 '짬뽕'이 동시에 포함된 자료를 찾아줍니다.
OR 연산	|	짜장|짬뽕	'짜장' 혹은 '짬뽕'이 포함된 자료를 찾아줍니다.
NOT 연산	!	짜장!짬뽕	'짜장'이 포함되고 '짬뽕'은 포함되지 않은 자료를 찾아줍니다.
절단 검색	*	중화요*	'중화요'로 시작하는 단어가 포함된 자료를 찾아줍니다.
NEAR 연산	/N or /n	짜장/n2짬뽕	'짜장'과 '짬뽕'이 순서와 관계없이 2단어 이내에 인접한 자료를 찾아줍니다.
WITHIN 연산	/W or /w	짜장/w3짬뽕	'짜장'과 '짬뽕'이 순차적으로 3단어 이내에 인접한 자료를 찾아줍니다.

불리언 검색은 한 개의 검색어에 있는 두 개 이상의 키워드가 위에서처럼 and, or, not 등으로 연결되어 있는 경우 이들을 논리곱의 합의 형태로 변환하여 각각의 논리곱이 각 문서에 존재하는지를 확인합니다. 이 연산자를 잘 이용하면 원하는 정보를 훨씬 빠르고 정확하게 찾을 수 있습니다. 다만, 불리언 검색은 검색어 조건과 일치하는 자료를 찾기 때문에 비슷하거나 연관된 자료를 얻기 어렵습니다.

백터 검색 (vector search)

'벡터'란 기초 수학, 물리학, 공학에서 쓰는 용어로 '힘'이나 '방향성', '길이'를 가진 객체를 의미합니다. 검색에서 벡터 모델을 적용한다는 의미는 '단어'와 단어들의 집합이란 뜻을 가진 '문서' 등을 벡터 공간에 표현할 수 있다고 설정하는 것부터 시작합니다. 단어를 하나의 차원으로 보고, 그 단어가 포함된 문서, 색인 등을 나열한 것이 벡터의 '길이'로 표현됩니다. 따라서 검색어와 관련된 정도가 '순위'로 표현됩니다. 벡터 검색은 질의어와 각각의 문서를 모든 색인어에 대한 벡터 형태로 나타낸 후, 질의어와 각 문서의 벡터곱을 유사도로 이용하여 문서들을 랭킹하는 방법입니다. 유사도 순으로 정렬된 결과를 얻을 수 있습니다.

논리곱

논리곱(기호: AND)이란 수리 논리학에서 쓰는 말로 주어진 복수 명제 모두가 참인지를 나타내는 논리 연산입니다. 'AND'라고도 하지요. 두 명제 P, Q에 대한 논리곱을 (P∧Q)라고 기록하고, 'P 그리고 Q'라고 읽습니다.

예시　　　　　「내 키는 160cm 이상이다」

　　　　　　　　「내 몸무게는 50kg 이상이다」

위 두 명제의 논리곱은 「내 키는 160cm 이상이고, 내 몸무게는 50kg 이상이다」가 됩니다.

이제 검색의 기본 원리를 이해하시겠어요? 그럼 실제로 검색 엔진에서는 어떤 로직(logic)으로 결과를 표현할까요? 보통 검색 로직에 포함되는 요소는 최신성, 정확성, 정보량(신뢰도)입니다. 이 중 최신의 정보냐 아니냐의 문제는 날짜가 로그에 남기 때문에 쉽게, 그리고 객관적으로 가려낼 수 있지요. 또한 정보량의 경우도 다른 사이트 등에서 링크하거나 참고한 것을 바탕으로 계산하기 때문에 이 역시 객관적으로 가려낼 수 있을 것입니다. 이제 정확성이라는 문제가 남는데, 이것을 컴퓨터가 온전하게 대신하기는 어렵습니다. 사용자가 원하는 정보와 일치하느냐를 판단하는 것은 결국 그 사용자가 입력한 키워드가 얼마나 의도에 부합했느냐에 따라 달라지기 때문입니다. 이것은 내가 한 말을 잘 아는 친구가 들었느냐, 아니면 생전 처음 보는 사람이 들었느냐에 따라 이해도가 달라지는 것과 마찬가지죠. 결국 컴퓨터가 인간을 어느 정도까지 대신할 수 있느냐에 달린 문제입니다.

생각해볼 문제

1. 인터넷에서 찾는 지식이 진짜 지식인지 어떻게 알 수 있을까요?

2. 광고가 없는 인터넷이란 가능할까요?

더 읽어볼 책

● 『**검색의 경제학**』, 빌 탠서, 21세기북스, 2009.
● 『**쇼핑의 과학**』, 파코 언더힐, 세종서적, 2000.
● 『**뉴머러티**』, 스티븐 베이커, 세종서적, 2010.

관련 단원 ●**고등학교 법** 우리나라의 헌법: 기본권의 종류와 내용, 기본권 제한의 조건과 한계
사회생활과 법 / 근로자의 권리와 법

노동자도,
과학자도 공감하는
8시간 노동

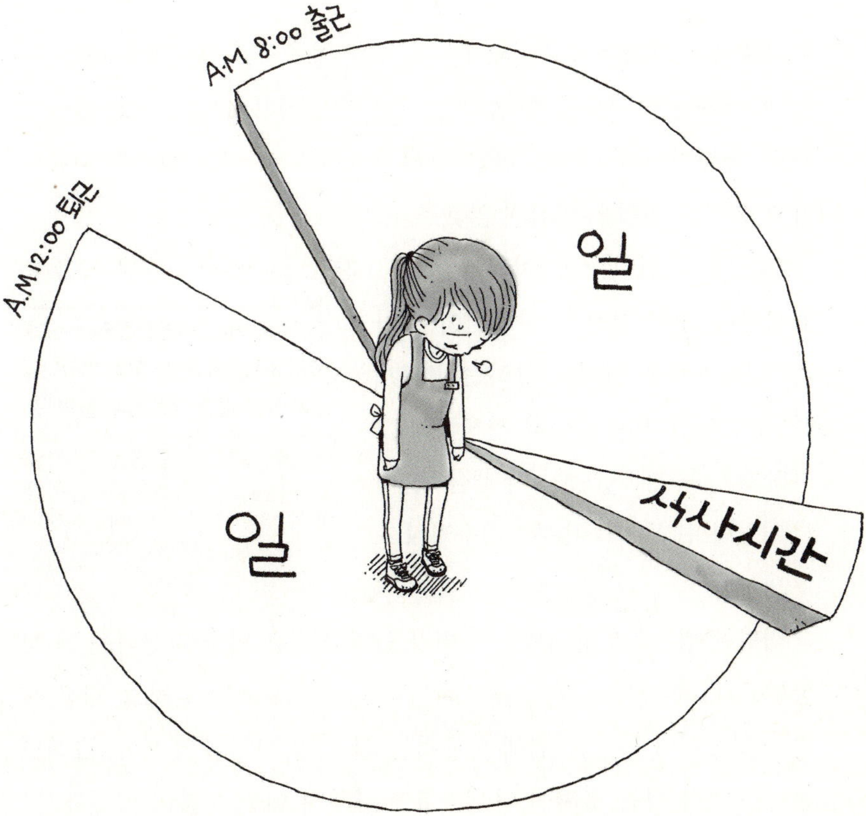

A마트는 아침 8시에 문을 열어 밤 12시에 문을 닫는다. 마트 노동자들은 2교대 또는 3교대로 일한다. 아침 8시에 출근해 밤 12시에 퇴근한다. 다른 날엔 오후 3시에 출근해 밤 12시에 퇴근한다. 마트에서 일하는 9시간 가운데 1시간은 식사 시간이다. 밥 먹을 때를 제외한 8시간 동안 '절대로' 앉을 수 없다. 5,000평이 넘는 마트 매장 안에 앉을 곳은 전혀 없다. 점원들은 매대에 기대는 것도 쪼그려 앉는 것도 금지된다. 점원들은 밥을 급히 먹는다. 그러고는 탈의실 긴 의자 위에 쪼그려 누워 잠깐 눈을 붙인다.

—「마트에선 매일 지기만 한다」, 『4천원 인생』, 안수찬 외.

생필품을 사려는 소비자로서는 24시간 영업하는 곳이 좋습니다. 원할 때 언제든지 이용할 수 있다는 건 정말 편리하니까요. 가게 영업시간을 따로 기억할 필요도 없지요. 하지만, 처지를 바꿔 일하는 사람이라면 24시간 영업은 달갑지 않겠죠.

위 글은 『4천원 인생』이라는 책에 실려 있습니다. 이 책엔 식당 종업원이나 대형 마트의 판매원이 얼마나 고된 시간을 견디며 일하는지 자세히 나와 있답니다. 얼마나 생생하게 그 고된 현장을 기록했던지 이 책을 "울면서 읽었다"는 독자들이 부지기수입니다.

주방 아주머니 OO명 오전 9시~오후 10시 30분/여 서빙, 오후 파트타임 급여 상담 월 2~3회 휴무 공덕 「송

▲ 생활정보지의 구인 광고. 하루 13시간 일하고 한 달에 2~3번 쉰다. 주방 아주머니 자리는 좋든 싫든 장시간밖에 없다.

식당 주방, 마트 판매원…… 내가 일하고 싶은 만큼 일한다는 건 상상할 수 없는 얘기입니다. 몸이 축나지 않을 정도로만 일하고, 남은 시간은 자신이나 가족을 위해 사용하는 건 희망 사항일 뿐이죠. 그래도 일하는 만큼 사는 형편이 나아진다면 열심히 일한 보람이 있겠죠. 그래야 사회도 공정해지고요. 그런데 왜 우리 삶은 이렇게 긴긴 시간을 눈물 나게 일해도 나아지지 않는 걸까요?

정규직과 비정규직은 무엇이 다른가요?

노동자의 고용 형태는 정규직과 비정규직으로 나뉩니다. 정규직은 흔히 4대 보험(고용보험, 산재보험, 건강보험, 국민연금)을 보장받고 경제활동을 하면서 경제적, 신체적 보호를 받을 수 있는 고용 조건을 말합니다. 쉽게 말해 함부로 해고당하지 않으며, 근무와 관련한 여러 가지 법의 보호를 받는 고용 형태이지요. 비정규직은 ①한시적 근로자(근로계약 기간을 정한 자 또는 정하지 않았으나 계약의 반복갱신으로 계속 일할 수 있는 근로자와 비자발적 사유로 계속 근무를 기대할 수 없는 근로자), ②시간제 근로자(근로 시간이 짧은 파트타임 근로자), ③비전형 근로자(파견 근로자, 용역 근로자, 특수고용 종사자, 가정 내 근로자[재택, 가내], 일일 근로자 등으로 나뉩니다.

우리 사회는 1997년 IMF 구제 금융 이후 비정규직이 급속도로 늘어났습니다. IMF는 외환 보유고가 부족한 우리나라에 돈을 빌려주며 기업의 체질을 바꾸라고 주문하죠. 자금 사정이 악화된 기업들은 이 요구를 받아들여 직원을 해고하거나, 언제든 해고할 수 있도록 비정규직을 늘립니다.
2012년 현재 비정규직 근로자 비중은 총 노동 인구의 절반가량(48%)입니다. 고용주로서는 비정규직 노동자를 언제든지 해고 또는 계약 만료할 수 있어 노동력을 유연하게 사용할 수 있는 이점이 있지요. 이를 '노동의 유연화'라고 말합니다.

사실 우리 사회는 하루 8시간을 '법정 근로 시간'으로 정해 그 시간을 초과하여 일하면 시간당 얼마씩의 '초과 근무수당'을 줍니다. 물론 앞서 말한 것처럼 이 혜택을 받지 못하는 열악한 환경의 노동자들이 많지요. 어쨌든 법으로 초과 근무수당을 받을 수 있고, 야간에는 수당을 두 배로 주게 되어 있습니다. 하루 8시간을 법정 근로 시간으로 정한 것은 고용주들이 노동자들을 배려해서 생긴 제도가 아닙니다. 하루 8시간 노동은 노동자들이 피와 땀으로 얻어낸 산물입니다. 이제부터 8시간 노동제가 어떻게 생겨났는지 그 역사를 알아봅시다.

산업혁명 초기 16시간 노동도 흔해

18세기 영국, 산업혁명이 일어나고 농업 중심의 사회가 공업 중심의 사회로 바뀐 역사는 이미 잘 알고 계실 겁니다. 이제 당시의 노동 현실을 자세히 들여다봅시다. 생활 기반을 잃은 농민들은 일자리를 찾아 도시로, 도시로 밀물처럼 몰려들었습니다. 이제껏 농사만 지었으니 아무런 기술도 없었지요. 누구든지 할 수 있는 단순노동밖에 할 일이 없었습니다. 당연히 장시간 노동과 열악한 노동 조건에 시달렸습니다. 당시에는 노동 시간과 노동 조건에 대한 규제, 아동 노동의 금지 같은 개념이 없었습니다. 공장을 세운 자본가들은 고용도 해고도 마음대로 할 수 있었습니다. 요즘 말로 하면 '노동 유연화(유연하게 아무 때나 고용하고 해고할 수 있다는 뜻)'의 자유를 누렸습니다. 자본가들은 성인과 아이들을 가리지 않고 고용했습니다. 어린 노동자들 역시 일주일에 하루도 쉬지 못하고 1일 12시간에서 16시간 안팎으로 일했습니다. 잠자는 시간 빼곤 종일 일했다는 소리죠. 처우도 비참했습니다. 굶어 죽지 않을 정도만 밥을 주고 방직기계에 들어가 기름칠을 하게 하는 등 위험한 조건에서 일을 시켰습니다. 상황이 이러니 어린 나이에 죽는 일도 빈번했지요. 18세기 말 공장 지역의 경우 평균 연령이 20세 미만이었으며, 5세 이하 유아사망률은 60%에 다다랐습니다. 유치원 갈 나이도 안 되는 아이 반 이상이 병으로 죽었던 겁니다. 과도한 노동과 불결한 위생상태, 전염병 등이 원인이었지요.

영국 각 산업의 아동 고용 상황(1833~34)

▲ 탄광 통로에서 일하는 소년의 모습. 당시 소비가 폭증했던 석탄을 옮기는 좁은 통로로 작은 아이들을 시켜 이동하게 했다.

산업	최소 고용 연령(세)	아동 연령 분포(세)	일일 평균 노동 시간 (시간)	총 노동자 수에 대한 16세 미만 아동 비율(%)
면직	8	8~18	13	35
레이스	4	4~14	12~13	40
모직	6	6~18	12~13	40
견직	6	6~18	12~14	46
아마	6	7~14	12~13	40
탄광	4	4~12	8~18	22

자료: 양동휴(1994)

그런데 공장주들은 왜 어린아이들을 고용했을까요? 아이들은 기계를 돌리기에 힘도 부족하고 말도 잘 못 알아들었을 텐데 말입니다. 당시 기술을 보유한 가내수공업 종사자들은 공장 일에 매력을 느끼지 못했습니다. 기계보다는 기술이라는 자부심이 있었으니까요. 하지만 생계 유지를 위해 온 가족이 매달릴 처지인 사람이 더 많았습니다. 특히 어린아이들은 조금만 겁 줘도 말 잘 듣고, 임금을 제때 주지 않거나 적게 줘도 저항하지 못했죠. 그래서 당시 자본가들은 아이들을 혹사시키는 이상한 자유를 버젓이 누렸던 겁니다.

그러나 노동자는 사람입니다. 누구라도 열악한 환경에 처하면 저항하기 마련입니다. 대화나 부탁, 설득으로는 꿈쩍하지 않는 공장주와 정부를 보며 노동자들은 점차 집단행동을 시작했습니다. 이것이 사람이 죽고 다치는 전쟁 수준으로 치달으면서 결국 노동 시간과 노동 조건을 규제하는 '공장법'을 만들어야 했습니다.

영국에서는 1802년 어린이의 노동 시간이 아침 6시 이후 시작해 저녁 9시 이전에 끝나야 하며, 하루 12시간을 초과할 수 없다는 내용의 법을 만들었습니다. 1833년의 공장법은 실제 의미 있는 최초의 공장

법으로, 모든 직물 공장에서 9세 미만 아동의 고용을 아예 금지하고 그 이상 연령의 아동 노동 시간에 제한을 두었습니다. 또한 공장주가 의무적으로 초등학교를 세우게 만들었지요. 이는 그동안 가족 내에서 알아서 전해온 가정교육을 공적인 의무교육으로 법제화한 것입니다. 1847년에는 조금 더 나아가 어린이와 여성들의 노동 시간을 하루 10시간으로 제한하는 법을 만들었습니다.

이웃인 프랑스에서도 1848년 2월 파리에서 노동자들이 앞장선 폭력 혁명이 일어나자 프랑스 정부는 성인 남자 노동자에 대해 하루 12시간 노동제를 도입했습니다. 그리고 공산주의를 창안한 칼 마르크스(Karl Marx)와 프리드리히 엥겔스(Friedrich Engels)가 주도했던 국제노동자협회는 1866년 8시간 노동을 정식으로 요구했지요.

노동자 출신 공장주 오웬(Robert Owen, 1771~1858)

로버트 오웬은 10살 때 직조 공장 노동자로 시작하여 자수성가한 영국의 자본가입니다. 그가 일했던 직조 공장 주인은 훌륭한 도서관을 가지고 있었고 그 덕에 오웬은 많은 책을 읽을 수 있었지요. 오웬은 19세 때 맨체스터에 있는 대규모 면직 공장의 지배인이 되었으며, 얼마 안 되어 이 공장을 동종업계 내 최고의 시설로 만들었습니다.

그는 1810년 하루 10시간 노동을 추진하더니 1817년에는 8시간 노동제를 실행했습니다. '8시간 노동-8시간 재충전-8시간 휴식'을 주장했지요. 그 시대에 자본가가 그 같은 주장을 한다는 건 참 특이한 사례였습니다. 노동자들이 밥 먹는 시간도 아까워 점심시간을 주지 않거나 아이들이 일에 서투르니까 뒤에서 채찍으로 때리면서 일을 시켰던 공장도 있었던 시대였으니까요.

▲ 직조공장을 그린 19세기의 대조적인 삽화. 왼쪽과 오른쪽 중 어느 쪽이 현실이었을까.

1886년 5월 1일은 노동의 역사에서 결코 잊을 수 없는 날입니다. 미국 시카고에서 헤이마켓 사건이 일어난 날이지요. 우리나라는 물론 전세계 여러 나라가 이날을 기념해 세계 노동자의 날, 메이데이(May Day)라고 부릅니다. 우리나라에선 이승만 정권 때 한국노총 창립일인 3월 10일을 근로자의 날로 정해 기념해왔지만, 1994년부터는 5월 1일로 바꾸었습니다. 자, 이제 한국의 노동자들이 해마다 5월 1일에 쉴 수 있게 된 역사에 대해 알아봅시다.

19세기 중반 미국에선 철강, 철도, 정유, 금융은 물론 입법부와 사법부까지 장악한 재벌이 막대한 부를 쌓아가고 있었지만 한편에선 10세 전후의 아이들이 10~12시간씩 일하고 있었습니다. 그럼에도 고용주들은 불황이 닥치면 노동자들의 임금을 깎고, 파업이 일어나면 킬러를 고용해 파업 주도자를 살해하기도 했습니다. 노동자들은 전국 단위의 노동조합을 만들어 '8시간 노동', '동일 노동에 동일 임금 지급', '어린이와 청소년 노동 금지'와 같은 주장을 펼쳤습니다.

1886년 5월 1일 8시간 노동제 도입을 요구하는 미국 노동자들의 시위가 온 나라로 번졌습니다. 5월 3일엔 경찰이 시위 군중을 향해 발포해 6명의 사망자와 수십 명의 부상자가 발생합니다. 다음 날 항의 집회를 해산하려고 출동한 경찰에 누군가 폭탄을 던져 경찰 7명이 사망하고 수십 명이 다칩니다. 분노한 경찰이 무차별 총격을 가해 이날 200여 명이 죽거나 다칩니다. 시위 현장에 있지도 않았던 노동운동 지도자들 수백 명이 잡혀갔고, 증거가 없었음에도 급진 사상을 가졌다는 이유만으로 8명에게 사형이 언도되었습니다.

나중에 이 사건이 조작이란 게 밝혀지자, 전 세계 지식인과 노동자들이 함께 분노했습니다. 그리고 1889년 7월 20여 개 나라 노동운동 지도자 400여 명이 참석한 '국제노동자대회' 창립대회를 통해 전 세계에 알려졌습니다. '8시간 노동'이라는 말 속에는 수많은 노동자들의 죽음과 희생이 숨어 있습니다. 매년 5월 1일을 기념하는 것은 그 역사를 잊지 말자는 약속이지요.

돋보기

11월 13일, 우리나라엔 또 하나의 노동절이 있다

평화시장 재단사 전태일은 "우리는 기계가 아니다. 근로기준법을 준수하라."고 절규하며 자신의 몸에 불을 댕깁니다. 1970년 11월 13일입니다. 그날 이후 참 많은 것이 달라졌습니다. 전태일의 어머니 고(故) 이소선 여사는 가난한 살림을 꾸려가며 네 아이를 기른 억척스러운 어머니였습니다. 그러나 아들이 분신한 그 순간부터 이 여사는 아들의 삶을 대신 살 것을 결심합니다.

"엄마. 내가 죽어서 캄캄한 세상에 좁쌀만 한 구멍이라도 뚫리면, 그걸 보고 학생하고 노동자하고 같이 끝까지 싸워서 구멍을 조금씩 넓혀야 해요. 그 연약한 노동자들이 자기 할 일을, 자기 권리를 찾을 수 있는 길을 엄마가 만들어야 해요."

아들이 남긴 유언은 이 여사를 '전태일의 어머니'에서 '모든 노동자의 어머니'로 만들었습니다. 이 여사는 노동자들과 함께 싸우고 매 맞아가며 노동자들을 감싸 안았습니다. 갖은 회유와 협박에도 청계피복노조를 지켜냈고, 청계시장에서 한국 최초로 노동자들을 교육하는 '노동교실'을 열었습니다. 또한 군사독재 시절 경찰과 정보기관에 쫓기는 노동·시민운동가들을 숨겨주고 전국민족민주유가족협의회(유가협) 초대 회장을 지내면서 민주화를 위해 싸우다 목숨을 잃은 이들의 가족들을 어루만졌습니다. 1987년 노동자 대투쟁으로 노동운동이 활성화되기 전, 1970~1980년대 노동운동은 전태일 열사와 그의 어머니 이소선 여사가 어깨에 지고 왔다고 할 수 있습니다.

한 젊은 노동자의 죽음은 그의 어머니를 투사로 만들었고, 노동운동의 물꼬를 텄습니다. 그리고 독재 정권 밑에서 납작 엎드려 있던 지식인과 대학생들은 전태일의 죽음을 계기로 용기를 내게 되었지요. 우리나라의 노동자들은 5월 1일 세계 노동자의 날과 함께 전태일이 분신한 11월 13일 즈음에도 매년 노동자대회를 엽니다.

8시간 노동의 과학적 근거

그렇다면 노동자들은 왜 8시간 노동을 외쳤을까요? 9시간도 아니고 7시간도 아니고 말이죠. 물론 8시간 노동은 정해진 규칙이 아닙니다. 어쩌면 7시간, 아니 6시간만 노동해도 충분히 효율적일 수 있습니다. 하지만 산업사회에서 최소한 인간다운 생활을 영위할 물리적 조건으로 8시간 노동제가 목표가 된 이유는 무엇일까요?

8시간 노동을 요구하는 데는 과학적인 근거가 있습니다. 생물학에서는 생명체가 활동하고 생명을 유지하는 데 쓰이는 에너지의 양을 '대사량'으로 나타냅니다. 보통 성인 남자의 1일 열량의 한도는 약 4,800칼로리입니다. 여기서 사람이 호흡만 하는 데 필요한 열량 1,600칼로리와 기본 활동에 쓰는 700칼로리를 빼면 남는 열량은 2,500칼로리가 됩니다. 이것은 WHO(세계보건기구)가 정한 성인 하루 권장 열량이기도 하지요. 이 2,500칼로리 중 대략 2,000칼로리를 일하는 데 사용한다고 보면 됩니다.

노동마다 강도의 차이가 있겠죠. 생리학에서 노동은 아무것도 하지 않는 상태인 기초 대사보다 3.5배(350%) 더 많은 열량을 필요로 한다고 봅니다. 평균 성인 남자의 시간당 기초 대사 열량은 약 70칼로리입니다. 이것의 3.5배면 매 시간 245칼로리가 소모됩니다. 자, 시간당 245칼로리에 8시간을 곱해보세요. 1,960칼로리네요. 앞서 말한 하루 일하는 데 쓰는 칼로리와 거의 같지요? 8시간 노동은 건강한 성인 남자가 하루에 일하는 데 쓸 수 있는 대사량을 다 사용하는 시간입니다. 그러니 이 시간이 넘치면 그만큼 피곤이 쌓일 거고, 초과 노동이 지속되면 쓰러지고 말겠지요. 이것은 노동자나 고용주 모두 알아야 할 기본 지식입니다.

일할 때와 쉴 때, 에너지 소비는 얼마나 차이가 나요?
－기초 대사량과 노동 대사량

기초 대사량은 생물체가 생명을 유지하는 데 필요한 최소한의 에너지량을 말합니다. 체온 유지나 호흡, 심장 박동 등 기초적인 생명 활동을 위한 신진 대사에 쓰이는 에너지량입니다. 보통 휴식 상태 또는 움직이지 않고 가만히 있을 때 기초 대사량만큼의 에너지가 소모됩니다.

기초 대사량은 개인의 신진대사율이나 근육량 등 신체적인 요소에 따라 차이가 있지만 일반적으로 남성은 체중 1kg당 1시간에 1kcal를 소모하고, 여성은 0.9kcal를 소모합니다.

따라서 일반적으로 70kg의 남성이 하루에 소모하는 기초 대사량은 70kg×24

시간×1kcal/(kg·시간)=1,680kcal이고, 체중 50kg의 여성이 소모하는 양은 50kg×24시간×0.9kcal/(kg·시간)=1,080kcal입니다. 기초 대사량은 우리가 하루에 소모하는 총 에너지의 60~70%를 차지할 정도로 중요하지요.

그러나 사람은 하루 종일 가만히 누워 있을 수 없지요. 움직여야 합니다. 이때 쓰이는 에너지의 양이 '노동 대사량'입니다. 에너지 소비량은 운동의 종류에 따라 다릅니다. 의자에 조용히 앉아 있는 상태에서는 공복 때 조용히 누워 있는 상태보다 약 8% 많은 에너지를 소비합니다. 몸을 조금 움직이면 그 양은 20%가 되고, 옷을 입는 동작에서는 80%, 가벼운 작업에서는 140%, 중간 정도의 작업에서는 400%, 심한 작업에서는 600%나 증가합니다. 이런 노동 대사량(작업 대사량)은 여러 가지 직업에 종사하는 사람의 열량 소모량을 산정하는 데 중요한 의미를 가집니다.

켈로그를 살린 6시간 노동제

8시간 노동을 더 줄여 6시간 노동제를 실시한 사례도 있습니다. 포장에 호랑이 그림이 그려진 콘플레이크로 유명한 켈로그는 미국 대공황 시기 노동 시간을 줄여 일자리를 나눈 것으로 유명합니다. 3교대로 8시간 근무하던 것을 4교대 6시간 근무로 바꾸었죠. 켈로그 소유주인 켈로그와 사장 루이스 J. 브라운은 이 제도로 회사가 있던 배틀크리크 시의 실업자들을 위해 일자리를 만들고, 노동자들에게는 더 많은 휴식을 줄 것으로 기대했습니다. 대공황에 허덕이던 미국 정부도 6시간 노동제에 관심을 가졌습니다.

기대는 현실로 드러났습니다. 이전의 8시간 3교대 때 쌓였던 피로가 사라지면서 노동자들의 사고율이 50% 가까이 줄었고, 6시간제를 도입한 지 5년 뒤에는 40%의 인력을 추가 고용할 수 있게 됐습니다. 효율성이 높아진 덕분에 단위당 생산 비용도 낮아져 노동자들은 8시간 일할 때와 비슷한 보수를 받을 수 있었습니다.

　이 제도를 가장 반긴 것은 노동자들이었습니다. 여가 시간이 늘자 가족 관계가 좋아졌고, 공동체 활동이 풍성해졌으며, 아마추어 스포츠 경기도 늘었습니다. 공원과 도서관, 레크리에이션 시설은 사람들로 붐볐죠. 당시 6시간제에 대해 한 언론은 "처음으로 이들은 '진짜' 여가를 가졌다."라고 평했습니다. 산업화가 시작된 이래 처음으로 '일이 전부가 아닌 삶'을 사는 노동자들이 등장한 것이죠.

　이와 비슷한 사례가 우리나라에도 있습니다. 1997년 IMF 구제 금융으로 구조조정이 한창일 때, 유한킴벌리는 4조 2교대제라는 혁신안을 제시하며 오히려 고용을 늘렸습니다. 주력 품목인 기저귀 생산량이 제도 시행 전 시간당 2만 5,400개에서 5만 3,000개까지 두 배가량 늘어났습니다. 또 여직원의 합계출산율(여성이 가임 기간

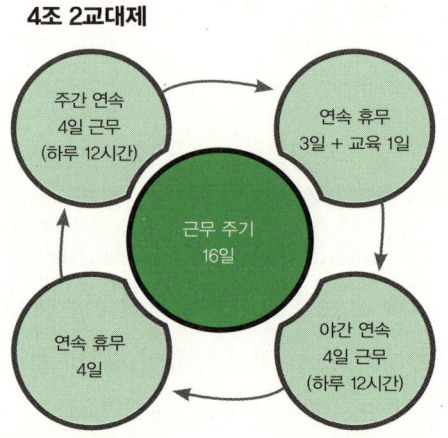

4조 2교대제

주간 연속 4일 근무 (하루 12시간)

연속 휴무 3일 + 교육 1일

근무 주기 16일

연속 휴무 4일

야간 연속 4일 근무 (하루 12시간)

▲ 유한킴벌리의 4조 2교대제. 16일간 96시간 근무이므로 6시간 노동제이다. 포스코도 마찬가지이다.

낳을 수 있는 평균 자녀 수)도 경제협력개발기구(OECD)의 1.74보다 높은 1.84를 기록했습니다. 포스코 역시 2011년부터 4조 2교대제를 시행하면서 직원들이 가족과 함께 보내는 시간이 많아졌죠. 직원들이 충분한 휴식과 자기 계발에 투자하는 시간이 늘면서 경쟁력도 더 높아졌다는 긍정적인 평가가 많습니다.

　한편, 8시간 노동이 보편화되자 사람들은 노동 강도를 줄여 인간

답게 노동할 수 있는 환경 만들기에 주목하고 있습니다. 노동의 강도를 줄이려면 일하는 시간만 줄여서는 안 됩니다. 일의 양은 그대로인데 노동하는 시간을 줄이면 일하는 동안 노동의 강도는 더 강해질 테니 말입니다. 이 때문에 일하는 시간 동안의 '밀도'를 낮추는 것이 필요합니다.

8시간 노동제도 지키지 않는 우리의 현실

다시 우리 노동 현실로 돌아가 봅시다. 법으로는 8시간 노동제를 정해놓았지만 사용자들은 잘 지키지 않습니다. 고용노동부에 따르면 우리나라 노동자의 49%가 8시간 이상 노동을 하고 있다고 합니다. 이 중엔 일요일도 없는 직장이 27%랍니다. 충격이지요. 대부분의 선진국 노동자는 2대 직업병인 실명과 결핵으로부터 해방되었습니다. 이것은 오로지 노동을 과학적으로 관리해서 얻은 열매입니다. 노동자의 건강이야말로 생산을 지속하는 힘이니까요. 우리나라 노동자들도 노동 시간의 압박에서 벗어나야 합니다. 다행히 2012년 8월 30일, 현대자동차 노사가 지금까지 45년 동안 유지됐던 밤샘 근무를 폐지하기로 했습니다. 노동 강도를 7.5% 올리기로 한 점이 아쉽긴 하지만, 우리나라에선 이것만으로도 큰 발전이지요. 휴식 없는 재충전도 불가능하다는 것, 학생들에게도 적용되어야 하겠습니다.

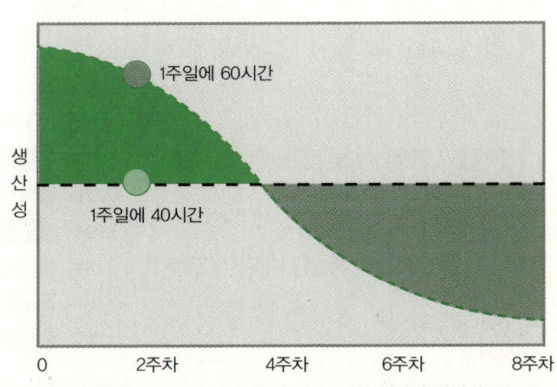

▲ 생산성과 노동 시간의 관계. 주당 60시간 일하면 단기적으로 40시간 일하는 것보다 생산성이 높지만 장기적으로 생산성이 더 낮다.

그래프를 보면 주 40시간 이상의 노동이 4주 이상 지속되었을 때 능률이 급속하게 감소하는 것을 확인할 수 있지요. 초과 근무는 과학의 눈으로 보아도 생산성에 도움이 되지 않을뿐더러, 건강을 해치거나 일을 싫어지게 한다는 얘기죠.

OECD 주요국 근로자의 연간 근로 시간(단위: 시간, 2010년 기준)

국가	시간
한국	2,193
그리스	2,109
칠레	2,068
미국	1,778
일본	1,733
독일	1,419
OECD 평균	1,749

자료: OECD

▲ 2010년 기준 OECD 회원국 연간 평균 노동 시간은 1,749시간. 한국은 2,193시간으로 최장시간 노동하는 국가이다.

한국 학생들은 외국 학생들보다 훨씬 많은 시간 동안 공부합니다. 한국청소년정책연구원에 따르면, 한국 학생들은 하루 7시간 50분, 1주일에 평균 49.43시간을 공부에 쓴다고 합니다. OECD 평균인 주당 33.92시간에 비교하면 15시간이나 더 많이 공부하는 셈이죠. 한국 학생들이 국제학업성취도조사(PISA)에서 우수한 성적을 내고 있기는 하지만 또한 비효율이기도 합니다. 핀란드 학생들은 하루 6시간 6분, 일본 학생들도 하루 5시간 20분 정도만 공부하지요. 그러나 학업성취도에서는 한국과 큰 차이가 없습니다. 무조건 공부 시간만 늘린다고 공부를 잘하게 되는 것은 아니라는 말이죠.

산업혁명의 격동기를 온몸으로 넘어선 영국의 철학자 버트런드 러셀이란 사람이 있습니다. 그는 8시간 노동이니 6시간 노동이니 하는 수치적인 관점을 넘어 근본적인 노동의 문제를 고찰하고 사

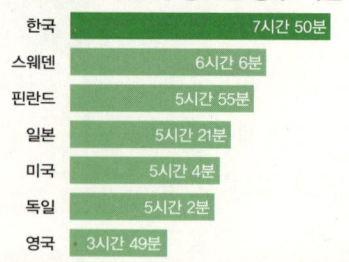

OECD 주요국 청소년 공부 시간

한국	7시간 50분
스웨덴	6시간 6분
핀란드	5시간 55분
일본	5시간 21분
미국	5시간 4분
독일	5시간 2분
영국	3시간 49분

자료: 보건복지가족부

람들과 나누고자 했습니다. 그의 얘기를 들어봅시다.

"누구도 하루 4시간 이상 일하도록 강요받지 않는 세상에는 과
학적 호기심에 사로잡힌 사람이라면 누구든 그 호기심을 마음껏 탐
닉할 수 있을 것이고, 어떤 수준의 그림을 그리는 화가든지 배곯지
않고 그림을 그릴 수 있을 것이다. 또한, 젊은 작가들은 기념비적인
대작을 내는 데 필요한 경제력을 확보할 요량으로 감각적인 작품을
써서 주의를 끌어보려 하지 않아도 될 것이다. 사실 마침내 대작을
쓸 수 있는 상황이 되었을 때는 이미 취향과 재능이 달아나고 없는
경우가 대부분이다."

"만일 사회를 현명하게 조직해서 아주 적정한 양만 생산하고 보
통 노동자가 하루 4시간씩만 일한다면 모두에게 충분한 일자리가
생겨날 것이고 실업이란 것도 없을 것이다."

－『게으름에 대한 찬양』, 버트런드 러셀.

긴 노동 시간에 시달리는 사람은 다른 생각을 할 틈이 없습니다. 스
스로의 인생을 어떻게 계획할 것인가에 대해서 고민할 틈이 없죠. 자
신과 사회의 관계, 이웃에 대한 배려와 걱정은 사치가 되어버립니다.
누구도 이런 삶을 원치 않겠죠. 법에 왜 8시간 노동이 명시되어 있는
지, 그것이 인간다운 생활과 어떤 관계가 있는지 스스로 깨달아야 합
니다. 그렇게 될 때 싫지만 억지로 하는 일, 돈 때문에 하는 일이 아닌
우리의 삶을 살 수 있으니까요.

기업의 사회 책임을 위한 국제표준 ISO 26000

2010년 10월 기업의 사회 책임을 뜻하는 국제 표준인 'ISO 26000'이 발효되었습니다. 'ISO 26000'은 기업이 사회적 책임 활동(CSR)을 얼마나 잘하고 있는지를 검증하기 위한 점검 기준입니다. 환경, 인권, 노동, 지배구조, 공정한 업무 관행, 소비자 이슈, 지역사회 참여 등 7개 분야에 걸쳐 300여 개의 지침이 담겨 있지요.

1996년 미국의 사진 전문지 『LIFE』에 축구공을 꿰매고 있는 파키스탄 어린이의 사진이 실렸습니다. 사진은 '나이키는 학교에서 공부하고 있어야 할 소년의 미래를 빼앗는 기업'이라고 알려주었죠. 이 사진 한 장의 힘은 대단해서 소비자들은 즉각 나이키 불매 운동을 벌였습니다. 이후 나이키는 아동 노동을 금지하도록 생산 공정을 개혁했지요. 이 사건은 제품을 잘 만드는 것도 좋지만, 제품을 도덕적으로 올바르게 만드는 것 또한 중요하다는 교훈을 줍니다.

우리나라에서도 아름다운 재단, 생활협동조합(생협) 등에서 공정 무역 커피를 유통하고 있습니다. 커피 생산 노동자에게 정당한 노동의 대가를 지불하자는

▲ 1996년 『LIFE』지에 실린 나이키 아동 노동 관련 사진

것이 공정 무역이지요. 이렇게 공정하게 만든 제품을 사서 쓰려는 쪽으로 소비자의 의식도 바뀌고 있습니다. 2007년 LG 경제연구원의 조사에서 "품질이 같다면 사회적 책임을 잘 이행하는 기업의 제품을 더 비싼 값으로 살 의향이 있다."는 응답이 전체의 88.7%를 차지했지요. 이런 의식이 앞으로 기업의 생산과 유통구조를 바꾸겠지요?

생각해볼 문제

1. '최저 임금'을 어떻게 정하는지 알아보고, 그 방식이 적합한지 평가해보자.

2. 고용노동부의 알바 사이트 '워크넷'에 있는 '청소년 알바 상식'과 관련한 노동법을 살펴보고, 법의 역할에 대해 말해보자.

3. 나는 어떤 노동을 하면서 살고 싶은가? 또 사회에서 어떻게 인정받고 싶은가?

더 읽어볼 책

- 『4천원 인생』, 안수찬 외, 한겨레출판사, 2010.
- 『8시간 VS 6시간』, 벤저민 클라인 허니컷, 이후, 2011.
- 『전태일 평전』, 조영래, 돌베개, 2001.

국어 수업에 통섭이 필요한 이유

국어는 우리가 사용하는 언어입니다. 인간이 언어를 만든 이유는 다양한 정보를 공유하고 의사소통하고자 하는 욕망 때문입니다. 그렇기에 국어 수업의 목적이 단지 글을 이해하고, 문법을 익히고 문학을 감상하는 데 있을 수만은 없습니다. 국어는 처음부터 다양한 정보들을 소통하는 통섭의 관문이기도 합니다. 나아가 언어를 통해서 자신과 삶, 세상을 올바르게 보려면 다양한 학문에 대한 이해가 반드시 필요합니다.

또한 우리는 문학을 통해서 그것이 창작되던 시대를 엿볼 수 있으며, 문학 속 인물들의 말과 행동을 읽으면서 그 시대를 살았던 사람들과 소통하고, 그들의 사고, 지식 등을 공유합니다. 하나의 작품을 올바르게 이해하고 그 인물들과 올바르게 소통하기 위해서는 그 인물들이 살았던 시대를 이해해야 하며, 나아가 그 시대를 이루고 있는 다양한 지식, 정보들을 공유할 수 있어야 합니다.

3교시

국어로
통하다

관련 단원 ●고등학교 문학 II 한국 문학의 범위와 역사 / 문학과 문화

'타인의 고통'에
둔감해지는 현대인들

2011년 초 어느 날, 서울의 한 대학교에서 청소노동자 170여 명이 해고당했습니다.

청소노동자들 가운데는 10년 동안이나 근무한 분도 있었는데, 하루 11시간 동안 일하면서 월 급여로 최저임금에도 미치지 못하는 75만 원을 받았다고 합니다. 제대로 된 휴식 공간 없이, 하루 식비로 고작 300원을 받으며 일했다지요. 이들은 대학교 안에서 일했지만, 대학교가 아니라 용역 업체에 고용되어 있었습니다. 그 용역 업체와 대학교의 계약이 끝나자 비정규직이던 청소노동자들은 자동으로 해고되었습니다. 해고 이후 이들은 고용 승계, 최저임금 보장, 휴식 환경 제공 등 기본적인 권리를 요구하며 농성에 들어갔습니다.

그런데 이 학교 총학생회장은 청소노동자들을 찾아가 "학교에서 학생들이 공부하고 있다."며 농성을 중단해달라고 요청했습니다. 학생의 대표니 학생들의 편에서 이야기한 것이겠지만, 이를 두고 인터넷과 트위터 등 온라인 공간에서는 비판하는 소리가 높았습니다.

이 이야기를 듣고 나서, 여러분은 어떤 생각을 했나요? 많은 네티즌들이 그랬던 것처럼 총학생회장의 행동을 이해할 수 없으며, 철없고 예의 없는 행동을 했다고 여길 것입니다. 이 대학의 학생들이 청소노동자들에 대해서 그토록 매몰차게 행동한 이유는 무엇일까요? 그들이 자신들과 직접적인 관계가 없다고 생각했기 때문이 아닐까요? 즉, 그 학생들에게 청소노동자들은 학교의 '외부 세력'이며, '우리'인 학생들에게 불편을 끼치는 사람들로 비쳤겠지요.

타인이 나와 관계없다고 생각할 때, 우리는 타인에게 무관심해집니다. 그런데 그 무관심이 자신도 모른 채 배타적이고 폭력적인 모습으로 바뀔 수 있기 때문에 문제입니다.

하지만 곰곰이 생각해보면, 우리들 속에서 그 총학생회장과 닮은 행동을 하고 있는 사람을 많이 발견하게 됩니다. "나는 그렇지 않아."라고 자신 있게 말할 수 있는 사람은 별로 많지 않을 것 같습니다. 타인에게 무관심하고, 그 때문에 나도 모르게 무관심의 폭력을 행사하고 있다는 생각이 든다면 어떻게 해야 할까요? 그런 현실이 부정적이라고 생각하면서도 '어쩔 수 없는 일이야.', '나 하나로 뭐가 바뀌겠어?'라면서 혀를 차고 또다시 외면하는 것이 대부분의 사람들 모습입니다.

이제, 한 편의 소설을 보면서 우리의 과거와 현실에서 작은 해결의 열쇠를 찾아봅시다.

김승옥의 「서울, 1964년 겨울」은 1960년대 급격한 도시화로 인해 사람들이 느꼈던 고독감과 서로에 대한 무관심의 문제를 잘 그려낸 작품입니다.

〈전체 줄거리〉

1964년 어느 겨울밤, 서울의 한 길거리 선술집에서 구청 병사계에 근무하는 '나'는 안씨 성을 가진 대학원생과 우연히 만나 술자리를 함께한다. 하지만 대화는 깊이 있게 전개되지 못하고 피상적으로 흘러간다.

이윽고 얼마간 마음이 맞게 된 그들은 2차를 가려고 술집을 나서는데, 한 낯선 사내가 힘이 없는 목소리로 함께 가게 해달라고 간청한다. 안과 '나'는 조금은 떨떠름한 마음으로 승낙하고 사내와 함께 술을 마시러 간다.

그 사내는 중국집에 들어가 음식을 사면서, 자신은 서적 판매원이며 행복한 결혼 생활을 했으나 오늘 아내가 죽었다고 말한다. 그리고 그는 아내의 시체를 병원에 해부용으로 팔았으며, 그 돈을 오늘 안으로 다 써버리고 싶다고 말한다. 중국집에서 나온 뒤, 사내는 안과 '나'를 이끌고 여기저기 다니면서 돈을 쓴다. 그리고 갈 데를 찾지 못하다가 소방차를 보고는 무작정 택시를 잡아 쫓아간다.

화재 현장을 구경하던 중, 사내는 불 속에서 아내의 환영을 보고는 자신이 갖고 있던 돈을 봉투째 그 속으로 던져버린다. 한참 후 각자 돌아가려는 안과 '나'를 붙잡고 사내는 자신과 함께 있어줄 것을 간청한다.

결국 여관에 셋이 함께 가게 되는데 '나'는 사내를 위하여 한방에 들어갈 것을 제안하지만 안의 반대로 각기 다른 방으로 들어가게 된다. '나'는 화투를 사다가 함께 놀 것을 제안하지만 이마저도 안에게 거절당한다.

다음 날 아침, 사내의 자살이 밝혀지고 안과 '나'는 도망치듯 여관을 나온다. 여관을 나와서 안은 사내의 자살을 예상했지만 그를 혼자 두는 것이 그를 살리는 유일한 길이었다고 말한다. 이어서 안은 하루 사이에 너무 늙어버린 것 같다는 말을 마지막으로 작별을 고한다. 버스에 올라탄 나는 앙상한 나뭇가지 사이로 내리는 눈을 맞으며 무언가 곰곰이 생각하고 서 있는 안을 발견한다.

－고등학교 『문학』

'그날 밤, 우리 세 사람은 우연히 만났다. 우리 세 사람이란 나와 도수 높은 안경을 쓴 안(安)이라는 대학원 학생과 정체를 알 수 없지만 요컨대 가난뱅이라는 것만은 분명하여 그의 정체를 꼭 알고 싶다는 생각은 조금도 나지 않는 서른대여섯 살짜리 사내를 말한다.'

「서울, 1964년 겨울」이 발표된 1960년대는 4·19혁명으로 민주주의에 대한 희망이 싹텄지만 5·16 군사 쿠데타, 6·3사태, 65년 굴욕적인 한일 수교 등 역사의 소용돌이 속에서 절망과 우울로 점철된 시기입니다. 전쟁 이후 이승만 정권의 독재는 학생들과 지식인들의 저항을 불러왔고, 1960년 4·19혁명을 통해 이승만을 권좌에서 끌어내리는 데에 성공하는데, 이는 민중의 힘으로 국가의 지도자를 물러나게 한 최초의 사건이었다는 점에서 혁명이라는 이름을 갖게 되었습니다. 하지만 그렇게 시작된 민주주의의 싹을 채 틔우기도 전인 1961년, 박정희에 의해 자행된 5·16 군사 쿠데타를 겪으면서 다시금 우리의 역사는 독재의 그늘 아래 놓이게 됩니다. 새로운 시대를 갈망하고, 그 희망을 4·19혁명에서 찾았던 지식인들은 좌절과 허무함에 빠져듭니다.

또한 1960년대는 경제개발계획이 시작되면서 농업 중심의 산업구조가 공업 중심으로 변화하던 시기였습니다. 1962년 당시 1인당 국민 소득은 78달러에 불과했지만 연평균 8%가 넘는 지속적인 성장을 이루어냅니다. 이런 경제개발은 부작용을 불러왔습니다. 2차 산업(제조업) 취업 인구 비중이 1961년 9.7%에서 1970년 30.7%까지 치솟으면서 인구가 도시로 급격하게 유입되고, 상대적으로 농촌의 인력은 점차 줄어듭니다. 더구나 도시 인구의 팽창으로 인해 도시 빈민 문제, 급격한 자본주의 체제로 옮겨 가면서 빈부 격차 문제, 인간 소외 문제 등이 발생하게 됩니다.

특히 인간 소외의 문제는 4·19혁명의 성과가 5·16 군사 쿠데타에 의해 좌절당하고, 급격한 경제적 변화를 겪으면서 발생한 1960년대의 중요한 문제였습니다. 농촌 공동체는 붕괴되고, 늘어나는 도시노동자들은 저임금으로 고통받으면서 삶의 목적과 자신의 정체성을 찾지 못하고 하루하루를 살아갑니다. 결국 자신의 삶의 목적이 자기 자신이 되지 못하는 '인간 소외'는 1960년대의 정치 현실과 근대적 자본주의가 만들어낸 것이었습니다.

나, 안, 사내 세 사람은 우연히 만나 술을 먹는 사람들일 뿐, 내 곁의 누군가는 아닙니다. 마치 한 대학교 교정에서 생활하지만 청소하는 사람일 뿐, 내 곁의 누군가가 아닌 것처럼. 또 우연히 한 교실에서 같이 수업을 듣게 된 학생들일 뿐, 내 곁의 누군가가 아닌 것처럼. 이런 우연한 만남에서 서로는 무관심하기 마련입니다. 당연히 '서로의 정체를 꼭 알고 싶다는 생각은 조금도 나지' 않습니다. 특히 '나'와 '안'은 서로의 내면에 대해 관심을 보이지 않습니다. 현재 자신이 생각하는 것, 느낄 수 있는 것에 관심이 있을 뿐입니다. 그러다 보니 그들의 대화는 겉돌기만 하고 의미 있는 내용이 될 수 없습니다.

"안 형, 파리를 사랑하십니까?"
"아니오, 아직까진······." 그가 말했다. "김 형은 파리를 사랑하세요?"
(중략)
"김 형, 꿈틀거리는 것을 사랑하십니까?" 하고 그가 내게 물었던 것이다.
(중략)
"평화시장 앞에 줄지어 선 가로등들 중에서 동쪽으로부터 여덟 번째 등은 불이 켜 있지 않습니다." 나는 그가 좀 어리둥절해하는 것을 보자 더욱 신이 나서 얘기를 계속했다.
"······그리고 화신백화점 육층의 창들 중에서는 그중 세 개에서만 불빛이 나오고 있었습니다······."
그러자 이번엔 내가 어리둥절해질 사태가 벌어졌다. 안의 얼굴에 놀라운 기쁨이 빛나기 시작했기 때문이다.
그가 빠른 말씨로 얘기하기 시작했다.

"서대문 버스정거장에는 사람이 서른두 명 있는데 그중 여자가 열일곱 명이었고, 어린애는 다섯 명 젊은이는 스물한 명 노인이 여섯 명입니다."

"그건 언제 일이지요?"

"오늘 저녁 일곱 시 십오 분 현재입니다."

'꿈틀거리는 것을 사랑'하는 게 무슨 의미인지 통 모르겠습니다. 몰라도 상관없지요. 이들의 대화는 의미가 없기 때문입니다. 마치 인터넷 게시판에 올라온 짧은 답글처럼 듣거나 말거나 내지르는 외침에 가깝습니다. 언뜻 보기에 재기 발랄한 이 대화는 사실 대화가 아닙니다. 그저 자신의 이야기를 던질 뿐입니다. 서로의 내면에는 관심이 없고, 서로에게 다가가는 것을 거부하니 진실한 대화가 아닌 거지요. 소설 속의 주인공들은 서로가 얼마나 외로운지를 알려고 하지 않으며, 자기 스스로 얼마나 외로운지를 드러내지 않습니다. 마음속의 진짜 얘기를 하지 않고, 알려고 하지 않기 때문에 서로를 보듬어주고 위로하는 것은 불가능합니다. 소설에는 인물의 이름도 나오지 않고, '김 형', '안 형'으로 불릴 뿐입니다.

「서울, 1964년 겨울」과 꼭 닮은 2013년의 우리

2013년 지금, 서로에 대한 무관심은 일상이 되었습니다. 그런데 무관심이 심해질수록 우리의 외로움도 더 커져갑니다. 서로의 내면을 모른 척하고 외면한다고 내 마음속의 외로움이 없어지지는 않습니다. 외로움은 피한다고 없어지지 않지요. 오히려 진정한 관계에 대한 목마름은 계속 더해갑니다.

최근에 스마트폰이 대중화되면서 트위터나 페이스북 같은 소셜 네트워크(SNS)가 급속도로 퍼지고 있습니다. 우리가 불특정 다수에게 자신의 이야기를 풀어내는 이유는 무엇일까요? 누군가 나의 이야기를 들어주길 바라는 마음 때문이 아닐까요? 의미 없는 대화도 많지만 순간순간 나의 속 깊은 이야기를 적어놓기도 합니다. 짧은 글이지만 그렇게 해서라도 사람들은 누군가에게 위로받고, 소통하길 원합니다. 사람들은 누구나 관계 맺음에 대한 욕망을 가지고 있습니다.

「서울, 1964년 겨울」을 읽으면서 '참 의미 없는 대화를 하는군.'이라고 비웃는 사람이 있다면, 스스로의 대화를 떠올려보세요. 소설처럼 극단적이진 않더라도 어쩌면 우리들의 대화도 이와 크게 다르지 않을것입니다.

친구들과 만나서 대화를 나누며 우린 서로 친하다고 느끼죠. 욕설이 섞인 농담을 주고받지만 정작 자신의 내면을 털어놓기는 쉽지 않습니다. 내 마음을 드러내기도 두렵고 상대의 내면을 들여다보기도 두렵습니다. 쉴 새 없이 문자를 주고받으면서 친한 친구라고 생각합니다. 노래방에서 목청껏 노래를 부르면서 친해졌다고 생각하고, 함께 영화를 보면서 공통점을 찾으려고 합니다. 같은 드라마를 보고 이야기하면 친해진 것 같은 느낌이 들고, 함께 인터넷 게임을 하면서 우정을 만들어간다고 생각합니다. '우린 친구니까.' 하고 당연하게 생각했던 이런 행동이 혹시 여럿이 어울리고 무언가 하지 않으면 불안하기 때문은 아닐까요? 그 대화들은 어쩌면 「서울, 1964년 겨울」 속 대화와 닮지 않았나요? 작가는 이렇게 말하고 있는 것이겠지요.

"너희들도 똑같지 않니?"

현대인은 누구나 '안' 혹은 '나'를 닮았다
우리는 어떻게 서로에게 다가갈 수 있을까요? 어떻게 하면 관계 맺음에 대한 갈망을 해결할 수 있을까요? 우리는 타인과의 관계 맺음을 생각할 때, '사내'의 등장과 그에 반응하는 '나'와 '안'의 모습에 주목할 필요가 있습니다. '사내'의 대화는 앞서 소개한 다른 두 사람의 대화와 다소 다릅니다.

"말씀드리고 싶은 게 있는데요." 마음씨 좋은 아저씨가 말하기 시작했다. "들어주시면 고맙겠습니다…… 오늘 낮에 제 아내가 죽었습니다. 세브란스 병원에 입원하고 있었는데……." 그는 이젠 슬프지도 않다는 얼굴로 우리를 빤히 쳐다보며 말하고 있었다.

"네에에.", "그거 안되셨군요."라고,

안과 나는 각각 조의를 표했다.

"아내와 나는 참 재미있게 살았습니다. 아내가 어린애를 낳지 못하기 때문에 시간은 몽땅 우리 두 사람의 것이었습니다. 돈은 넉넉하지 못했습니다만 그래도 돈이 생기면 우리는 어디든지 같이 다니면서 재미있게 지냈습니다. 딸기 철엔 수원에도 가고, 포도 철엔 안양에도 가고, 여름이면 대천에도 가고, 가을엔 경주에도 가보고, 밤엔 영화 구경, 쇼 구경하러 열심히 극장에 쫓아다니기도 했습니다……."

어떤가요? 자신의 삶을 이야기하고 행복과 슬픔을 이야기하는 정상적인 사람이 말하는 것 같지 않나요? 앞서 '나'와 '안'의 이해할 수 없는 대화는 읽기 힘들지만 사내의 대화를 읽을 때에는 큰 어려움이 없습니다. 여기서 '사내'는 고통받고 있는, 또 외로움을 호소하는 한 명의 '타인'입니다. 그리고 개별화되고 파편화되어 1964년 겨울의 서울을 살아가는 '나'와 '안'과는 다른 사람이기도 합니다. 그는 다른 사람들이 자신의 고통을 알아주고 위로해주길 간절히 원하고 있습니다.

이제, '타인'에 대한 '나'와 '안'의 태도는 어떤지 살펴볼까요?

"몹시 춥군요."라고 사내는 우리를 염려한다는 음성으로 말했다.

"추운데요. 빨리 여관으로 갑시다." 안이 말했다.

"방을 한 사람씩 따로 잡을까요?" 여관에 들어갔을 때 안이 우리에게 말했다. "그게 좋겠지요?"

"모두 한방에 드는 게 좋겠지요."라고 나는 아저씨를 생각해서 말했다.

아저씨는 그저 우리 처분만 바란다는 듯한 태도로 또는 지금 자기가 서 있는 곳이 어딘지도 모른다는 태도로 멍하니 서 있었다. 여관에 들어서자 우리는 모든 프로가 끝나버린 극장에서 나오는 때처럼 어찌할 바를 모르고 거북스럽기만 했다. 여관에 비한다면 거리가 우리에게 더 좁았던 셈이었다. 벽으로 나누어진 방들, 그것이 우리가 들어가야 할 곳이었다.

"모두 같은 방에 들기로 하는 것이 어떻겠어요?" 내가 다시 말했다.

"난 지금 아주 피곤합니다." 안이 말했다. "방은 각각 하나씩 차지하고 자라고 하지요."

"혼자 있기가 싫습니다."라고 아저씨가 중얼거렸다.

"혼자 주무시는 게 편하실 거예요." 안이 말했다.

우리는 복도에서 헤어져서 사환이 지적해준, 나란히 붙은 방 세 개에 각각 한 사람씩 들어갔다.

"화투라도 사다가 놉시다." 헤어지기 전에 내가 말했지만,

"난 아주 피곤합니다. 하시고 싶으면 두 분이나 하세요."라고 안은 말하고 나서 자기의 방으로 들어가버렸다.

"나도 피곤해 죽겠습니다. 안녕히 주무세요."라고 나는 아저씨에게 말하고 나서 내 방으로 들어갔다. 숙박계엔 거짓 이름, 거짓 주소, 거짓 나이, 거짓 직업을 쓰고 나서 사환이 가져다놓은 자리끼를 마시고 나는 이불을 뒤집어썼다. 나는 꿈도 안 꾸고 잘 잤다.

다음 날 아침 일찍 안이 나를 깨웠다.

"그 양반, 역시 죽어버렸습니다." 안이 내 귀에 입을 대고 그렇게 속삭였다.

"예?" 나는 잠이 깨끗이 깨어버렸다.

"방금 그 방에 들어가 보았는데 역시 죽어버렸습니다."

"역시……." 나는 말했다. "사람들이 알고 있습니까?"

"아직까진 아무도 모르는 것 같습니다. 우린 빨리 도망해버리는 게 시끄럽지 않을 것 같습니다."

"자살이지요?"

"물론 그렇겠죠."

나는 급하게 옷을 주워 입었다. 개미 한 마리가 방바닥을 내 발이 있는 쪽으로 기어 오고 있었다. 그 개미가 내 발을 붙잡으려고 하는 것 같은 느낌이 들어서 나는 얼른 자리를 옮겨 디디었다.

밖의 이른 아침에는 싸락눈이 내리고 있었다. 우리는 할 수 있는 한 빠른 걸음으로 여관에서 떨어져 갔다.

"난 그 사람이 죽으리라는 것을 알고 있었습니다." 안이 말했다.

"난 짐작도 못했습니다."라고 나는 사실대로 얘기했다.

"난 짐작하고 있었습니다." 그는 코트의 깃을 세우며 말했다. "그렇지만 어떻게 합니까?"

"그렇지요. 할 수 없지요. 난 짐작도 못 했는데……." 내가 말했다.

"짐작했다고 하면 어떻게 하겠어요?"

그가 내게 물었다.

"어떻게 합니까? 그 양반 우리더러 어떡하라는 건지……."

"그러게 말입니다. 혼자 놓아두면 죽지 않을 줄 알았습니다. 그게 내가 생각해본 최선의 그리고 유일한 방법이었습니다."

"난 그 양반이 죽으리라고는 짐작도 못 했다니까요. 약을 호주머니에 넣고 다녔던 모양이군요."

우선, '안'은 고통을 호소하는 타인인 사내를 매몰차게 외면합니다. '안'이 나쁜 사람이어서가 아닙니다. 그는 개별화되고 파편화된 1960년대에 서로를 위로하는 것은 해결책이 아니라고 생각합니다. "혼자 놓아두면 죽지 않을 줄 알았습니다. 그게 내가 생각해본 최선의 그리고 유일한 방법이었습니다."라는 말은 진심일 것입니다. 고통받는 사람을 위로해준다고 해서 문제가 해결되지는 않는다고 본 거죠. 안은 '문제는 각자의 방에서 스스로 해결할 수밖에 없다'는 생각을 하고 있습니다.

우리도 그런 얘기를 종종 듣지 않나요? 부모님께 공부가 힘들다고 이야기했다가, "다들 하는 공부, 뭐가 힘들다고 그래? 사회 나가면 훨씬 어려운 일들이 얼마든지 있어! 이 정도는 스스로 이겨내야지!"라는 말을 듣곤 하지요. 물론 틀린 말은 아닙니다. 그리고 어려움을 스스로 해결하기를 원하는 부모님들의 사랑의 표현이기도 하지요. 하지만 그런 고민을 이야기할 때, 우리가 부모님께 공부를 대신해달라거나 교육제도를 바꿔달라고 요청하는 건 아닙니다. 단지 "많이 힘들지? 우리가 도와줄 건 없을까?"라는 위로를 받고 싶은 것이지요. 그런 점에서 '안'은 '정답'을 제시했지만 타인을 이해하고 위로하려는 사람은 아니었습니다.

그렇다면 '나'는 어떤 인물일까요? 소설을 읽으면 '나'가 '안'보다는 좋은 사람으로 여겨집니다. 적어도 '나'는 사내에 대해서 연민의 감정을 느꼈으니까요. 그는 '안'과는 달리 여관에서 사내와 한방에 들 것을 두 번이나 제안합니다. '안'이 끝까지 거절하자 '나'는 마지막으로 함께 화투를 칠 것을 제안합니다. 이렇게 세 번이나 함께하자고 이야기한 것은 사내를 안쓰럽게 여겨서겠지요.

그렇지만 그것으로 끝입니다. 끝까지 '안'이 거부하자 그도 자신의 방으로 들어가 '꿈도 안 꾸고 잘' 잡니다. 다음 날, 사내의 죽음을 알게 된 후, 서둘러 여관을 빠져나옵니다. 더구나 자신은 사내의 죽음을 짐작도 못 했다고 세 번이나 강조합니다. 그런데 정말 몰랐을까요?

"역시 죽어버렸습니다."라는 '안'의 이야기를 들으면서 "역시……." 라고 말한 점이나, 사내와 함께할 것을 세 번이나 제안한 점을 보면 '나'도 충분히 사내의 죽음을 짐작하고 있었다고 보입니다. 더구나 사내의 죽음을 짐작하지 못했다고 강조하는 걸 보면 오히려 사내의 죽음에 대한 책임을 느끼고, 죄책감으로부터 달아나려는 것 같지요. 그런 점에서 '나'는 타인의 고통에 대해 알고 그에게 연민은 느꼈지만 정작 타인에게 다가가는 실천을 하지 않은 사람이라고 볼 수 있습니다.

사내를 대하는 '나'와 '안'은 현대인의 전형적인 모습입니다. 눈앞에서 타인의 고통을 목격하더라도 결국 문제는 스스로 해결해야 한다고 말하면서 매몰차게 자신의 공간으로 들어가는 모습. 그리고 타인의 고통에 연민을 느끼지만 단지 그뿐, 행동하지 않는 모습.

연민에서 한 발 더 나아가기

'나'는 '아저씨'에게 연민의 감정을 느꼈습니다. 그것을 부정할 수는 없습니다. 그럼에도 '나'가 부정적으로 느껴지는 이유는 무엇일까요? 우리도 여러 상황에서 연민의 감정을 느끼곤 합니다. TV에서 불치병에 걸려 소리 없이 눈물만 흘리는 아이를 볼 때, 지구 반대편의 이름 모를 나라에서 내전으로 고통받는 사람들을 볼 때, 거리에서 구걸하는 걸인의 모습을 볼 때 연민의 감정을 느낍니다. 그것은 분명히 소중하고 긍정적인 감정입니다. 하지만 연민의 감정은 그들의 삶을 바꿀 나의 실천이 없으면 아무 소용이 없습니다. '참 안되었구나.' 싶을 때 우리는 어떤 감정을 느끼나요? 나는 괜찮다고 안도하고, 또한 내가 그 고통의 원인이 아니라며 안심합니다. 그리고 연민의 감정을 느끼는 자기 자신에 대해 '나는 그래도 나쁜 사람은 아니야.'라고 뿌듯해합니다.

어떤 이미지들을 통해서 타인이 겪고 있는 고통에 상상적으로 접근할 수 있다는 것은, 멀리 떨어진 곳에서 고통을 받고 있는 사람들 (텔레비전 화면에서 클로즈업되어 보이는 사람들)과 그 사람들을 볼 수 있다는 특권을 부당하게 향유하는 사람들 사이에 일련의 연결고리가 있다는 사실을 암시해준다.

고통받고 있는 사람들에게 연민을 느끼는 한, 우리는 우리 자신이 그런 고통을 가져온 원인에 연루되어 있지는 않다고 느끼는 것이다. 우리가 보여주는 연민은 우리의 무능력함뿐만 아니라 우리의 무고함도 증명해주는 셈이다.

특권을 누리는 우리와 고통을 받는 그들이 똑같은 지도상에 존재하고 있으며 우리의 특권이 그들의 고통과 연결되어 있을지도 모른다는 사실을 숙고해보는 것, 그래서 전쟁과 악랄한 정치에 둘러싸인 채 타인에게 연민만을 베풀기를 그만둔다는 것, 바로 이것이야말로 우리의 과제이다. 사람들의 마음을 휘저어놓는 고통스런 이미지들은 최초의 자극만을 제공할 뿐이니.

−수전 손택, 『타인의 고통』

위의 글은 우리가 생각해볼 실천에 대한 이야기입니다. '연민만을 베풀기를 그만둔다는 것'이 중요합니다. 연민은 중요한 감정이고, 연민을 느끼지 않는 것보다는 훨씬 긍정적이죠. 그런데 연민만으로는 어떤 변화도 가져올 수 없습니다. 연민만을 가지고 있다면 실질적으로는 무관심과 다를 것이 없고, 오히려 타인의 고통을 지속시키는 원인이 될 수도 있습니다. 그런 점에서 위 소설의 '나'와 '안'은 본질적으로 같은 사람입니다.

손택의 말처럼 우리는 연민만을 베풀기를 그만두고 한 발 더 나아가야 합니다. 세상을 변화시키고 고통의 원인을 제거하고, 진정한 공동체를 이루기 위해서는 그보다 한 발 더 나아가야 합니다.

앞에 소개했던 청소노동자들의 외로운 싸움은 트위터를 통해 알려졌습니다. 시간에 구애받지 않고 자유롭게 소통할 수 있는 소셜 네트워크를 통해서 수많은 사람들이 타인의 고통을 접할 수 있었습니다. 하지만 그 소식과 실시간으로 맞닥뜨린 대부분의 사람은 불합리한 세상과 총학생회장, 학교 당국을 욕할 뿐, 직접 어떤 행동을 취하지 않았습니다. 트위터에 비난 글을 올린 사람들은 힘없는 소수자에게 연민을 느꼈던 것이겠죠. 그런 글들은 분명 긍정적적인 감정을 표출한 것이지만 진정한 의미의 행동은 아닙니다. 그렇지만 거기서 한 발 더 나아간 사람들도 있습니다. 그것이 작은 차이일까요?

총학생회까지 학교 측 주장을 대변하자, 청소노동자들이 오갈 곳 없는 지경에 몰렸다고 생각했어요. 그래서 (힘을 주러) 농성장에 간 거죠. 무슨 거창한 이유가 있었던 건 아니에요. 조용히 다녀오려고 했는데, 총학생회 측이 마침 농성 중단을 이야기하는 바람에 화가 났고 그래서 블로그에 글을 썼어요. 글이 생각지 못하게 화제가 되면서 저도 놀랐죠.

-탤런트 김여진의 인터뷰 중에서(민중의 소리)

불합리한 상황을 목격할 때, 안타까워하긴 쉽지만 드러내놓고 얘기하거나 행동하기는 쉽지 않습니다. 여러 가지 상황을 생각하기 때문이지요. '내가 오늘 할 일이 있는데.', '내가 저기에 가서 시간을 쓸 필요가 있을까.', '내가 가더라도 별 변화는 없을 거야.', '내가 간다고 할 수 있는 일이 있을까?' 등의 고민을 하다가 결국엔 편안한 침대에 몸을 누이면서 생각할 것입니다. '에이, 세상엔 나쁜 놈들이 너무 많아.' 그러면서 세상의 나쁜 이들과 달리 나 자신은 도덕적이라고 만족스러워합니다.

그런데 어떤 사람들은 이런저런 상황을 재거나 자신에게 닥칠 불이익을 생각하지 않고 '그냥' 달려갑니다. 사실 관계 맺음의 열쇠는 여기에 있지 않을까요? 상대방이 자신을 어떻게 생각할지, 내 사정은 어떤지 생각하기 전에 상대방에게 내가 필요하리라는 생각이 들 때 바로 다가가는 것.

내가 당할 불이익이 두려워 남의 큰 아픔에 문을 닫는다면 언젠가 내가 같은 일을 겪게 될 때 남들도 그럴 거예요. 전 그걸 연대라고 생각하는데요. 내게 약간의 불이익 또는 마음의 부담감이 있더라도 상대의 아픔이 더 절박하다면 그쪽을 돌보는 게 바르다고 봐요. 그래야 문제가 해결될 테니까요.

-탤런트 김여진의 인터뷰 중에서(이데일리)

사회가 부정직하고 불평등하며 소수자들이 고통받고 있다면, 그 원인은 무엇일까요? 욕심을 취하는 개개인과 소수자들을 억압하는 나쁜 사람들 탓일까요? 그런데 세상을 살다 보면 나쁜 사람들은 그렇게 많지 않습니다. 아마 위 소설에 나오는 '나'와 '안' 같은 사람들이 가장 많을 것입니다. 문제를 스스로 극복해야 한다고 외치는 사람들, 타인의 고통에 연민을 느끼지만 거기서 멈추는 사람들 말입니다. 그리고 그들이 각자의 방에서 '꿈도 안 꾸고 잘' 잘 때, 고통받는 타인들은 자신의 방에서 절망에 빠져 있는 것입니다.

'나'를 위한 변명, 연민의 감정과 실천 연습하기

우리들 대부분은 아마도 '안'보다는 '나'에 가까운 사람들일 것입니다. '안'과 '나' 모두 타인에게 다가가는 구체적 실천을 외면했다는 점에서 비슷하지만 그래도 '나'에게서 희망을 찾아보자면 그가 양심의 가책을 느꼈다는 점입니다. '나'는 '사내(아저씨)'의 죽음을 목격하고 도망가자는 '안'의 제안에 따르면서도 불편한 느낌을 갖습니다. 소설 속에 등장하는 '개미'는 바로 그런 '나'의 불편한 감정, 즉 '양심'을 뜻하는 것이겠지요.

나는 급하게 옷을 주워 입었다. 개미 한 마리가 방바닥을 내 발이 있는 쪽으로 기어 오고 있었다. 그 개미가 내 발을 붙잡으려고 하는 것 같은 느낌이 들어서 나는 얼른 자리를 옮겨 디디었다.

물론 '나'는 자신에게 기어 오는 개미를 외면한 채 도망치듯 방을 나옵니다. 우리는 일상에서 수많은 개미를 목격하지만 그것을 바라보기를 외면하기 십상입니다. 그런데 현실과 양심을 외면하기 시작하면 연민의 감정은 무뎌질 수밖에 없습니다. 더구나 경쟁과 소외가 일상이 되어버린 현실에서 타인에게 연민의 감정을 느끼는 것은 쉽지 않습니다. 그렇기에 개미를 외면하지 않고 똑바로 바라보는 연습이 필요합니다. 그것은 인권과 연민의 감정을 키우는 방법이며, 타인의 고통을 외면하지 않는 자세입니다.

그렇다면 타인의 고통에 다가가는 실천에는 거창한 신념이 필요한 것일까요? 학생들과 장래 희망에 대해 이야기하다 보면 반기문 UN 사무총장의 영향 때문인지 국제기구, 특히 UN에서 활동하고 싶어 하는 학생들이 많습니다. 그 꿈은 대부분 국제사회의 평화와 관련된, 아름답지만 관념적이거나 이상적인 경우가 많습니다. 하지만 우리 사회를 비롯한 전 세계의 소수자들과 고통받는 이들에 대해서 구체적으로 알아보고 당장 실천할 수 있는 작은 후원만으로도 큰 변화를 가져올 수 있습니다. 어떤 사람들은 국내에도 가난한 사람들이 많은데 외국인들을 도와주는 것이 위선이고 허세라고 비판하기도 합니다. 그렇지만 오히려 나와 직접적 관계가 없는 사람들을 도와주려는 노력은 '타인'에게 다가가는 보편적 연민의 감정과 그 실천을 연습하는 과정이기도 합니다.

고개를 돌려 주변을 살펴보십시오. 나 스스로의 삶이 고통스러워 남을 돌볼 여유가 없다고 생각하시나요? 2010년 통계에 따르면 우리나라에서 한 해 1만 5,566명이 스스로 목숨을 버렸다고 합니다. 하루에 42.6명이 희망을 찾지 못하고, 누군가에게 기댈 곳 없이 자신의 삶을 포기해버린 것입니다. OECD 회원국 중 부동의 1위입니다. 2009년 청소년 전체 사망자 중 자살이 28%에 이른다고 합니다. 가히 자살 공화국이라 할 만합니다. 그런가 하면 죽음으로 내몰리는 사람들도 있습니다. 2009년 1월. 용산 남일당 건물에서 재개발에 따른 철거에 맞서 세입자들이 생존권을 요구하면서 망루를 짓고 농성하던 중, 경찰특공대의 무리한 진압 과정에서 철거민 5명과 경찰관 1명이 사망했던 사건을 우리는 기억해야 합니다. 그 죽음이 누구의 책임인가를 묻기 전에 사선까지 내몰리는 사람들이 있다는 것을 잊지 않아야 합니다. 같은 해, 쌍용자동차는 3,000명의 노동자들을 정리해고했습니다. '함께 살자.'며 싸웠던 노동자들은

▲ 영화 「두 개의 문」 포스터

휴지조각이 되어버린 복직 합의서를 뒤로하고 2013년 1월까지 그들의 가족을 포함해서 23명이 목숨을 잃었습니다.

　이런 현실을 일부러 살펴보는 것은 쉽지 않습니다. 밝고 아름다운 세상과 장밋빛 미래를 꿈꾸면서 살아가기에도 벅차다고 이야기하는 사람들도 있습니다. 하지만 그럴 때야말로 나에게 기어 오는 '개미'를 온몸으로 받아야 합니다. 내 몸을 꾸물꾸물 기어올라 심장 속으로 파고 들어올 때까지 그 고통을 직시하는 것이야말로 현실을 살아가는 우리들의 용기일 것입니다.

　다행히 수많은 사람들이 절망을 딛고 희망의 연대를 하고 있습니다. 용산 참사를 다룬 독립 영화 「두 개의 문」을 본 사람들이 2012년 9월까지 7만 명을 넘었다고 합니다. 또한 쌍용자동차 해고 노동자 및 가족들의 심리 치유를 위한 공간 '와락'이라는 곳이 생겨났습니다. 이처럼 많은 사람들이 절망 속에서도 서로 연대하면서 살아가는 방법을 찾아가고 있습니다. 어쩌면 김승옥 작가가 1964년 겨울에 찾을 수 없었던 희망을 21세기의 우리들은 스스로 찾아가고 있는 것인지도 모릅니다.

주변에 고통받고 있는 사람들이 있다는 것을 인지하는 연민의 감정, 그리고 그것을 넘어서는 실천을 한다면 현실에서도 진정한 관계 맺음이 가능할 것이며, 우리의 근원적인 외로움과 공허함도 어느 정도 채워지지 않을까요?

생각해볼 문제

1. '안'은 철저하게 개별화된 도시인의 전형입니다. 모든 슬픔과 고통은 결국 자기 스스로 이겨낼 수밖에 없다고 여기는 인간형이죠. 사내가 아무리 고통을 호소하고, 위로받기를 원해도 모질게 각자의 방에 들 것을 주장합니다. 심지어 그는 사내가 자살할 것을 예상하고 있었음에도 혼자 모든 짐을 지는 것이 유일한 최선의 방법이라고 말합니다.
'나'는 안과 비슷한 인간형이지만 적어도 사내에 대해서 연민의 감정을 느낍니다. 그렇기에 세 번 씩이나 한방에 들 것을 요청합니다. 하지만 그는 연민의 감정만을 가졌을 뿐, 상황을 변화시키지 못합니다.
결국 '안'은 모든 것은 개인의 책임이라고 여기고 매몰차게 고통을 외면한 사람이며, '나'는 연민의 감정을 느꼈지만 아무 행동도 하지 않은 사람이지요. 그렇다면 '안'과 '나' 중에서 어떤 인물이 더 부정적 인물일까요? 소설에서 근거를 찾으면서 이야기해봅시다.

2. 소셜 네트워크(SNS)를 통해서 많은 사람들이 소통을 하고 있습니다. 그런데 소셜 네트워크는 내가 알지 못하는 수많은 대중들을 향한 소통이기도 합니다. 흔히들 현대인들은 주변의 사람들과 깊은 관계를 맺거나 소통하기 어려워한다고 합니다. 그렇다면 현대인들이 소셜 네트워크에 열광하는 이유는 무엇일까요? 그리고 그것이 현실의 소통을 도와주는 역할을 할까요? 아니면 오히려 익명성에 기댄 일방적 의사소통일 뿐일까요?

더 읽어볼 책

- 『우리가 잘못 산 게 아니었어』, 엄기호, 웅진지식하우스, 2011.
- 『타인의 고통』, 수전 손택, 이후, 2007.

 관련 단원 ●고등학교 문학 II   한국 문학의 범위와 역사 / 문학과 문화

진리에 대한 맹신

진리는
이데아에
존재한다네.

진리는
숫자에서
찾을 수 있지.

진리는 댓글에
모두 나와 있지.

피타고라스

플라톤

정조

맹신의 길

고대 그리스인들과 우리 조상들 모두 아름다움에 대한 자기만의 관점을 가지고 있었습니다. 하지만 때론 그 아름다움에 대한 믿음이 맹신으로 빠지기도 했습니다.

비율과 아름다움-그리스인들이 생각한 비율, 플라톤

　　여기 빈 공간에 삼각형을 그려봅시다. 정성껏 그린 다음 그 삼각형을 잘 살펴보세요. 어떤가요? 아름다운 삼각형이 만들어졌나요? 조심조심 몇 번이나 그려봐도 정확하게 그리기 어렵네요. 이번엔 자를 가지고 해봅시다. 손으로 그릴 때보다는 낫지만 완벽하진 않습니다. 펜으로 그리니 선의 두께가 일정하지 않습니다. 선과 선이 만나는 지점은 두꺼운 나머지 점에 가까운 모습이 되어버렸네요. 아무리 애써도 머릿속에서 생각한 삼각형을 그대로 그리기란 어렵습니다.

　　아마 플라톤이란 학자도 이런 생각을 했나 봅니다. 플라톤은 이 세상에 존재하는 것은 완벽하지 않다고, 완벽한 것은 우리의 관념에 존재한다고 생각했습니다. 그리고 그것을 이데아라고 불렀죠. 플라톤에

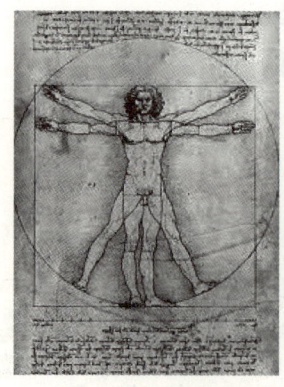

▲ 다빈치의 비트루비안 맨

▲ 그리스 시대의 현악기

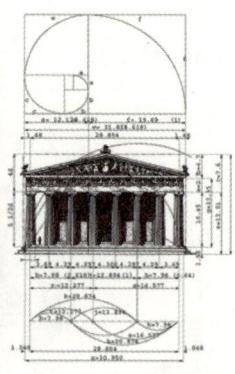

▲ 그리스 건축물에 나타난 비율

게 이데아는 항상 완벽하며, 진리였습니다. 그는 철학자란 이 이데아의 세계를 깨닫고 사람들에게 알려줘야 한다고 여겼습니다.

이런 생각은 플라톤뿐만 아니라 고대 그리스인들의 세계관이었죠. 그리스인들은 순간적이고 주관적인 것보다 변치 않는 객관적인 진리를 추구했습니다. 세상에 존재하는 것들은 불완전하고 언젠가는 사라지지만 관념의 세계는 완전하고 영원하다고 여겼습니다. 그리고 그것을 증명해줄 수 있는 중요한 수단이 바로 숫자고, 수학이었습니다.

그리스 문명의 유산인 파르테논 신전은 이런 그리스인들의 사상을 담고 있습니다. 건축물이 기하학적으로 구성되어 있으며, 각 기둥과 보를 비롯한 건축물 전체에 수학의 비례가 적용되어 있습니다. 더구나 우리가 황금비율이라 일컫는 1:1.1618의 배치를 찾을 수 있습니다. 그리스인들은 건축물뿐만 아니라 음악에서도 비율을 중시했습니다. 그리스의 현악기는 현의 길이가 정수의 비율에 맞추어져 있어서, 각 현을 울려서 화음을 만들었습니다. 미술 작품에도 어김없이 비율이 사용되었습니다. 이런 생각들은 훗날에도 이어져 레오나르도 다빈치가 그린 「비트루비안 맨(Vitruvian Man)」에서도 찾아볼 수 있습니다. 한편, 황금비율에 대한 생각은 현재까지 이어져 가깝게는 여러분이 가지고 있는 학생증이나 교통카드에서도 황금비율을 찾을 수 있습니다.

문학적 아름다움-시의 율격

문학작품에서도 이와 비슷한 면을 발견할 수 있습니다. 국어 시간에 시를 배우면서 '운율'에 대해 들어보셨죠? 운율이 시의 음악성을 만들어주는 요소라고 배웠을 것입니다. 여기, 운율이 잘 드러나는 옛 시가 있습니다.

雨歇長堤草色多(우헐장제초색다)

비 갠 긴 언덕에는 풀빛이 푸른데

送君南浦動悲歌(송군남포동비가)

그대를 남포에서 보내며 슬픈 노래 부르네.

大同江水何時盡(대동강수하시진)

대동강 물은 그 언제 다할 것인가,

別淚年年添綠波(별루년년첨록파)

이별의 눈물 해마다 푸른 물결에 더하는 것을.

－정지상, 「송인」

「송인」은 고려시대에 정지상이란 사람이 지은 작품입니다. 「송인」은 '7언 절구' 형식을 취하고 있는데, 7언 절구란 가로 7글자, 세로 4줄로 쓴 시를 가리킵니다. 즉, 7언 절구의 시를 쓰기 위해서는 7자×4자=28 자를 이용해 시를 지어야 합니다. 또한 1, 2, 4줄의 마지막 자인 '多(다), 歌(가), 波(파)'는 'ㅏ' 음을 이용해서 유사한 발음을 만들고 있습니다. 이것을 운자(韻字)라고 합니다. 이렇듯 한시는 형식을 매우 중시한 문학 장르입니다. 한시를 즐겼던 우리네 선조들은 이런 한시의 형태에서 아름다움을 찾았습니다. 약간은 다르지만, 동양에서도 그리스인들과 같이 관념적으로 완벽한 아름다움이 있다고 생각하고, 그것을 닮아가려는 모습이 있었다고 볼 수 있습니다.

棉布新治雪樣鮮(면포신치설양선)

새로 짜낸 무명이 눈결같이 고왔는데,

黃頭來博吏房錢(황두래박이방전)

이방 줄 돈이라고 황두가 뺏어 가네.

漏田督稅如星火(누전독세여성화)

누전 세금 독촉이 성화같이 급하구나.

三月中旬道發船(삼월중순도발선)

삼월 중순 세곡선(稅穀船)이 서울로 떠난다고.

-정약용, 「탐진촌요」

이 시도 「송인」과 다를 것 없이 '7언 절구' 형식을 띠고 있지요? 두 시가 지어진 시기는 약 700년의 차이가 납니다. 700년 동안 변하지 않은 형식! 시대를 넘어선 절대적 아름다움에 대한 믿음이 경이롭기까지 합니다.

아름다움에 대한 맹신-피타고라스 학파

아름다움을 추구하는 것은 자연스러운 일입니다. 나쁜 것이 아니죠. 그리고 수학적 비율을 통한 이성적 진리를 삶에 적용하려는 그리스인들의 생각이 인류의 진보를 가져왔음을 부정할 수 없습니다. 그리스 문명의 힘은 참으로 대단해서, 현대를 살아가는 우리의 삶에서도 수시로 그 흔적이 발견되곤 합니다. 그렇지만 어떤 생각에 대한 믿음이 너무 커서 맹신에 이르면 문제가 생기고 맙니다.

직각삼각형에서 빗변의 길이의 제곱은 다른 두 변의 길이의 제곱의 합과 같다.

이것은 그 유명한 '피타고라스의 정리'입니다. 어려서 수학의 재능을 인정받은 피타고라스는 이집트에서 오랜 기간 공부를 하고, 그

▲ 피타고라스와 테트락티스

리스의 작은 섬으로 돌아와 제자들을 가르칩니다. 피타고라스와 그의 제자들로 구성된 피타고라스학파는 세상을 숫자로 해석할 수 있다고 생각했습니다. 나아가 그들은 숫자를 마치 종교처럼 신봉했지요. 세상 모든 것은 숫자로 해석할 수 있으며 '만물의 근원은 숫자'라고 믿기에 이르렀습니다.

피타고라스학파는 '테트락티스'라는 문양을 숭배했습니다. 열 개의 점은 위에서부터 차례대로 1개, 2개, 3개, 4개가 배치되어 있습니다. 각 점의 개수는 세상 모든 것의 기본 원소인 4원소, 즉 불, 공기, 물, 흙을 상징합니다. 또한 홀수는 여성을, 짝수는 남성을 나타내기도 합니다. 그리고 점의 개수를 모두 합치면 1+2+3+4=10이 되는데, 10은 피타고라스학파가 신성시한 완전한 수이기도 합니다.

이렇게 숫자가 세상 모든 것의 기본이라고 여기며 거기에 종교적 의미까지 부여한 피타고라스의 생각은, 현재에는 다소 엉성해 보일 수도 있습니다. 하지만 당대에는 체계적이고 이성적인 사고로 여겨졌을 것입니다. 피타고라스학파의 수학 연구가 실생활에 도움을 주었으니까요. 땅의 넓이를 쉽게 계산하여 곡식 생산량을 예측하거나 세금을 공정하게 계산하도록 도왔죠.

그런데 피타고라스학파가 그들의 지식을 신성시하면서 그 지식에 과도하게 집착하자 문제가 생겼습니다. 그들이 세상의 근원이라고 여긴 숫자는 '유리수'뿐이었습니다. 그 외의 숫자들은 존재할 수 없다고 단정해버렸죠. 하지만 숫자를 연구하면서 자연스럽게 무리수 '$\sqrt{\ }$'의 존재를 발견하게 되었고, 그들은 이 무리수의 존재를 비밀에 부치기로 합의해버립니다. 무리수의 존재는 세상을 유리수와 정수비로 해석할 수 있다는 그들의 신념을 무너뜨리는 것이었기 때문입니다. 심지어 무리수의 존재를 밝혀내고, 세상에 알리려 한 제자를 호수 한가운데로 끌고 가서 수장해버렸다는 이야기가 전설처럼 전해집니다.

무언가를 맹신하는 순간, 이성을 자랑하는 인간도 비이성적인 행동을 하게 됩니다. 지식이 맹신의 대상이 되는 것은 무척 위험합니다. 그 맹신이 다른 사람들에게까지 영향을 미치기 때문이죠. 그런데 피타고라스의 가장 큰 업적이 무엇인지 아시나요? 바로 무리수의 발견이랍니다. 재미있는 역설이지요?

아름다움에 대한 맹신과 극복-정조의 문체반정

문학에서는 이런 맹신의 모습이 어떻게 드러났는지 살펴볼까요? 조선의 왕 중에서 현대인들의 사랑을 받는 왕은 그리 많지 않습니다. 세종대왕을 빼고 말하자면, 영조나 정조 정도? 정조는 탕평책을 통해 고른 인재 등용을 도모하였고 실학을 중시하는 등 개혁적인 군주로 평가받습니다. 특히 그의 인간적 면모를 드러낸 TV 드라마가 방영되어 대중적인 사랑과 관심을 받게 되었죠. 아버지 사도제자의 비극적 죽음과 그로 인한 역사적 소용돌이 속에서도 왕으로 즉위해, 새로운 조선을 만들어가는 정조의 모습은 사람들에게 깊은 인상을 심어주었습니다. 하지만 정조가 누구 못지않게 자신의 지식을 맹신한 인물이라는 평가도 있습니다.

시대에 따라 다양한 문체의 글이 유행합니다. 조선시대 역시 500년 동안 다양한 문체의 글들이 시대의 흐름을 타고 새롭게 생겨나고, 변화해갔습니다. 정조가 조선을 통치하던 당시 선진 문물을 전파하던 강대국이자 유행의 발원지였던 청나라를 통해 새로운 문체의 글들이 유입되었습니다. 조선의 젊은 유학자들은 당나라, 송나라의 옛글을 공부하라는 가르침을 받았지만, 새로운 글을 공부하고 싶은 욕구도 컸지요. 조선시대 최고의 교육기관인 성균관의 젊은 유생들은 누구보다 학문에 대한 욕망이 강했습니다. 그들 가운데 한 사람인 '이옥'은 중국을 통해 들어온 새로운 글과 문체를 접하고, 세상을 바라보는 새로운 관점을 갖게 되었습니다. 그리고 기존의 옛글과는 다른 자신만의 문체를 만들어갑니다. 하지만 학문에 대한 열정과 호기심은 그에게 비극적인 삶을 안겨주고 맙니다.

눈이 같으면 코가 다르고, 코가 같으면 입이 다르고, 입이 같으면 얼굴빛이 다르고, 모두 같으면 키와 체구가 다르고, 키와 체구가 같으면 자세가 다르다. 나한들은 혹은 서고 혹은 앉고, 혹은 숙이고 혹은 옆의 것에 붙고, 혹은 왼쪽을 돌아보고 혹은 오른쪽을 돌아보고, 혹은 남과 이야기하고, 혹은 글을 보고 혹은 글을 쓰고, 혹은 귀를 기울이고, 혹은 칼을 지고, 혹은 어깨를 기대고, 혹은 머리를 떨어뜨리어 근심하는 듯하고, 혹은 생각하는 듯하고, 혹은 기쁜 듯 코를 쳐들고 있다. 혹은 선비 같고, 혹은 관리 같고, 혹은 아녀자 같고, 혹은 무사 같고, 혹은 병자 같고, 혹은 어린애 같고, 혹은 늙은이 같다. 천 명이 모인 모임이요, 일만 명이 모인 시장 같다.

—설흔, 『멋지기 때문에 놀러 왔지』(창비, 107쪽)

이옥이 절에 모셔진 나한상들을 보며 묘사한 글입니다. 어떤가요? '꽤 자세히 묘사했구나.' 싶지만, 별로 대단한 내용은 아닌 것 같습니다. 하지만 이와 같은 이옥의 글을 본 정조는 불같이 화를 냅니다. 정조는 이옥의 글을 바람직한 옛글의 전통을 어지럽히는 죄로 여겼습니다. 이후 정조가 보인 반응은 놀라울 정도입니다. 정조는 이옥에게 벌을 내리고, 과거에 응시할 때 불이익을 줍니다. 나아가 대대적으로 유생들의 글을 검열하면서 옛 문체를 익히고 쓸 것을 강요합니다.

성균관 시험의 시험지 중에 만일 조금이라도 패관잡기에 관련되는 답이 있으면 비록 전편이 주옥같을지라도 하고(下考)로 처리하고 이어 그 사람의 이름을 확인하여 과거를 보지 못하도록 하여 조금도 용서가 없어야 할 것이다. (……) 엊그제 유생 이옥(李鈺)의 응제(應製) 글귀들은 순전히 소설체를 사용하고 있었으니 선비들의 습성에 매우 놀랐다. 지금 현재 동지성균관사로 하여금 일과(日課)로 사륙문(四六文)만 50수를 짓게 하여 낡은 문체를 완전히 고친 뒤에야 과거에 응시하게 하도록 하였다.

—『정조실록』 36권(16년 10월 19일)

어찌나 그 파장이 심했던지 이를 훗날, 문체반정이라고 부르게 됩니다. 반정이란 연산군과 광해군을 몰아낸 중종반정, 인조반정처럼 왕을 폐위시키고 새로 왕을 세우는 것을 말합니다. 그런 '반정'이라는 말을 쓴 것을 보면 새로운 문체에 대한 탄압이 어느 정도였는지 짐작할수 있습니다. 그런데 자세히 읽어보니 이옥의 글은 역모를 꾀하거나 조선 사회를 비판한 것도 아닙니다. 우리가 모르는 숨겨진 의미가 있는 걸까요? 아닙니다. 그저 섬세하고 감정적으로 애정을 담아 주변 세계를 묘사한 문장일 뿐입니다. 어째서 이런 글이 그토록 큰 벌을 받아야 했을까요?

정조가 개혁 군주였다지만 그 역시 성리학 질서를 떠받드는 조선의 왕입니다. 조선의 성리학자들은 세상엔 변치 않는 진리가 있다고보고, 그것을 학문에서뿐만 아니라 현실에 적용하려 했습니다. 성리학적 세계관은 군주와 신하, 양반과 천민, 부모와 자식, 남자와 여자 등모든 관계에서 질서를 중시했습니다. 그렇기에 성리학은 하나의 사상을 넘어 가정과 신분관계, 국가, 세계를 아우르는 질서였습니다. 만약 그 질서에 하나의 균열이 일어난다면, 성리학적 세계관 전반이 모두 무너져 내릴 것이라 생각했습니다. 정조가 이옥의 글에 그토록 강한 거부 반응을 보인 것은 그것이 단지 글 한 편이 아니라, 성리학적 세계관을 바탕으로 세운 국가체계를 전복하려는 위험한 무기라고 여겼기 때문입니다.

다시 말하면, 조선의 선비들에게 옛 문체를 숭상하고 익히는 것은 단지 공부에 그치지 않았습니다. 그것은 사회 전체를 지탱하는 하나의 축이었습니다. 자연과 우주의 원리를 본받고, 그것을 삶에 적용하고자 하는 세계관을 가진 사람들에게 옛글은 글이 아니라 모범이고 진리였던 것입니다. 정조에게 이옥은 자신이 만들고자 했던 성리학 질서의 조선을 부정하려 한 인물로 비친 것입니다. 이는 기존의 질서와 지식만이 옳다는 정조의 맹신일 것입니다.

내가 더부살이하는 점사는 저자에서 가깝다. 매달 2일과 7일이 들어간 날에는 저자의 소리가 시끄럽게 들려온다. (······) 12월 27일은 장이 서는 날이다. 나는 대단히 심심해서, 문구멍을 통해 바깥 저자의 광경을 엿보았다.

소와 송아지를 몰고 오는 자, 두 마리 소를 끌고 오는 자, 닭을 안고 오는 자, 문어를 끌고 오는 자, 돼지의 네 다리를 묶어서 메고 오는 자, 청어를 묶어서 오는 자, 청어를 엮어서 늘어뜨려 가져오는 자, 북어를 안고 오는 자, 대구를 가져오는 자, 북어를 안고 대구나 혹 문어를 가지고 오는 자, 담배풀을 끼고 오는 자, 땔나무와 섶을 메고 오는 자, 누룩을 짊어지거나 혹 이고 오는 자, 쌀 주머니를 메고 오는 자, 곶감을 끼고 오는 자, 한 권의 종이를 끼고 오는 자, 접은 종이를 손에 들고 오는 자, 대광주리에 순무를 담아 오는 자, 짚신을 늘어뜨려 들고 오는 자, 새끼로 꼰 신발을 들고 오는 자, 큰 베를 끌고 오는 자, 목면포를 휘두르며 오는 자, 자기를 끌어안고 오는 자, 분과 시루를 짊어지고 오는 자, 자리를 겨드랑이에 끼고 오는 자, 나무로 돼지고기를 꿰어 가지고 오는 자, 오른손으로 엿과 떡을 움켜쥐고 먹는 아이를 업고 오는 자, 병 주둥이를 묶어서 허리에 차고 오는 자, 물건을 짚으로 묶어서 가져오는 자, 버드나무 광주리를 짊어지고 오는 자, 소쿠리를 이고 오는 자, 표주박에 두부를 담아서 오는 자, 주발에 술이나 국을 담아서 조심스럽게 오는 자가 있다.

　책상에 엇비슷이 기대고 누웠다. 세모이기 때문에 시장이 더욱 활기에 넘친다.

—설흔, 『멋지기 때문에 놀러 왔지』(40쪽)

시장의 모습을 묘사한 이옥의 또 다른 글입니다. 이 또한 이옥의 문체를 오롯이 보여주고 있습니다. 조선의 보수 성리학자들이 볼 때, 이것은 쓸데없이 길고, 불필요한 묘사로 가득한 글이었겠죠. 하지만 이옥은 이후 불행한 삶을 살면서도 자신만의 문체를 고집했습니다. 이옥은 성리학을 공부하는 유생이지만, 그에 대한 맹신을 극복하려고 했습니다. 이런 고집스러운 시도가 우리의 문학을 더 풍성하게 해준 밑바탕이 되었겠지요.

새로움을 던져주는 시

그런데 이런 새로운 시도를 한 사람이 이옥만은 아니었습니다. 한시의 형식이 정형적이긴 하지만 그 속에서도 다양하고 재미있는 시도를 한 사람들이 많이 있었습니다. 그리고 이런 시들은 우리에게 시의 새로운 매력을 알게 해주는 고마운 시도들입니다.

茶

香葉嫩牙

慕詩客愛僧家

雕白玉羅織紅紗

煎黃色碗轉曲坐花

夜後邀陪明月晨前命對朝霞

洗盡古今人不倦將至醉後豈堪

차

잎새와 향

시인과 승 곁에

옥절구와 비단 포장

탕관 속에 이는 작은 거품

밤엔 달 아침엔 안개 속의 음차

쌓인 피로 풀어주며 취한 뒤엔 선약

－원진

　이런 시를 보탑시(寶塔詩)라고 합니다. 이름처럼 글자로 탑을 쌓아
가는 시입니다. 이런 독특한 모양의 시들은 현대시로 이어지기도 했
습니다. 또한 일반적인 시의 형식과 달리 산문의 모습을 갖춘 시들도
있습니다.

無等(무등)

황지우

山
절망의산
대가리를 밀어버
린, 민둥산, 벌거숭이산
분노의산, 사랑의산, 침묵의
산, 함성의산, 증인의산, 죽음의산,
부활의산, 영생하는산, 생의산, 회생의
산, 숨가쁜산, 치밀어오르는산, 갈망하는
산, 꿈꾸는산, 꿈의산, 그러나 현실의산, 피의산,
피투성이산, 종교적인산, 아아너무나너무나 폭발적인
산, 힘든산, 힘센산, 일어나는산, 눈뜬산, 눈뜨는산, 새벽
의산, 희망의산, 모두모두절정을이루는평등의산, 평등한산, 대
지의산, 우리를감싸주는, 격하게, 넉넉하게, 우리를감싸주는어머니

－『겨울－나무로부터 봄－나무에로』(민음사, 1985)

매

매화

얼음 뼈

옥 같은 뺨

섣달 다 가고

봄 오려 하는데

북쪽 아직 춥건만

남쪽 가지 꽃 피웠네.

안개 아침엔 빛 가리고

달 저녁엔 그림자 배회하니

찬 꽃술 비스듬히 대숲 넘나고

향기는 날아서 금 술잔에 드누나.

흰 떨기 추워 떠는 모습 안쓰럽더니

바람에 날려 이끼에 지니 애석하도다.

굳은 절개 맑은 선비 견줄 만함 이로 아니

우뚝함 말할진대 어찌 보통의 사람이라 하리.

홀로 있음 사랑해도 시인이 보려감은 용납하지만

시끄러움 싫어하여 나비가 찾아옴은 허락지 않는도다.

묻노라, 조정에 올라 높은 정승의 지위에 뽑히는 것이

어찌 옛날 임포 놀던 서호의 위, 고산의 구석만 하겠는가.

- 권필, 「매화」

스칸디나비아라든가 뭐라구 하는 고장에서는 아름다운 석양 대통령이라고 하는 직업을 가진 아저씨가 꽃 리본 단 딸아이의 손 이끌고 백화점 거리 칫솔 사러 나오신단다. 탄광 퇴근하는 광부들의 작업복 뒷주머니마다엔 기름 묻은 책 하이데거 럿셀 헤밍웨이 장자(莊子) 휴가 여행 떠나는 국무총리 서울역 삼등 대합실 매표구 앞을 뙤약볕 흡쓰며 줄지어 서 있을 때 그걸 본 서울역장 기쁘시겠소라는 인사 한마디 남길 뿐 평화스러이 자기 사무실 문 열고 들어가더란다. 남해에서 북강까지 넘실대는 물결 동해에서 서해까지 팔랑대는 꽃밭 땅에서 하늘로 치솟는 무지갯빛 분수 이름은 잊었지만 뭐라군가 불리우는 그 중립국에선 하나에서 백까지가 다 대학 나온 농민들 트럭을 두 대씩이나 가지고 대리석 별장에서 산다지만 대통령 이름은 잘 몰라도 새 이름 꽃 이름 지휘자 이름 극작가 이름은 훤하더란다. 애당초 어느 쪽 패거리에도 총 쏘는 야만엔 가담치 않기로 작정한 그 지성(知性) 그래서 어린이들은 사람 죽이는 시늉을 아니 하고도 아름다운 놀이 꽃동산처럼 풍요로운 나라, 억만금을 준대도 싫었다 자기네 포도밭은 사람 상처 내는 미사일 기지도 탱크 기지도 들어올 수 없소 끝끝내 사나이 나라 배짱 지킨 국민들, 반도의 달밤 무너진 성터가의 입맞춤이며 푸짐한 타작 소리 춤 사색(思索)뿐 하늘로 가는 길가엔 황토빛 노을 물든 석양 대통령이라고 하는 직함을 가진 신사가 자전거 꽁무니에 막걸리병을 싣고 삼십 리 시골길 시인의 집을 놀러 가더란다.

- 신동엽, 「산문시(散文詩) 1」

진정한 수학과 문학은 정답을 찾는 것이 아닙니다

지금까지 우리는 그리스인들의 생각부터 우리나라의 문학작품까지 진리를 추구하고, 때로는 맹신한 모습들을 살펴봤습니다. 그리고 가끔은 그것이 어떻게 무너져가는지도 보았지요. 인간은 누구나 아름다움과 진리를 추구합니다. 하지만 그 추구가 한 발짝 발을 잘못 디디면 위험하고, 폭력적으로 나타날 수 있습니다.

수학이라는 학문은 어떻게 만들어진 것일까요? 사람들은 세상에 존재하는 수많은 현상들을 해석하길 원했고, 그 생각들이 모이고 발전하면서 하나의 학문을 이루게 되었습니다. 어떤 사람들은 세상을 언어로 표현하려고 했고, 또 다른 사람들은 세상을 음악이나 그림을 통해서 설명했습니다. 수학자들은 세상을 숫자와 논리로 보았지요. 수학이란 진리를 탐구하려는 사람들의 순수한 열정이 만들어낸, 진리를 찾는 방법 중 하나였습니다. 하지만 현재 우리들은 수학이라는 학문이 왜 생겼는지 모르는 채, 단지 수학의 공식만을 외우고 있습니다. 문제를 풀면서 그것이 수학의 전부라고 생각합니다. 문제를 잘 푸는 사람이 수학을 잘하는 사람이 되어버렸습니다. 수학을 통해서 세상과 현실의 문제를 탐구하려는 사람은 찾아보기 힘듭니다. 학교만 졸업하면 수학은 기억에서 싹 지워버리지요. '이거 배워서 뭐에 써먹어요?'라면서 쓸모없다고 여기지요. 하지만 공부하는 사람이 누구냐, 어떤 생각을 하고 있느냐에 따라 수학도 달라질 겁니다. '수학은 문제 풀이다', '수학 공식은 무조건 암기'라는 낡은 틀을 내려놓는 것부터 시작해보면 어떨까요?

조선시대 대표적인 문학으로 시조를 들 수 있습니다. 시조는 고려시대 중엽부터 시작된 신진사대부들의 문학입니다. 무신들이 득세하던 고려사회에서 신진사대부는 어떤 이들이었을까요? 권력의 핵심은 아니었지만 중국의 선진 문화를 받아들이면서 지적으로 우월한 자신감을 가지고 있었던 사람들이었을 것입니다.

신진사대부의 주도로 새로운 국가 조선이 서자 시조는 조선을 대표하는 문학 장르가 되었습니다. 시조가 새로운 기득권을 상징하는 문학이 된 것이지요. 시조도 형식을 매우 중시합니다. '3장 6구 45자 내외'라는 엄격한 형식을 갖추고 있습니다. 3장이라는 것은 초장, 중장, 종장을 가리키는데, 이렇게 3장으로 이루어진 시조를 짧은 시라 하여 '단가'라고 부릅니다. 한시와 마찬가지로 시조도 글자 수를 이용해서 '율격'을 만듭니다. 그중 '종장의 첫 세 글자는 반드시 지킨다.' 많이 들어보았죠?

장안을 / 돌아보니 / 북궐이 / 천리로다.
　3　　　　4　　　 3　　　　4
어주에 / 누어신들 / 잊은 때가 / 있으랴.
　3　　　　4　　　　 4　　　　3
두어라 / 내 시름 아니라 / 제세현이 / 없으랴.
　3　　　　　6　　　　　 4　　　 3

45자 내외의 우리말로 가장 아름다운 형태의 시를 만들 수 있고, 그래야 한다는 것이 신진사대부들의 미적 의식이었습니다. 그런데 17세기 들어 그런 시조 형식에 변화가 일어나기 시작합니다. 17세기가 되자 양반들뿐만 아니라 평민 가객들과 여성들이 시조를 즐기고 쓰게 됩니다. 이들은 시조를 통해 자신의 경험과 감정을 진솔하게 표현하지요. 평민의 생활과 감정을 노래하려니 기존의 딱딱한 형식으로는 잘되지를 않습니다. 새로운 시조 창작자들은 형식을 무시합니다. 시조는 점점 길어져 '사설시조'라는 새로운 양식이 태어납니다.

두터비 파리를 물고 두험 우희 치다라 안자
건넛山(산) 바라보니 白松骨(백송골)이 떠잇거늘 가슴이 금즉하여 풀덕 뛰여 내달다가 두험 아래 쟛바지거고.

모쳐라 날낸 낼식만정 에헐질번 하괘라.

두꺼비가 파리를 입에 물고 두엄 위에 뛰어 올라가 앉아
건너편 산을 바라보니 송골매가 떠 있기에 가슴이 섬뜩해서 펄쩍 뛰어 내닫다
가 두엄 아래로 자빠졌구나.
다행히도 날랜 나이기에 망정이지 다쳐서 어혈(멍)이 들 뻔하였구나.

이는 지배층의 폭거를 풍자하는 시조입니다. 두꺼비는 탐관오리를, 두꺼비의 입
에 물린 파리는 억압받는 민중들의 모습을 의미합니다. 지배층의 문학이었던 시
조를 통해 지배층을 통렬하게 풍자하는 모습이 인상적이지요. 그리고 그 형식
은 어떤가요? 조선 전기의 시조에서 볼 수 있었던 글자 수를 이용한 율격을 중
장에서는 찾아보기 어렵습니다.
사설시조가 널리 퍼진 시기이자, 이옥이 문체반정으로 고통받던 18세기에 조선
사회는 큰 변화를 겪고 있었으며, 문학은 이를 반영하였습니다. 이미 신분제도
는 붕괴되기 시작했고, 평민들은 양반들의 가식적인 모습을 비웃었습니다. 사설
시조나 이옥의 글은 단지 문학의 변화만을 보여주는 것이 아닙니다. 18세기 조선
에서는 그동안 천대받고 억압받던 평민들이 당당히 자신들의 문학을 향유하고
있었음을 알 수 있습니다. 정조는 이옥의 문체를 억압할 수 있었지만 거대한 역
사의 흐름을 막을 수는 없었습니다.

생각해볼 문제

2011년, 여성가족부는 '청소년 유해 매체'를 지정하면서 논란의 중심에 선 적이 있습니다. 이
렇게 노래를 통제하는 것에 대해서 어떻게 생각하나요? 청소년의 건전한 가치관을 형성하
기 위해서 불가피한 것일까요? 아니면 청소년들을 어린아이로 보는 지나친 보수적 가치관
으로 비판받아야 할 부분일까요? 그리고 여성가족부가 이 조치를 통해 지키고자 했던 가치
는 어떤 것이었을까요?

'유해 약물' 사유로 청소년 유해 매체물 판정을 받은 노래		
노래	가수	가사
Hands Up	2PM	술 한잔을 다 같이 들이킬게 one shot
아메리카노	10㎝	이쁜 여자와 담배 피우고 차 마실 때
술이야	장혜진	난 늘 술이야 맨날 술이야 널 잃고 이렇게 내가 힘들 줄이야
취중진담	김조한	그래 난 취했는지도 몰라…… 약한 모습 미안 해도 술김에 하는 말이라 생각지는 마
밥만 잘 먹더라	창민, 이현	친구들과 술 한잔 정신없이 취하련다
나를 받아주오	장기하와 얼굴들	어제 소주를 잔뜩 마시고 나는
제발	김현중	퍼지는 담배 연기 사이로 너를 흩어지게 해도
아이 캔 드링크	백지영	난 술을 못 마셔요 몇 번을 얘기해야 돼요
포장마차	노라조	부장님의 잔소리에 술이 땡기는구나 돌려 막 는 카드 빚에 술이 친구더구나 헤어지잔 여친 땜에 술이 오르는구나…… 오늘따라 술이 아주 뼛속까지 달구나
비가 오는 날엔	비스트	취했나 봐 그만 마셔야 될 것 같애
한잔의 추억	이장희	마시자 한잔의 추억 마시자 한잔의 술 마시자 마셔버리자

자료: 여성가족부

더 읽어볼 책

- 『수학의 몽상』, 이진경, 휴머니스트, 2000.
- 『기호와 공식이 없는 수학 카페』, 박영훈, 휴머니스트, 2005.
- 『박사가 사랑한 수식』, 오가와 요코, 이레, 2009.
- 『진중권의 서양미술사』, 진중권, 휴머니스트, 2011.
- 『소설처럼 아름다운 수학 이야기』, 김정희, 동아일보사, 2002.
- 『멋지기 때문에 놀러 왔지』, 설흔, 창비, 2011.
- 『한시미학산책』, 정민, 휴머니스트, 2010.

관련 단원 ●고등학교 독서와 문법Ⅰ (1) 국어와 앎 – (가) 언어의 본질 – ① 언어와 인간

역사를 해석하는 언어의 힘

　우리의 생각에서 나온 언어. 하지만 때로는 그 언어가 우리의 생각을 지배하기도 합니다. 나아가 그 언어로 인해 역사의 의미가 달라지기도 합니다. 위 사진은 TV 예능 프로그램 '1박 2일'의 한 장면입니다. 이 장면이 방송되고 나서 몇몇 언론은 TV프로그램의 실수를 지적했고, 시청자들 또한 시청자 게시판을 통해서 사과 방송을 요구했습니다. 어떤 문제가 있었을까요?

　문제는 자막이었습니다. 80대 어르신들을 맞이하면서 "일제시대에 태어나 파릇하던 청춘시절 전쟁을 겪고 가난했던 이 나라를 억척으로 가꿔오신 우리의 숨은 영웅들께 박수를 보냅니다."라는 방송 자막을 사용했습니다. 이 자막에 나온 '일제시대'는 '일본 제국주의 시대'라는 의미입니다. 이는 일본에 의한 점령기를 인정하는 용어라고 여겨지기 때문에, 이를 대신하여 일본이 '강제로 점령했다'는 의미를 강조해 '일제강점기'라는 표현을 사용하는 것이 맞습니다. 실제로 한글 워드프로세서에서 '일제시대'를 입력한 다음 프로그램의 '맞춤법 교정'을 시행해보세요. '일제강점기'로 수정해주지요?

어떤 사람들은 '이것이 뭐가 중요해?'라고 의문을 가질 것입니다. '일제시대'라고 읽고 쓰더라도 스스로 그 시기를 일본에 의해서 강제로 점령당한 시기로 인식하고 있으면 되는 것이 아닌가 생각할 수도 있습니다. 하지만 그렇게 간단한 문제가 아닙니다. 때로는 언어가 우리의 생각을 지배하고, 나아가 역사적 의미를 만드는 과정을 볼 수 있습니다. 이제부터 우리의 생각을 지배하는 언어의 힘에 대해 살펴봅시다.

민주주의와 자유민주주의

2011년 교육과학기술부에서 '2009년 개정 교육과정에 따른 중·고등학교 역사 교과서 집필 기준'을 발표하면서 지금까지 사용하던 '민주주의'라는 표현 대신 '자유민주주의'라는 표현을 사용해 논란이 일어났습니다. 교과서를 집필해온 역사학자들 중 상당수는 '자유민주주의'라는 표현에 문제가 있다고 주장했습니다. 국사편찬위원회 산하 역사교육과정 개발정책연구위원회 위원장인 오수창 교수는 기자회견을 열어 "한국사 관련 교육과정에 '민주주의의 발전' 대신 '자유민주주의의 발전'이라는 표현이 담긴 것은 처음 있는 일"이라며 "이는 앞으로 만들어지는 역사 교과서에서 학생들이 공부해야 할 한국 현대사의 핵심 개념이 크게 바뀌었음을 의미한다."(『경향신문』 2011년 8월 16일)고 말했습니다.

별 차이가 없어 보이는 이 용어가 얼마나 중요했기에 어떤 사람들은 기를 쓰고 바꾸려고 하며, 또 어떤 사람들은 기자회견까지 열면서 바꾸지 말라고 얘기하고 있을까요? '자유'라는 말은 좋은 의미를 갖고 있으니 '민주주의'에 '자유'라는 말을 붙여 '자유민주주의'라고 하면 더 좋은 것 아닐까요?

'자유'와 '민주주의'를 둘러싼 갈등

'자유'는 보통 목적을 선택하고 그것을 달성할 권리를 가지며, 타인의 의도적인 방해 없이 목적을 달성할 수 있음을 의미합니다.[*] 즉, 어떤 통제나 억압 없이 자신의 의지대로 결정하고 행동하는 것이겠지요. 그렇다면 역사적으로 우리에게 '자유'는 어떤 의미였을까요?

흔히 '이승만-박정희-전두환 정권'으로 이어지는 역사를 독재의 역사로 평가합니다. 그 과정에서 이승만을 물러나게 한 4·19 혁명이 있었고, 이후에도 민주주의와 자유를 얻기 위해서 수많은 사람들이 희생을 마다하지 않았습니다. 그런 희생을 딛고서야 비로소 군사독재에서 벗어날 수 있었고, 대통령을 스스로 뽑을 수 있는 권리를 얻을 수 있었습니다. 이런 역사를 볼 때, '민주주의'나 '자유'는 '독재'나 '억압'과 반대되는 의미를 가지게 되었습니다.

그런데 '자유'나 '민주주의'는 독재 세력과 싸우는 사람들만 사용한 것이 아니었습니다. 박정희는 5·16 군사 쿠데타 이후, 1962년 연설에서 "진정한 자유민주주의 체제를 확립하기 위해서 반공이념을 수호할 뿐 아니라 그 실질적인 선양에 총력을 집중할 것이며, 이를 위해서 일체의 용공 세력을 분쇄하고 반공체제의 입체적인 기능을 발휘하기 위한 범국민적인 운동을 전개할 것"이라며 "자유민주주의를 이기와 방종과 혼동해서는 안 될 것"이라고 말했습니다. 또한 장기 집권을 위해 제정한 '유신헌법'에서도 '자유민주주의'라는 표현을 사용합니다. 여기서 '자유민주주의'는 북한의 '인민민주주의'와 대비되는 의미로 사용된 것입니다. 결국 '자유'라는 단어는 억압적인 군사독재정권에서도 즐겨 쓰는 표현이었던 것입니다.

---

[*] 조지 레이코프, 『자유는 누구의 것인가』, 웅진지식하우스, 2010, 37쪽.

이런 역사를 고려할 때, '민주주의'라는 말을 '자유민주주의'로 바꾼다면 자연스럽게 '민주주의'와 '자유민주주의'라는 말이 모호한 경계 속에서 섞일 것입니다. 그리고 독재와 억압을 행했던 사람들에게 면죄부를 줄 수도 있습니다. 그런 점에서 '민주주의'와 '자유'를 둘러싼 단어의 갈등은 역사를 새로 쓰는 과정이기도 합니다.

'자유'를 얻기 위한 싸움은 계속되고 있습니다

결국 '자유'라는 표현 때문에 사람들이 갈등하는 이유는 역사의 맥락에서 서로 다른 두 세력이 서로 다르게 해석을 했기 때문입니다. 그 갈등은 지금도 계속되고 있습니다. 어떤 이들에게 '자유'는 '표현의 자유, 종교의 자유'와 같이 여전히 억압에 대항하는 의미입니다. 이는 '권리'의 또 다른 모습이기도 하지요. 이들은 이런 자유, 즉 권리를 얻기 위해서 국가나 시민사회가 책임을 지는 것이 당연하다고 생각합니다. 이를 통해서 바람직한 사회를 만들 수 있다고 생각합니다. 아래 시에서 나오는 '자유'가 그런 의미라고 할 수 있을 것입니다.

자유

김남주

만인을 위해 내가 일할 때 나는 자유
땀 흘려 함께 일하지 않고서야
어찌 나는 자유이다라고 말할 수 있으랴

만인을 위해 내가 싸울 때 나는 자유
피 흘려 함께 싸우지 않고서야

어찌 나는 자유이다라고 말할 수 있으랴

만인을 위해 내가 몸부림칠 때 나는 자유
피와 땀과 눈물을 함께 나눠 흘리지 않고서야
어찌 나는 자유이다라고 말할 수 있으랴

사람들은 맨날
겉으로는 자유여, 형제여, 동포여! 외쳐대면서도
안으로는 제 잇속만 차리고들 있으니
도대체 무엇을 할 수 있단 말인가
도대체 무엇을 할 수 있단 말인가
제 자신을 속이고서

－『나의 칼 나의 피』(인동, 1987)

하지만 또 다른 사람들은 그런 '자유'를 전혀 다른 의미에서 바라봅니다. '자유시장경제'의 '자유'처럼 사회적 책임보다는 개인의 책임, 경쟁을 더 중시합니다. 세금을 내서 타인의 다양한 권리를 구제하는 책임을 지는 것은 자신의 소유를 앗아가는 억압이며, 자유를 침해한다고 여깁니다.

언어는 힘이 세다

역사를 바라보는 관점은 매우 중요합니다. 역사를 바라보는 관점은 역사를 어떻게 표기하는가에 따라서 드러납니다. 그래서 우리는 역사를 바라볼 때, 그것이 어떻게 표현되었는지를 살펴보아야 합니다. 그래야만 역사를 왜곡하려는 움직임을 단호하게 막을 수 있습니다. 물론 과거의 역사적 사실은 변하지 않습니다. 하지만 역사의 해석은 끊임없이 현재의 몫입니다. 그렇기에 역사는 단지 과거에 일어났던 사건이 아니라 현재에 새로운 해석을 통해서 끊임없이 재구성되는 사건입니다. 그리고 그 재구성의 열쇠는 언어에 있습니다. 언어가 어떤 힘을 가지고 있는지 살펴볼까요?

　미국의 언어학자 조지 레이코프는 그의 짧은 책 『코끼리는 생각하지 마』에서 '프레임(frame)' 이론을 이야기했습니다. 프레임이란 우리의 '사고 체계' 정도로 볼 수 있는데, 그는 대학교 수업시간에 학생들에게 '코끼리'를 생각하지 말 것을 요구했습니다. 지금 이 책을 읽는 여러분도 잠시 눈을 감고 코끼리를 생각하지 말아보세요. 그게 그렇게 쉽지는 않죠? 이미 코끼리를 생각하지 않아야 한다는 생각에 갇혀버려 머릿속이 온통 코끼리로 가득 차버렸습니다. 코끼리를 머리에서 지워버리려 하면 할수록 더 코끼리 생각만 납니다. 이렇게 언어적 프레임은 우리의 사고를 가둬버리기 때문에 프레임을 만들 수 있는 사람은 논쟁에서 이길 수밖에 없다고 합니다.

　미국의 대통령이었던 리처드 닉슨은 워터게이트 사건이 터지고, 한창 사임 압력을 받았습니다. 이때 그는 TV에 나와 연설을 했는데 여기서 닉슨은 전국에다 대고 이렇게 말했습니다. "저는 사기꾼이 아닙니다." 그 순간 모두가 그를 사기꾼이라고 생각하게 되었답니다.

▲ 리처드 닉슨(미국 전 대통령)

―조지 레이코프, 『코끼리는 생각하지 마』, 삼인.

사람들은 어떤 대상에 대해서 스스로의 가치관에 따라 판단할 수 있다고 생각합니다. "내가 생각할 때에는~", "내 생각에는 말이야."라고 할 때, 자기 자신이 판단한다고 생각하지요. 하지만 닉슨의 예에서 알 수 있듯이 사람들의 판단은 언어에 따라서 정해지기 마련입니다.

몇 가지 예를 살펴보겠습니다. 우리는 외국에서 들여온 비싼 상품들을 흔히 '명품'이라고 부릅니다. 이것은 적절한 단어일까요? '명품'을 쓰는 사람들은 그 상품의 품질과 장인정신에 매혹되어서 그 상품을 쓰면서 느끼는 자기만족보다는 그것을 다른 사람들에게 보여주고자 하는 과시욕이 더 강하다고 볼 수 있습니다. 그런 점에서 '명품(masterpiece)'이라기보다는 '사치품(luxury goods)'이라고 보는 것이 적절합니다. 실제로 예전에는 '사치품'이라고 부르는 경우가 더 많았습니다.

그런데 언젠가부터 '사치품'이라는 단어를 대신해 '명품'이라고 부르고 있습니다. '명품'은 '뛰어나거나 이름난 물건'을 뜻합니다. 따라서 어떤 면에서 '사치품'과 유사한 의미이기도 합니다. 사치품에는 '과소비'라는 부정적 이미지가 들어 있고, 명품에는 '좋은 물건'이라는 긍정적 이미지가 담겨 있습니다. "어머니, 제가 취직하면 사치품 지갑 하나 선물해드릴게요.", "오빠, 나도 사치품 가방 갖고 싶어."라고 할 때의 부정적 느낌은 "어머니, 제가 취직하면 명품 지갑 하나 선물해드릴게요.", "오빠, 나도 명품 가방 갖고 싶어."라는 말에서는 완전히 사라집니다.

▲ '명품' 가방일까? '사치품' 가방일까?

미국의 전 대통령이었던 '조지 부시'는 선거를 치르면서 감세정책을 홍보하였습니다. 감세를 하게 되면 국가의 재정이 줄어드는 것이라 그에 반대하는 사람들도 생길 수밖에 없었습니다. 그래서 그의 선거 캠프는 '감세(Tex Cut)'라는 말 대신, '세금 구제(Tax Relief)'라는 말을 사용했습니다. '구제'라는 말이 갖는 긍정적 느낌으로 인해 그의 정책에 대한 사람들의 거부감을 줄일 수 있었습니다. 부시 전 미국 대통령은 언어를 이용한 프레임의 구성에 대해 알고 있었던 것입니다.

2010년 초에 '프로라이프 의사회'라는 곳에서 '낙태 근절'을 외치면서 임신중절수술을 시행한 산부인과 의사들을 고발하여 사회적으로 큰 논쟁을 불러온 적이 있습니다. 물론, 인공임신중절수술은 현재 우리나라에서 대부분 불법입니다. 그래서 정확하게 파악하기는 어렵지만 매년 30만 건 이상 수술이 진행되고 있다고 합니다. 하지만 제가 주목한 부분은 수술의 찬/반보다는 '낙태'라는 단어입니다. '프로라이프 의사회' 홈페이지에는 의사회를 소개하면서 "우리는 '낙태 근절과 태아 생명 보호'를 이룩하기 위해 우리 사회의 가장 심각한 문제인 '낙태'에 대한 해결을 최우선 목표로 하여 활동하고 있습니다."라고 밝히고 있습니다. 그런데 '낙태'라는 단어는 과연 적절한 것일까요? 의사들의 모임이기에 좀 더 의학적이고 중립적인 용어인 '인공임신중절수술'이라는 말을 쓸 수도 있었을 것입니다. 그럼에도 이 단체에서 굳이 선정적인 '낙태'라는 단어를 사용한 것은 그 단어가 갖는 부정적인 의미를 강조하고 싶었던 것은 아닐까요?

만약 이 의사들의 의견에 반대하고, '여성의 자기결정권'을 옹호하려는 사람이라면 이

▲ 우리는 프레임을 통해서 세상을 바라봅니다.

프레임을 어떻게 벗어날 수 있을까요? '낙태'라는 부정적 단어를 쓰면서 적절한 반박이 가능할까요? 이 단어를 계속 쓰면서도 '낙태'에 반대하는 사람들에 맞서려면 '낙태'를 찬성해야 하기 때문에 도덕적으로 부정적인 주장으로 비치기 쉽습니다. 최소한 중립적 언어인 '인공임신중절수술'이라는 단어를 사용하는 것이 '낙태'의 부정적 프레임에 갇히지 않는 방법입니다. 나아가 적절한 토론을 위해서라면 수술의 찬/반을 넘어서 '여성의 자기결정권'이라는 자유와 권리의 프레임을 가져올 수 있어야 합니다. 즉, '낙태 찬/반'의 프레임에는 '여성의 자기결정권 찬/반'의 프레임으로 맞서야만 적절한 논박이 가능합니다. 언어적 프레임에는 언어적 프레임으로 맞서야만 적절한 반박과 논쟁이 가능한 것입니다.

언어에 의해 재해석되는 역사

앞에서 살펴보았듯이 언어는 그것을 사용하는 맥락과 위치에 따라서 원래의 의미를 변화시키거나, 적어도 원래의 의미를 감출 수 있습니다. 그렇기 때문에 역사를 해석할 때에는 언어를 신중하게 선택해야 합니다. 흔히 역사는 사실이기 때문에 변하지 않는다고 생각하기 쉽습니다. 물론 역사적 사건 자체가 변할 일은 없습니다. 그러나 그에 대한 평가는 무수히 변화하고 있는 것이 현실입니다.

역사는 그것을 해석하는 사람에 의해서 전혀 다른 의미로 거듭날 수 있습니다. 우리가 군사정권 시절에는 5·18을 '광주사태'라고 불렀습니다. 하지만 역사를 바로 세우는 과정에서 그에 대한 평가를 내리고 '광주민주화항쟁'이라는 이름으로 바꾸어 부르고 있습니다. 하나의 '사태'가 '민주화항쟁'으로 거듭난 것입니다. 그리고 그날의 사건은 우리나라 민주화운동의 역사에서 중요한 사건으로 되새기며 기억하게 되었습니다. 언어가 바뀐다고 역사적 사실이 바뀌지는 않습니다. 그렇지만 언어가 바뀐다면 역사를 바라보는 시선과 인식이 바뀔 수도 있습니다. 그렇기에 역사를 똑바로 바라보려면 역사적 사실을 정확하게 파악하려는 노력 못지않게 역사 용어들을 꼼꼼히 살펴보려는 노력 또한 중요합니다.

오웰적 언어

조지 오웰은 1948년에 쓴 소설 『1984』에서 미래의 디스토피아적 세계를 그리고 있습니다. '빅 브라더'가 통치하는 오세아니아는 일상적으로 적국과 전쟁을 벌이고 있는데, 양방향 통신이 되는 텔레스크린을 통해서 전 국민의 일상을 감시하는 사회입니다. 그런데 이 국가의 기관들은 각각 반어적인 의미를 갖고 있습니다. 오세아니아의 국가기구인 '진리부'는 역사와 언론을 왜곡하는 부서이고, '애정부'는 사람들을 잡아다 고문하며, '평화부'는 전쟁을 담당하는 곳입니다.

이런 식으로 원래의 의미를 숨기고 더 긍정적인 의미로 바꾸어 명명하는 것을 소설에서는 '신어(newspeak)'라고 하는데, 일반적으로는 '오웰적 언어'라고 합니다. 오웰적 언어는 원래의 의미를 숨기고 더 좋은 의미나 객관적 의미로 만들기 위해서 줄여서 말하기도 합니다. 현재 학교에서 운영되는 '교육행정정보시스템(National Education Informaion System)'은 줄여서 NEIS라고 쓰고 있습니다. 교육부는 공식적으로 이것을 '네이스'로 읽지 않고 '나이스'로 읽는다고 얘기합니다. 독일어로 'eis'의 발음이 '아이스'이기에 'NICE'의 의미를 덧붙이기 위해서 굳이 '나이스'라고 읽는다는 것입니다. '나이스'로 발음하면 '교육행정정보시스템'이라는 원래의 객관적 의미보다, 'NICE'가 주는 긍정적 의미가 그 자리를 대체하게 됩니다. 이는 전형적인 '

▲ 조지 오웰의 『1984』

오웰적 언어'라고 할 수 있습니다.

하지만 이 명칭에 반대하는 사람들이 있어서 'NEIS'의 명칭은 아직도 자리를 잡지 못하는 듯합니다. 일부 언론에서는 아예 중립적으로 '엔이아이에스'라고 발음하기도 합니다. 이런 언어를 둘러싼 싸움, 우리들 주변을 둘러보면 언제나 존재합니다.

'위안부'보다 정확한 '일본군 성노예'

이번 헌법재판소 결정으로 태평양전쟁 당시 피해에 대한 일본의 성의 있는 태도를 촉구하는 데 우리 정부가 책임감 있게 나서주길 기대해본다.

한 가지 안타까운 점은 일본 정부의 조직적이고 강제적인 성적 착취를 두고 '위안부'라는 모호한 개념을 여전히 공식적으로 사용하고 있다는 것이다. 용어에 따라 의미가 달라지고 의미에 따라 책임 정도가 달라질 수도 있는 이런 문제에서는 좀 더 신중한 용어 선택이 필요하다고 본다.

일반적으로 태평양전쟁 발발 이후 취업 사기, 폭력, 협박에 의해 이른바 '군 위안소'에서 일본군 병사들의 성 욕구 해결을 위해 동원된 여성들을 정신대, 위안부 등으로 일컫는다. 여기서 정신대란 '어떤 목적을 위해 솔선해서 몸을 바치는 부대'라는 뜻으로, 일제가 전쟁을 위해 노동력을 동원하려고 만든, 남녀 모두를 동원 대상으로 하는 제도이다. 특별히 여성만으로 구성된 경우 여자정신대로 불렸고 이들 중 군 위안소로 강제 연행된 경우는 일부였다.

'종군 위안부'라는 용어는 일본 정부에서 공식적으로 사용하는 것으로, '좇을 종(從)'을 쓰고 있어 '종군 기자'와 같이 자발적으로 군대를 따라다녔다는 의미가 내포되어 있다. 실제로 일본 정부는 자발적으로 전쟁 특수를 노리고 군 위안부로 나선 일본 여성들과 사기, 협박, 납치 등으로 강제 동원된 한국 여성을 구분하지 않고 종군 위안부라고 칭하면서 문제의 본질을 심각하게 왜곡하고 책임을 회피하고 있는 실정이다.

일본군 위안부 문제가 국제사회에서 공론화되면서 국제사회에서 새롭게 개념화된 용어가 '일본군 성노예'이다. 이는 이미 1996년 유엔 인권위원회나 1998년 유엔 인권소위원회 특별 보고관의 보고서에서 사용하고 있으며, 이것이 문제의 본질을 가장 잘 드러내는 국제 용어로 인정받고 있다.

―「한겨레」, 「왜냐면」, 2011년 9월 2일.

6·25전쟁, 한국전쟁, 남북전쟁

'6·25전쟁' 발발 61주년을 맞고 있다. 해마다 기념일이 반복되듯이 올해도 예외 없이 이 전쟁에 어떠한 이름을 붙여줄 것인가 하는 논쟁이 언론지상에서 되풀이되고 있다. '6·25전쟁'인가 '한국전쟁'인가를 다투는 이 논쟁은 최근에는 학계로까지 확산되는 양상이다.

전쟁 발발 직후에는 '6·25사변', '6·25전란'이라는 용어가 많이 사용되다가 '6·25전쟁'이라는 용어로 통일되어갔다. 1980년대에 들어와 '한국전쟁(Korean War)'이라는 명칭이 사용되면서 논란이 일기 시작했다. 군사편찬연구소 등 정부 출연 연구기관에서조차 '6·25전쟁'과 '한국전쟁'이라는 명칭을 번갈아 사용했다. 이러한 혼란을 막기 위해 교과부와 국사편찬위원회가 '6·25전쟁'을 공식적인 편수용어로 확정했지만, 교과서 밖에서는 '한국전쟁'이라는 용어가 여전히 광범위하게 사용되어왔다.

'6·25전쟁'이라는 명칭을 사용해야 한다고 주장하는 학자들은 전쟁 발발 시점에서 따온 '6·25전쟁'이라는 명칭이 전쟁을 겪은 민중의 경험을 온축하고 있어 가장 객관적인 명칭이 될 수 있다고 주장한다. '한국전쟁'이라는 표현을 즐겨 사용하는 학자들은 '한국전쟁'이라는 무가치한 이름이야말로 이 전쟁에 대한 이데올로기적 편견을 버리는 가장 좋은 방법이라고 주장한다.

전쟁에 어떠한 이름을 붙일 것인가 하는 문제는 전쟁의 성격을 어떻게 이해할 것인가 하는 문제와 긴밀히 연계되어 있다. "내가 그의 이름을 불러주기 전에는 그는 다만 하나의 몸짓에 지나지 않았다. 내가 그의 이름을 불러주었을 때 그는 나에게로 와서 꽃이 되었다.”고 김춘수가 노래했던 것처럼, 우리가 어떤 전쟁에 특정한 이름을 붙여주는 것은 그것에 특정한 의미를 부여하는 행위인 것이다.

이러한 점에서 보면 '6·25전쟁'이라는 명칭은 전쟁 발발 시점을 부각시켜 북한의 전쟁 책임을 강조하려는 의도가 개입된 것이라고 할 수 있다. 이 때문에 이 용어는 전쟁의 전체 과정을 시야에 넣지 못하고 있다. 김일성과 스탈린의 '남침' 전쟁만이 포착되어 있고, 이승만과 맥아더의 '북진' 전쟁이나 중공군 참전 이후의 '미·중' 전쟁을 포괄하고 있지 못한 것이다.

'한국전쟁'이라는 명칭도 문제가 많다. 외국 사람들 관점으로 보면 '한국에서 일어난 전쟁(War in Korea)', '한국전쟁(Korea War 혹은 Korean War)'이라는 표현이 가능하지만, 우리나라 사람들이 우리나라에서 일어난 전쟁을 '한국전쟁'이라고 부르는 것은 참으로 어처구니가 없다. 어느 나라도 자기 나라에서 일어난 전쟁을 이런 식으로 부르지 않는다. '한국전쟁'이라는 명칭은 '한국이 일으킨 전쟁'이나 '한국 사람들끼리의 전쟁'으로 잘못 이해할 가능성도 있다.

결국 우리는 61년째 이 전쟁을 기념하고 있지만 이 전쟁에 누구나가 공감할 만한 마땅한 이름을 붙여주지 못하고 있는 셈이다. 전쟁의 명칭이 전쟁의 성격과 긴밀히 연관된 것이라면 전쟁의 성격을 명확히 함으로써 전쟁에 명칭을 부여하는 방향에서 이 문제를 해결해볼 수 있지 않을까.

전쟁 당시 남북의 지도자들은 모두 전쟁이라는 수단을 통해서라도 분단 상태를 극복해야 한다고 보았다. 김일성은 공공연히 국토 완정을 주장하며 스탈린과 마오쩌둥을 설득하여 전쟁에 나섰다. 이승만의 북진통일론은 인민군의 남침으로 빛이 바랬지만, 인천상륙작전 이후 국군은 유엔군과 함께 38선의 회복에 만족하지 않고 압록강까지 진격했다. 남북은 형태는 다르지만 전쟁을 통해 통일이라는 목표를 달성하려고 했던 것이다. 그러나 이 전쟁은 통일을 더욱 어렵게 만들고 분단을 한층 고착화했다. 이 때문에 이 전쟁을 '통일전쟁'이라고 부르는 것은 안이한 역사인식이다.

결국 '6·25전쟁'은 남과 북의 '통일' 전쟁이라는 성격과 남한을 앞세운 자유진영과 북한을 앞세운 공산진영 사이의 전쟁이라는 이중적인 성격을 갖는다. 처음부터 내전의 성격과 국제전의 성격이 결합된 전쟁이었던 것이다. 이러한 점에서 우리는 이 전쟁을 남으로 대표되는 자본주의 세력과 북으로 대표되는 사회주의 세력 사이의 전쟁, 즉 '남북전쟁'으로 불러볼 수 있지 않을까.

―전현수(경북대 사학과 교수), 『서울신문』 2011년 6월 27일.

생각해볼 문제

1. 다음 용어들이 각각 무엇을 강조하고 있는지 정리해봅시다.

6·25
한국전쟁
통일전쟁
남북전쟁

2. 위의 용어 중 어떤 것이 가장 적절하다고 생각하나요? 적절한 근거와 함께 자신의 주장을 정리해봅시다.

3. 사회, 광고, 방송, 학교 등 우리 주변에서 언어를 이용해 원래의 의미를 숨기고 다른 이미지를 나타내고 있는 사례에는 어떤 것들이 있는지 예를 들어봅시다.

더 읽어볼 책

● 『1984』, 조지 오웰, 민음사, 2003.
● 『코끼리는 생각하지 마』, 조지 레이코프, 삼인, 2006.
● 『청소년을 위한 언어란 무엇인가』, 니콜라우스 뉘첼, 살림Friends, 2008.
● 『자유는 누구의 것인가』, 조지 레이코프, 웅진지식하우스, 2010.

과학 수업에 통섭이 필요한 이유

과학은 철학에서 시작되었습니다.
철학은 사회와 삶의 기초를 세우는 생각의 설계도를 제공합니다.
또한 자연과 사회로부터 새로운 생각을 이끌어내기도 하지요.
그렇기 때문에 과학은 사회 현상이나 구조에 영향을 받기도 하고
다양한 자연 관찰로부터 시작하기도 합니다.

과학 속에는 언어, 사회, 역사, 수학 등의 학문이
고르게 스며들어 있어 한 단면만 보면 논리적 지식만 보입니다.
그러므로 지식이 형성된 사회와 역사를 살펴야 맥락을 이해하고
과학을 기술하는 언어와 수학을 통해
과학의 본 모습을 마주하게 됩니다.

과학에 통섭이 필요한 이유는
이런 과정을 통해 배움과 실천이 함께하기 때문입니다.

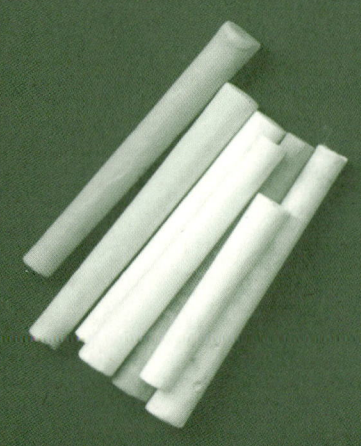

4교시

과학으로
통하다

관련 단원 ●**고등학교 과학** 에너지의 발생 / 핵 발전 ●**고등학교 물리 II** 파동과 빛 / 엑스선과 감마선
●**고등학교 생명과학 I** 세포와 생명의 연속성 / 염색체 이상 ●**고등학교 화학 I** 개성 있는 원소 / 원자의 구조
●**고등학교 세계사** 과학혁명과 계몽사상 ●**고등학교 사회문화** 현대 사회와 사회 변동

과학을 믿고 신뢰하는 것은
언제나 옳은 일일까?

법정에 아인슈타인과 마리 퀴리가 피고로 나와 있고 검사가 기소를 하고 있습니다.

과학은 연구 과정이 객관적이고, 연구 결과를 학술지에 발표할 때도 까다로운 검증 과정을 거칩니다. 따라서 유명한 과학자의 연구 결과라면 많은 사람들이 의심을 하지 않기 마련입니다. 오히려 더 큰 믿음을 보입니다. 노벨상을 두 번이나 수상한 마리 퀴리가 연구하던 라듐을 많은 사람들이 두려움 없이 가까이했던 이유도 마리 퀴리가 훌륭한 과학자였기 때문입니다. 그러나 마리 퀴리도 라듐에서 나오는 방사선이 얼마나 위험한지 몰랐기 때문에 악성 빈혈로 사망했지요. 아무리 훌륭한 과학자라도 처음 발견하거나 과거에 연구 결과가 없는 것에 대해서는 일반인과 마찬가지로 잘 모를 수밖에 없습니다. 과학자가 연구한 것이라도 반드시 의문을 가지고 생각해보는 것이 진짜 과학적인 생각이고 방법입니다. 과학에 대한 맹신만큼 어리석은 일도 없습니다.

또 과학은 사회 윤리와 부딪치기도 합니다. 가장 대표적인 것이 핵무기 개발과 핵발전소입니다. 핵무기를 사용하면 많은 사람들이 죽을 뿐더러 핵폭탄이 터진 곳은 방사능에 오염되어 오랜 시간 동안 생물이 살아갈 수 없습니다. 핵발전소 사고가 나도 그 피해는 핵무기의 경우와 똑같습니다. 2011년 3월 동일본 대지진으로 무너진 후쿠시마 원자력발전소는 전 세계에 핵에너지 사용에 대한 사회적 갈등을 일으켰습니다. 한번 사고가 일어나면 큰 피해를 가져오는 핵발전소를 없애자는 주장과 아직까지는 화력발전소를 대체할 방안이 핵발전소밖에 없다는 주장이 맞섭니다. 2011년 스위스 연방 에너지청은 노후한 원자력발전소를 새 원전으로 교체하려던 계획을 모두 보류했고, 독일 정부는 10년 안에 모든 원전을 단계적으로 폐쇄한다고 합니다. 과연 과학자의 말을 어디까지 신뢰해야 할까요? 민주사회를 살아가는 시민으로서 많은 예산을 쓰고 사회에 큰 영향을 주는 과학 연구에 대해 무조건 찬성하고 묵인할 수는 없겠지요. 과학이라 할지라도 예외적으로 특별한 대우를 받거나 민주적인 의사결정 구조에서 벗어나 독단적인 연구를 해선 안 됩니다. 과학이 인류와 사회 공익을 위해 연구하도록 감시하려면 과학 연구 결과가 어떤 영향을 미치는지 다양하게 이해하고 알아야 합니다.

우주에서 비빔밥을 먹으려면 방사선이 필요해

한국인 최초 우주인 이소연이 우주에서 먹은 한국 음식은 무엇일까요? 라면, 김치, 수정과, 생식바입니다. 대단하죠? 우주 공간에서 이런 음식을 먹을 수 있다는 게 신기할 뿐입니다. 하지만 지구에서 먹는 뜨거운 라면을 기대하면 안 됩니다. 우주에서 물은 70℃ 이상 끓지 않기 때문에 마치 국물이 없는 비빔면 같지요.

그런데 우주 식품에는 방사선을 어떻게 활용하는 것일까요? 우주 식품이 되기 위해선 세 가지 조건을 갖춰야 합니다. 첫째, 먹고 싶어야 하고 둘째, 장기간 보관이 가능해야 하며 셋째, 무균 상태여야 합니다. 우주에서 지내다 보면 식욕을 잃기 쉽습니다. 무중력 상태에서 반복되는 생활과 단조로운 환경 때문이지요. 게다가 대다수 우주 식품은 바싹 마른 건조 상태여서 별로 먹고 싶은 마음이 안 생긴다고 합니다. 그래서 우주 식품은 겉모습과 맛이 좋아야 합니다. 또 장기간의 우주 생활에 맞춰 보관도 가능해야 합니다. 가장 중요한 것은 질병을 일으키는 세균이 없어야 한다는 점입니다. 만약 식

▲ 새롭게 개발된 우주 식품 불고기, 전주비빔밥, 미역국, 참뽕 음료

품에 있는 미생물 때문에 병이 생겨 지구로 귀환한다면 천문학적인 비용 손실은 물론 어렵게 얻은 소중한 우주 연구의 기회를 포기해야 합니다. 최대한 식품에 손상을 주지 않으면서 식품의 맛과 형태를 유지하고 동시에 세균을 죽이려면 방사선을 사용해야 합니다. 최근 우주 식품 목록에 한국 음식 네 가지가 더 추가되었지요. 불고기, 전주비빔밥, 미역국, 참뽕 음료입니다. 이젠 우주선에서 미역국과 함께 비빔밥을 먹을 수 있게 된 거죠. 결국 방사선 덕분에 맛있는 우주 식품이 탄생했습니다. 그렇다면 방사선을 모든 식품에 사용해도 되는 걸까요?

방사선을 쪼인 식품은 소비자에게 알려야

2005년에 영국의 식품기준청(FSA)은 국내 유명 기업의 라면 제품이 '방사선 처리 사실을 포장에 표시하지 않았고 방사선 처리도 인가된 시설에서 하지 않았다'는 이유로 수입을 금지하였습니다. 당시 이 라면이 매우 유명했기 때문에 많은 사람들에게 충격을 주었습니다.

그렇다면 왜 식품에 방사선을 쪼이는 것일까요? 아무리 식품을 깨끗하게 만들어도 눈에 잘 보이지 않는 세균을 모두 제거하긴 힘이 듭니다. 방사선은 식품에 묻어 있는 세균을 모두 죽일 수 있고 식품을 다 만든 후에 사용하기 때문에 작업도 간편하지요. 그런데 방사선을 쪼인 식품과 일반 식품을 눈으로 봐선 구별할 수 없기 때문에 식품 포장지에 방사선 쪼인 식품이라는 표시를 합니다. 우리나라 식품위생법 제10조에 '방사선 조사 식품은 포장이나 용기에 직경 5cm 이상 크기로 조사 마크를 표시'하도록 규정하고 있지요. 다음에 있는 마크가 전 세계에서 공통으로 사용하는 RADURA(방사선 조사 식품) 마크입니다. 방사선을 쪼인 식품에 대한 허용 품목은 나라마다 다르기 때문에 우리나라에서 금지하는 품목이라도 다른 나라에서는 허용될 수 있습니다.

방사선 쬐기를 허락하는 품목은 미국 47개, 영국 55개, 중국 24개 품목 정도입니다. 만약 국내에서 방사선 쬐기를 금지한 재료를 수입하여 제품을 만들 경우 당연히 국내 판매는 금지됩니다. 아래 표는 우리나라에서 허용된 방사선 조사 식품입니다. 생각보다 많은 식품에 방사선을 사용하고 있지요.

▲ 방사선을 쪼인 식품에는 이런 표시를 해야 한다.

국내에서 허용하고 있는 방사선 조사 식품 26개

허용 식품	목적	흡수선량
감자, 양파, 마늘	발아 억제	0.15kGy 이하
밤	발아 억제	0.25kGy 이하
생버섯, 건조 버섯	숙도 지연	1kGy 이하
난분, 가공식품 제조 원료용 곡류, 두류 및 그 분말, 조미식품 제조 원료용 전분	살균, 살충	5kGy 이하
가공식품 제조 원료용 건조 식육 및 어패류 분말, 된장 분말, 고추장 분말, 간장 분말, 가공식품 제조 원료용 건조 채소류, 효모·효소 식품, 조류식품, 알로에 분말, 인삼(홍삼 포함) 제품류	살균, 살충	7kGy 이하
생건조 향신료 및 이들 조제품, 복합 조미식품, 소스류, 침출차, 분말차, 2차 살균이 필요한 환자식	살균, 살충	10kGy 이하

*kGy(킬로그레이): 감마선의 에너지 흡수량을 표시하는 단위로 10kGy를 쪼이면 1g의 물질이 방사선에 의해 약 2.4cal의 에너지를 받는다.

하지만 아무리 방사선 조사 식품을 통제해도 재료로 사용될 경우 유통 과정에서 표기를 하지 않으면 전혀 알 수가 없습니다. 우리나라에선 2010년 베트남산 쥐치포에서 방사선 조사 양성 반응이 나와 전부 반송·폐기를 하였고, 2009년 방사선을 쪼인 원료를 사용한 이유식 4개 제품이 판매 중지를 당했습니다. 성장 발육기에 있는 영·유아용 이유식은 완전한 영양을 보장하기 위해 방사선 조사 원료 사용을 전면 금지하기 때문이지요. 식품업계와 세계보건기구(WHO), 국제원자력기구(IAEA), 세계식량농업기구(FAO) 등은 식품방사선조사공동전문위원회(JECFI)를 설치하여 안전 기준을 점검합니다. 그러나 소비자단체와 시민단체는 국가마다 방사선 조사 식품 기준이 달라 혼란이 있고, 안전성도 100% 확신할 수 없어 방사선 조사 식품 판매를 반대합니다. 2010년 또다시 국내 라면업체 제품 세 종류에서 방사선을 쪼인 '동결건조 파'가 건더기 수프에 사용되어 문제 제품을 모두 회수했습니다. 이런 일이 반복될수록 소비자의 방사선에 대한 신뢰가 떨어지고 불안감이 커집니다.

여러분 생각은 어떠신가요? 방사선은 식품에 영향을 주지 않고 손쉽게 세균을 없앨 수 있지만 안전성 논란이 여전합니다. 최종 제품에 방사선 조사 처리를 할 경우에만 표시 의무가 있고 허가된 방사선 조사 원재료를 사용해 제품을 만들면 표시 의무가 없지요. 이런 이유로 시중 제품에서 방사선 조사 식품 표시를 찾아보기 힘들었습니다. 하지만 2010년부터 방사선을 쪼인 식품을 사용하면 그 재료 이름에 표시를 해야 합니다. 예를 들면 '방사선 조사 마늘' 또는 '마늘(방사선 조사)'이라고 표시하는 것입니다. 이런 조치가 가능했던 것은 소비자가 끊임없이 관심을 갖고 정부에 요구하고 감시하는 역할을 했기 때문입니다. 과학 연구 결과에 대해 신뢰를 보내고 인류의 공익을 위해 연구 결과를 활용하도록 지원하는 것이 시민의 의무지만, 불안전하고 위험할 수 있는 연구 결과를 감시하고 견제하는 것도 시민의 의무입니다. 우주 식품처럼 아주 특별한 경우를 제외하면 일상적으로 섭취하는 식품에 방사선을 사용할 경우 안전 문제 해결을 계속 요구해야 합니다. 식품 회사가 제품 원가를 덜 들이려고 오랫동안 많은 양의 식품에 방사선을 쬐어 얻는 이익보다 방사선 피해를 막는 시민 안전이 더 중요하지요. 식품 회사에 유리한 방사선 사용 규정을 고치고 제대로 감시하려면 방사선에 대한 기본 원리도 알아야 합니다. 이렇게 골치 아픈 방사선을 처음으로 연구한 과학자는 누구이고, 어떤 이유로 연구를 시작했을까요?

자연방사선의 발견

방사선을 처음 발견한 과학자는 프랑스 과학자 앙리 베크렐입니다. 우라늄이 섞인 화합물에서 우연히 방사선을 발견했습니다. 우라늄이 섞인 화합물(황산칼륨우라닐)을 검은 종이로 싸서 사진 현상에 쓰이는 유리판 위에 놓으면 검게 그을린 모습이 나타납니다. 우라늄 화합물에서 빛이 나와 유리판 위에 발라놓은 빛에 민감한 물질을 변화시킨 것이죠. 일반적으로 알고 있는 햇빛 같은 빛이 아니므로 우리 눈에는 보이지 않지만 유리판 위에 발라놓은 감광제에는 검출되었던 것입니다. 하지만 당시에 뢴트겐이 발견한 X선이 가져다준 충격이 워낙 컸기 때문에 베크렐이 우라늄에서 발견한 자연방사선은 크게 주목받지 못합니다. 뢴트겐은 진공으로 된 유리관 속에서 전자의 흐름인 음극선을 관찰하다가 X선을 발견합니다. 이는 전혀 예상치 못한 우연한 발견이었을 뿐 과학적인 예측이나 가설을 세운 것이 아니었지요. 이런 경우 과학적 성과로 인정하지 않지만, X선은 매우 획기적이고 놀라운 발견이기에 뢴트겐은 최초의 노벨 물리학상 수상자가 됩니다. 어느 정도 큰 발견이냐고요? X선 때문에 빛의 성질을 알 수 있었습니다. 아인슈타인이 물리학상을 받게 된 것도 빛이 입자라는 것을 입증했기 때문인데, X

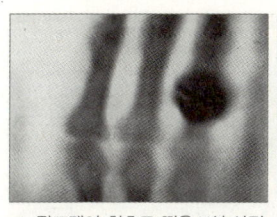
▲ 뢴트겐이 최초로 찍은 X선 사진

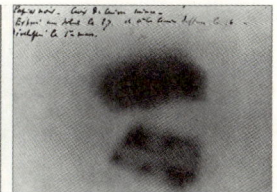
▲ 베크렐이 발견한 최초의 방사선

▲ 라듐을 발견한 피치블렌드 원석

선의 발견이 없었다면 불가능했죠. 왓슨과 크릭은 X선을 사용해 세포의 핵 속에 들어 있는 DNA 구조를 알아내 노벨상을 수상합니다. X선의 발견이 없었다면 반도체도 만들 수 없었고 컴퓨터와 스마트폰 그리고 인터넷도 발명하지 못했을 것입니다. 우연한 발견이었지만 뢴트겐은 최초의 노벨 물리학상을 수상할 이유가 충분했습니다.

피에르 퀴리와 마리 퀴리는 우라늄에 관심을 갖고 신비한 빛을 내는 물질을 찾기 위해 노력합니다. 마침내 역청우라늄이라 부르는 피치블렌드에서 새로운 원소 폴로늄(Po, 원자번호 84번)을 발견하지요(마리 퀴리의 조국 폴란드는 러시아, 프로이센, 오스트리아의 지배 아래 있었기 때문에 화학물질에 나라 이름을 붙이는 것은 매우 정치적인 행동이었습니다). 폴로늄 발견 이후 계속 연구를 한 퀴리 부부는 새로운 원소 라듐(Ra, 원자번호 88번)을 발견합니다. 라듐(radium)이란 말은 방사(放射, radiation)에서 따온 말로 현재 우리가 말하는 방사선을 내는 물질이란 뜻이죠.

방사선은 왜 나오는 것일까?

원자는 중성자와 양성자가 결합한 핵과 그 주위에 분포한 전자로 구성됩니다. 우리가 알고 있는 원자번호는 양성자의 개수로 정합니다. 탄소의 양성자는 6개이므로 탄소 원자번호는 6번이죠. 그럼 질소는 원자번호가 7번이므로 양성자는 7개가 되겠지요? 원자번호를 양성자 개수로 정한 데에는 특별한 이유가 없습니다. 러시아 화학자 멘델레예프

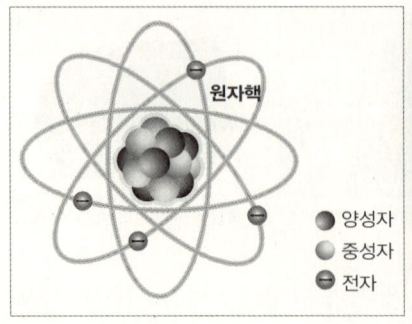

▲ 같은 원자라도 중성자의 개수가 다르면 방사선이 나온다.　　▲ 헐크는 방사선의 일종인 감마선 때문에 만들어졌다.

가 원자량에 따라 원자를 배열하다 일정한 주기가 있음을 발견한 것이죠. 이 주기에 따르면 원자번호는 양성자 개수와 일치합니다. 흥미롭게도 양성자와 중성자의 수도 같습니다. 양성자가 6개인 탄소는 중성자도 6개입니다. 그런데 간혹 중성자가 8개인 탄소가 발견됩니다. 즉 양성자 6개, 중성자 8개인 탄소지요. 중성자가 8개인 탄소가 6개로 돌아오는 과정에서 방사선이 방출됩니다. 우라늄의 경우 양성자 92개, 중성자 146개로 중성자가 54개나 더 많습니다. 그만큼 방사선도 더 많이 나오고 강력하겠지요. 이런 원소를 방사성동위원소라고 합니다. 현재까지 발견된 방사성동위원소가 방출하는 방사선은 알파선, 베타선, 감마선, X선, 중성자선 등 다섯 가지입니다. 주인공인 과학자가 화가 나면 녹색 피부를 가진 괴물로 변하는 「헐크」라는 영화가 있었지요. 이 헐크가 바로 방사선 중 하나인 감마선에 노출된 과학자 이야기입니다. 물론 과학적 근거 없이 일반인에게 생소한 방사선을 소재로 만든 영화지요.

　그런데 「헐크」처럼 무서운 일이 방사선 연구 초기에 일어나고 맙니다. 지금 생각해도 정말 아찔한 이야기들을 소개해보겠습니다.

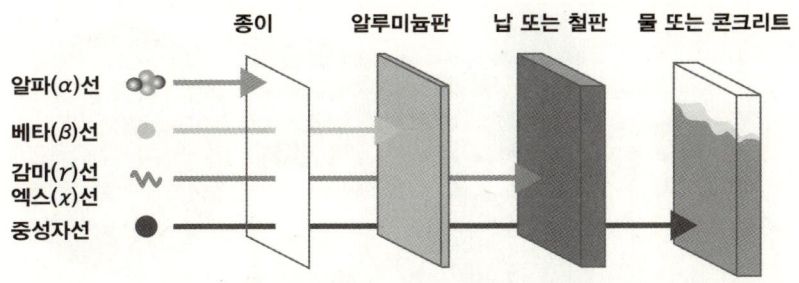

방사선/특징	공기 중 이동 거리	피부 투과 정도	이온화(개/세포)
알파선	4.5cm	0.005cm	40,000
베타선(평균)	330cm	0.36cm	100
감마선	투과	투과	1

방사선의 종류와 투과력

과학에 대한 맹신이 가져온 피해들

뢴트겐이 발견한 X선을 연구하던 발명왕 에디슨은 아주 놀라운 일을 겪게 됩니다. X레이 기계를 만든 지 얼마 안 되어 조수로 일하던 달리(Dally)가 죽고 말았습니다. 달리는 머리가 빠지고 피부가 괴사하는 고통을 겪다가 죽었습니다. 인류 최초로 방사선 피폭 장애 사망자가 된 것이지요. 에디슨은 X레이가 인간에게 어떤 피해를 주는지 몰랐기에 X레이 기계를 홍보하면서 달리의 손을 매일같이 X레이로 촬영했고, 인간의 뇌를 연구하기 위해 달리의 머리도 X레이로 자주 촬영했습니다. 결국 달리는 과다하게 X레이에 노출되어 방사선 때문에 사망한 것이죠. 이 일이 있고 난 뒤에야 사람들은 X레이가 위험하다고 인식하기 시작했습니다.

뢴트겐이 발견한 X선은 인공적으로 만들어낸 방사선입니다. 반면 우라늄을 연구한 마리 퀴리가 발견한 라듐은 자연방사선입니다. 마리

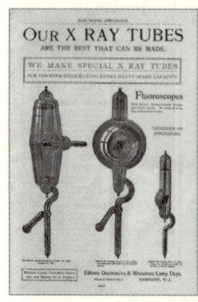  

▲ 에디슨이 개발한 X레이　　　▲ 형광투시기로 X레이 영상을 보는 사람　　　▲ X선에 너무 많이 노출되어 죽은
　　　　　　　　　　　　　　　　　　　　　　　　　　　　　　　　　　　　　　　에디슨의 조수 달리(Daly)

퀴리가 우라늄에서 라듐을 발견할 당시만 해도 X선처럼 인체에 위험하다는 것을 몰랐기 때문에 라듐은 오히려 질병이나 정신병 치료에 효과가 있다고 잘못 알려졌습니다. 물론 마리 퀴리도 라듐으로 실험을 했기 때문에 방사선에 노출되었고, 결국 라듐 방사선 때문에 악성 빈혈로 죽고 말았지요. 사람들은 왜 이렇게 라듐을 약처럼 생각하고 귀하게 여겼을까요? 우선, 라듐은 구하기가 매우 어려웠습니다. 우라늄 10톤에서 겨우 라듐 1g을 얻기 때문에 마치 인삼처럼 귀한 물질로 생각했던 겁니다. 게다가 의학자와 공동 연구로 라듐의 비정상 세포 파괴 현상을 발견합니다. 이런 라듐의 성질에 대해 잘못 소문이 나면서 만병통치약처럼 대중의 인기를 끌게 됩니다. 하지만 라듐의 방사선은 매우 강력해서 방사선에 너무 많이 노출되면 죽을 수 있습니다. 실제로 라듐이 들어 있는 음료수 라디토오를 과다하게 복용한 에덴 바이어스는 뼈와 관절이 분해되어 죽었습니다. 당시 에덴 바이어스는 철강산업 경영자이자 아주 유명한 아마추어 골프 선수였는데 주치의가 처방해준 라듐을 너무 많이 복용해 일어난 일이지요. 라듐은 어둠 속에서 녹색과 푸른색이 섞인 빛을 발하기 때문에 사람들은 마치 신비로운 약처럼 생각했고 옷부터 시작해 의약품, 치약, 초콜릿까지 모든 사람에게 유행처럼

▲ 라듐 초콜릿

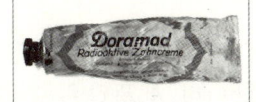
▲ 라듐 치약

▲ 라듐 물

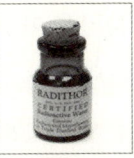
▲ 라듐 음료수

퍼져 나갔습니다. 방사성(radio-)이란 말도 라듐(radium)에서 유래했습니다. 결국 많은 사람들이 라듐 방사선의 피해를 보게 됩니다. 인간의 욕심과 과학에 대한 맹신 때문에 생겨난 일이었습니다.

라듐을 연구한 마리 퀴리의 물건을 전시한 박물관에서는 아직도 방사선이 검출됩니다. 평생 방사선에 노출된 탓에 마리 퀴리가 사용한 노트, 실험기구 등이 방사선에 오염된 것입니다. 현재는 방사선의 양을 정확히 조절할 수 있기 때문에 암 치료, 비파괴검사, X레이 촬영, 돌연변이 세포 연구 등 아주 다양한 영역에서 이용합니다. 이런 사용법을 알기까지 많은 시행착오를 겪어야 했지요. 그러나 방사선 연구의 불행은 여기서 끝이 나지 않습니다. 과학자들이 방사선을 연구하던 과정에서 원자의 핵을 분열시키면 엄청난 에너지가 발생할 수 있다는 것을 알아냈습니다. 당시는 제2차 세계대전이 진행 중이었기 때문에 핵분열 에너지를 이용한 핵폭탄 제조가 논의되었습니다. 인류가 더 큰 방사선의 위험에 빠지게 된 것입니다.

핵분열은 왜 그렇게 큰 에너지를 내는 것일까?

우라늄이나 플루토늄 원자에 중성자를 부딪치면 원자핵이 2개로 쪼개집니다. 1개의 원자핵이 쪼개질 때 여러 개의 중성자가 튀어나오는데 이 중성자들이 주변에 있는 원자핵을 쪼갤 수 있습니다. 결국 1개의 원자핵이 쪼개지면 연쇄적으로 원자핵이 분열되는 것이지요. 이런 핵분열은 아주 빠른 시간(10만분의 1초) 내에 연속적으로 일어나기 때문에 폭발력이 상상을 초월합니다. 보통 우라늄 1g이 핵분열을 할 경우 석유 9드럼, 석탄 3톤과 비슷합니다. 핵폭탄은 그보다 훨씬 큰 양을 사용하기 때문에 폭발력을 계산하는 데 아인슈타인이 만든 유명한 에너지 공식 $E=mc^2$을 사용합니다. 하지만 그 값이 매우 크고 실감하기 어렵기 때문에 보통 TNT 표준폭약과 비교합니다. TNT는 트리니트로톨루엔(Tri Nitro Toluene)의 약자로 군사용 폭약을 가리킵니다. 폭발력이 매우 커서 1초에 7,028m의 속도로 전달됩니다. 제2차 세계대전 때 히로시마에 떨어뜨린 핵무기 리틀보이는 TNT 약 2만 톤에 해당됩니다. 지금 개발되는 핵무기는 과거보다 수백 배 이상 강하기 때문에 그 피해를 예측하기 힘듭니다. 인터넷에서 핵무기의 피해를 예측하는 프로그램을 한번 테스트해보면 핵분열 에너지의 위력에 대해 알 수 있습니다.

아인슈타인이 핵무기 제조를 재촉한 이유는?

핵무기를 최초로 만든 나라는 미국입니다. 이 과정에 아인슈타인의 편지 한 통이 아주 중요한 역할을 했지요. 독일 나치 정권보다 먼저 핵

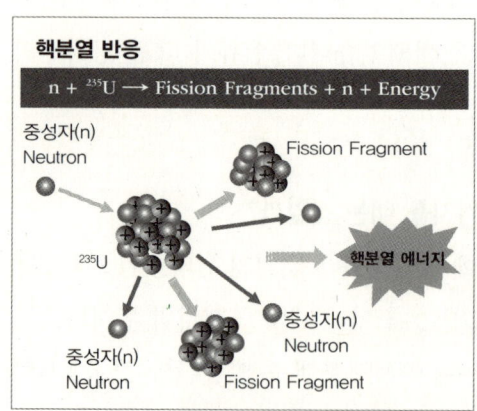

▲ 우라늄의 핵분열 과정은 연쇄적으로 일어난다.

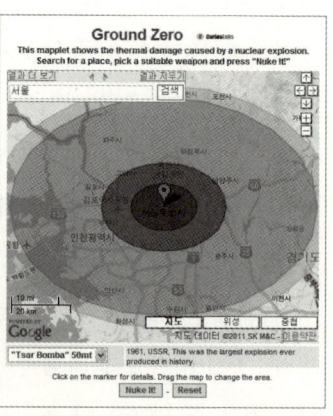

▲ 핵폭탄의 피해를 예측하는 프로그램

무기를 개발해야 한다고 루스벨트 대통령에게 촉구한 것입니다. 왜 이런 편지를 쓰게 됐을까요? 당시 유럽은 독일이 전쟁을 시작할까 봐 아주 예민한 상태였지요. 아인슈타인도 나치 정권을 피해 미국에 있었습니다. 때마침 독일 과학자 오토 한이 우라늄 핵분열 가능성에 대한 실험을 하였고, 이 사실이 아주 빠르게 동료 과학자에게 알려졌습니다. 당시 독일에는 하이젠베르크 같은 뛰어난 과학자가 많았기 때문에 핵무기 개발은 시간문제였습니다. 아인슈타인은 오토 한과 하이젠베르크가 나치 정권 아래에서 핵무기 개발에 참여하리라고 확신했던 것입니다.

　미국은 아인슈타인을 비롯한 많은 과학자의 조언대로 원자폭탄을 제조하고 1945년 일본 히로시마와 나가사키에 투하합니다. 그러나 예측과 달리 독일은 원자폭탄 제조 기술을 확보하지 못했습니다. 결국 원자폭탄을 만들어 많은 사람에게 큰 피해와 고통을 준 것은 미국이었습니다. 물론 미국의 원자폭탄 사용으로 제2차 세계대전은 끝이 났지만, 원자폭탄의 위력과 힘을 알게 된 강대국들은 앞다투어 원자폭탄 개발에 나섭니다. 현재 미국, 러시아, 중국 등 강대국이 소유한 핵무기 수는 지구 전체를 멸망시키고도 남는 양입니다. 그렇다면 왜 독일은 핵무기를 만들지 못했을까요? 나중에 이때를 회고한 하이젠베르크의 말에 따르면, 원자력을 무기 개발에 사용하는 것에 반대했기 때문에 일부러 핵무기 제조에 적극 참여하지 않았다고 합니다. 어쨌든 아인슈타인을 비롯해 핵무기 개발에 찬성한 과학자들의 노력은 오히려 전 세계 나라들이 핵무기 개발을 시작하도록 만든 원인을 제공합니다. 제2차 세계대전이 끝나고 우리나라는 해방을 맞이합니다. 하지만 핵무기의 어두운 그림자는 여기서 끝이 나지 않습니다. 핵무기 경쟁이 한반도에서도 시작된 것이지요.

남과 북의 끝없는 원자력 경쟁

　방사선의 핵분열을 이용한 원자폭탄으로 일본이 패망한 지 얼마 지나지 않아 한국전쟁이 일어납니다. 당시 이승만 대통령은 한국전쟁에 핵무기 사용을 요청했지만 전쟁이 더 커질 것을 우려한 미국이 응하지 않았지요. 3년의 전쟁 끝에 휴전 협정을 맺고 지금의 휴전선을 만들었습니다. 우라늄 핵분열은 무기로도 사용할 수 있지만 핵분열 시 나오는 열을 이용해 원자력 발전도 가능합니다. 그런 이유에서 이승만 대통령은 미국과 원자력협정 조인을 하고 최초의 원자로 '트리가 마크 II'를 서울대학교에 도입합니다. 1959년 당시 국민 소득이 80달러로 필리핀보다 가난할 때이니 70만 달러짜리 원자로는 매우 큰 국가사업이었습니다. 문제는 북한도 소련과 원자력협정 체결을 하고 영변에 원자로를 건설한 것입니다. 북한의 핵발전소가 있는 영변은 김소월의 아름다운 시 「진달래」에 나오는 곳입니다. 영변에는 봄철 진달래로 이름난 약산(藥山)이 있습니다. 경치가 아름답고 전망이 좋아 예로부터 '관서팔경'의 하나인 약산동대(藥山東臺)라고 불렀지요. 과정이야 어떻든 결과적으로 남북한 모두 원자력 유학생을 미국과 소련으로 파견하면서 지금까지 핵에너지를 둘러싼 경쟁이 계속되고 있습니다. 현재 남한은 세계 6위의 원전 국가로 28기의 원자력발전소를 가지고 있습니다. 북한도 원자력발전소와 핵무기 개발 여부를 두고 국제사회와 큰 논란을 빚고 있습니다. 2008년 북한은 영변 핵시설 중 냉각탑을 폭파하여 핵 폐기 의지를 보이기도 합니다.

　베크렐이 우라늄에서 우연히 발견한 방사선에서 제2차 세계대전을 끝나게 만든 핵폭탄까지 과학자의 연구 결과는 사회에 큰 영향을 줍니다. 마리 퀴리의 라듐 연구는 잘못된 소문까지 만들어 사람의 생명을 빼앗아 갔지요. 또한 방사선 연구와 전혀 연관이 없던 멀리 떨어진

▲ 북한 영변 핵시설의 냉각탑 폭파 장면　　▲ 영광 원자력발전소 전경. 한국은 원전 설계 기술을 수출하고 있다.

한반도에 핵무기를 둘러싼 긴장 상태를 불러오기도 합니다. 아직도 북한의 핵개발로 인해 중국, 소련, 일본, 미국, 한국이 참여하는 6자 회담이 열리고 중단되기를 수차례 반복하고 있습니다. 영변에 아름다운 진달래가 다시 피고 핵무기 없는 아름다운 한반도가 되려면 원자력을 대체할 새로운 에너지가 필요합니다. 남북한이 방사능 위험과 환경 파괴가 없고 평화적인 에너지 개발 경쟁을 벌인다면 얼마나 좋을까요?

방사선 연구 금지해야 할까?

과학자가 발견한 방사선 연구는 세계 역사와 정치 그리고 사회에 큰 영향을 미쳤습니다. 물론 방사선을 의학적으로 활용하여 수술, 진단, 암 치료 등에 도움을 주었고, 연대 측정, 유물 보존, 식품 보존, 예술품 복구, 화재 감지기 등에도 활용됩니다. 그렇다면 방사성 물질 연구를 어디까지 허락하고 금지해야 할까요?

가장 먼저 금지해야 할 것은 원자력을 이용한 발전과 핵무기 개발입니다. 지금 당장 금지해야 하지만 기존 원자력 시설을 대신할 대체 에너지가 있어야겠죠. 원자력 발전 연구와 유지에 들어가는 비용을 신재생 에너지나 대체 에너지 연구에 사용한다면 빠른 시간 내에 원자력을 대체할 에너지 개발에 성공할 수 있습니다. 핵무기의 경우 국제 원자력기구의 통제만으로는 한계가 있다면, 전 세계 모든 나라가 동시에 핵 포기와 핵 폐기를 실천해야 합니다. 이렇게 되려면 핵무기를 가진 나라와 가지지 못한 나라가 서로 경제 협력을 하고, 군사적 대치 상황은 끝내야 합니다.

물론 이런 노력은 말로만 되는 것이 아니지요. 핵무기의 위력과 인류에 미칠 영향을 막아야 한다고 생각한 과학자들은 1957년 캐나다의 작은 마을 퍼그워시에 모여 핵무기 철폐와 반핵 평화 운동을 시작하였습니다. 노벨상을 수상한 영국 철학자 버트런드 러셀과 알버트 아인슈타인이 핵무기 폐기와 과학기술의 평화로운 이용을 선언하면서 전 세계의 주목을 받았지요. 이에 감동한 많은 나라의 과학자들이 모이기 시작했고 「군사 경쟁 완화와 무기 감축을 위한 보고서」를 발표하면서 퍼그워시 회의는 가장 두드러진 반핵 평화 운동의 상징이 되었습니다. 퍼그워시 회의는 핵무기뿐만 아니라 경제 성장, 인구 증가, 환경 파괴와 같은 세계 문제에 대해 과학자의 사회적 책임을 다하기 위해 지금도 노력하고 있습니다. 실제로 1961년 쿠바 미사일 위기 때 미국과 소련 정책 결정자들의 만남을 주선하기도 했고, 화학무기금지조약, 핵무

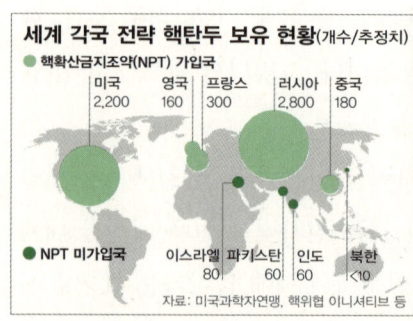

▲ 세계의 핵탄두 보유 현황

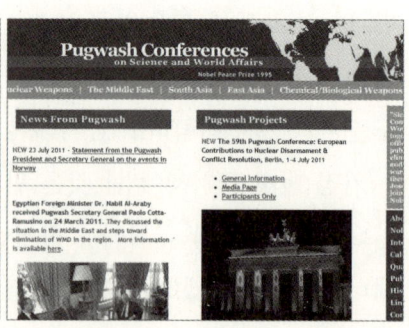

▲ 퍼그워시 회의

기확산금지조약(NPT), 포괄적 핵실험금지조약(CTBT) 등 대량살상무기 확산 방지에 큰 영향을 주었습니다. 퍼그워시 회의는 과학자의 윤리와 사회적 실천을 잘 보여주고 있습니다.

통하는 수업 만들기

왜 ○○전자의 은나노 세탁기는 미국에서 살충제와 같은 규제를 받게 되었을까?

최근 미국 환경보호국(EPA)이 "○○ 은나노 세탁기는 나노 기술이 적용된 제품이 아니다."라는 공식 의견을 밝혔다. EPA는 2007년 미국 환경단체들의 탄원을 받아 세탁기의 나노 기능을 검증하게 됐다. 환경단체들은 "은나노 세탁기에서 방출되는 살균 물질들이 폐수로 흘러 들어가면 생태계 파괴 등이 일어날지 모른다."며 살충제와 똑같은 제재를 받아야 한다고 주장했다.

EPA의 조사 결과 ○○ 세탁기는 은나노 기술을 사용하지 않은 것으로 밝혀졌다. EPA는 은나노가 아닌 은이온이 나왔기 때문에 ○○ 세탁기를 이온 생성 기기(ion generation device)로 간주했다.

은이온이 100nm(나노미터, 1nm는 10억분의 1m) 이하의 미세한 은나노 입자가 되려면 고도의 기술이 필요하다. 은이온도 은나노처럼 살균 효과는 인정받는다. 은나노는 안정적인 중성 물질인 반면 은이온은 불안정한 물질이어서 빛과 만나면 변색이 된다. 일부 전문가는 "은이온은 화학작용이 일어나기 쉬워 기술력 없는 업체가 은이온으로 식음료 등을 만들 경우 부작용이 일어날 수 있다."고 말했다.

최근 각종 가전제품과 주방용품이 '은나노'라는 이름을 달고 쏟아져 나왔지만 안전성과 유효성 검사 기준이 뚜렷이 마련되지 않아 소비자들은 혼란스럽다. 시중에서 판매되는 제품이 정말 은나노 기술을 사용했는지, 얼마만큼 은나노 입자를 함유하고 있는지 알 수 없어 기업 광고에만 의존할 수밖에 없다.

기준이 불분명한 만큼 은나노에 대한 오해도 깊다. 최근 중국 내 페인트 공장 근로자 2명이 폐 기능 저하로 사망하면서 '나노 물질을 들이마시면 유해한 것 아니냐'는 의심을 샀다.

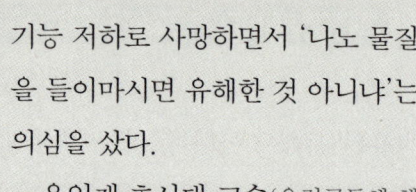

은나노 유해성으로 EPA 규제 대상이 된
○○전자의 은나노 세탁기

유일재 호서대 교수(유럽공동체 행정부 위해성 평가 자문위원)는 "실험 결과 은나노 입자가 공기 1cc당 100만 개가 넘어야 인체에 해를 줄 수 있었다."며 "늘 쓰는 은나노 제품에 불안해할 필요는 없다."고 밝혔다. 유 교수는 "서구 국가들은 개발 비용의 5% 이상을 나노 물질의 안전성 검사에 사용하고 있다."며 "소비자들이 제대로 된 은나노 제품을 살 수 있도록 검사 기준을 빨리 확립해야 한다."고 말했다.

－『동아일보』 2009년 9월 21일.

생각해볼 문제

1. ○○전자는 '은이온' 이란 용어 대신 '은나노'를 사용했습니다. 기업이 마케팅과 광고에서 과학 용어를 사용하는 사례에 대해 알아보고, 과학 용어 사용의 위험성에 대한 자신의 의견을 말해봅시다.

2. 나노 과학을 실생활에 활용하는 문제에 대한 찬반 의견을 조사하고, 나노 과학을 활용할 때 윤리 기준이 필요한가에 대한 자신의 의견을 정리해봅시다.

더 읽어볼 책

● 『과학 시간에 사회 공부하기』, 강윤재·손향구·강응천, 웅진주니어, 2008.
● 『인문학으로 과학 읽기』, 김보일·마정원, 휴머니스트, 2009.
● 『지구를 생각한다』, 이은희 외 5인, 해나무, 2009.
● 『태양과 바람을 경작하다: 에너지 자립 마을을 찾아서』, 이유진, 이후, 2010.
● 『정답을 넘어서는 토론학교 과학』, 가치를꿈꾸는과학교사모임, 우리학교, 2011.

관련 단원 ●**고등학교 생명과학 I** 자연 속의 인간 / 생태계의 구성과 기능
●**고등학교 지구과학 I** 위기의 지구 / 기후변화 / 지구 온난화 / 온실효과
●**고등학교 사회문화** 문화적 다양성 / 문화 변동 ●**고등학교 세계지리** 갈등과 공존의 세계 / 문화적 차이와 교류

꼽등이 죽이기와
순혈주의

나도 무섭긴 해.
참, 그런데 이번에 새로 온
원어민 영어 교사 봤니?
이제 막 졸업한 대학생이래.
정말 멋있게 생겼어.
작년 원어민 선생님보다
더 재밌을 것 같아~

요즘 동네에 파키와
방글라가 많아져서 무서워.
엄마가 밤에 다니지
말라고 해서 불편해
죽겠어~

골목길을 걸어가는 두 명의 여고생이 나누는 대화를 들어볼까요.

2010년 7월 강원도 춘천의 한 아파트에 꼽등이 수천 마리가 나타났지요.

예전 같으면 그냥 벌레가 많다고 했을 텐데 갑자기 인터넷 괴담이 퍼집니다. 급기야는 꼽등이를 본 적도 없는 사람까지 최악의 벌레로 인식하기 시작합니다. 특히 학생들 사이에선 꼽등이에 대한 반응이 폭발적이었고요. 학교에 한 마리라도 나타나면 전교생이 핸드폰 카메라로 찍고, 인터넷에 올리고 더러운 학교라며 경악하기도 했습니다. 나중엔 꼽등이 노래까지 나와 정말 꼽등이 때문에 무슨 일이 생기는 건 아닌지 착각이 들 정도였지요. 그런데 지금은 어떤가요? 꼽등이한테는 관심도 없지요? 그렇다면 우린 왜 그토록 꼽등이를 미워하고 죽이고 최악의 벌레로 몰아갔던 걸까요? 언제나 깜짝 놀래키는 시커먼 바퀴벌레는 유유히 다니도록 놔둔 채 말입니다.

왜 우린 그토록 열심히 꼽등이를 죽였을까?

곱등곱등곱등 등이굽어곱등 곱등곱등곱등 곱등곱등곱등 새끼
곱등곱등

그 녀석과 처음 만난 반지하층의 밤
귀뚜라미로 착각했을 때 기분이 와방 울지 않는 그녀석의 행동
이 좀 수상
인터넷 뒤져본 그날부터 기분이 X망

곱등곱등곱등 새끼곱등곱등 번식곱등곱등 가족곱등곱등

나도 내 인생이 있다(곱등) 나도 좀 살자(곱등곱등곱등이)
너에게 뭘 잘못을 했냐(곱등이) 니네만 사냐(곱등곱등곱등)
우리를 사냥하지 마라 만만한 건 내 새끼들이냐(곱등곱등)
더듬이 자르지 마라(곱등이) 내 새끼 방향감각 잃는다!!!!!!

이 노래가 꼽등이송입니다. 일부 용
감한 네티즌은 꼽등이를 효과적으로 죽
이는 방법을 블로그에 올리기도 했지요.
지금도 포털 검색창에 꼽등이를 치면 꼽
등이송을 비롯해 꼽등이 죽이는 방법, 꼽
등이 죽이기 게임 등 수많은 검색 결과
가 나옵니다. 꼽등이 이야기 중에 가장
압권은 꼽등이 몸속에 사는 연가시의 존
재였지요. 연가시는 꼽등이 몸속에 기생
하는 선형동물인데 꼽등이가 죽으면 몸

▲ 꼽등이에 기생하는 연가시는 사람에게
감염되지 않지만 영화 소재로 사용됐다.

속에서 나옵니다. 이 연가시가 사람 몸속으로 들어갈 수 있다는 잘못
된 정보가 인터넷에 퍼져 꼽등이 괴담이 된 것이지요.

　사실 꼽등이는 잘 알려지지 않은 곤충입니다. 그래서 꼽등이가 처
음 나타나자 매우 낯설어 했고 무서운 존재로 여겼던 것이죠. 그런데
단지 인터넷 정보 때문에 그토록 꼽등이를 싫어하게 된 걸까요? 생김
새가 징그럽기 때문에? 그런 이유라면 바퀴벌레나 뱀 같은 동물이 먼
저 사라져야 합니다. 꼽등이가 갑자기 완전 박멸 대상으로 떠오른 것
은 낯선 것을 차별하고 분리하려는 순혈주의 때문이었습니다. 그렇지
않다면 유독 꼽등이만을 죽여서 태우거나 노래를 만들어 조롱하며 죽
이는 게임까지 만들 이유가 없었겠죠. 처음부터 꼽등이를 미워해야겠

다고 결심한 사람은 없을 겁니다. 의식하지 못하는 사이 순혈주의에 동참했던 것이죠. 다른 사람의 행동을 생각 없이 따라 하지 않으려면 순혈주의에 대해 정확히 판단하는 생각의 힘이 필요합니다. 이런 생각의 힘은 진실을 바로 알아야 생겨납니다.

먼저, 꼽등이가 어떤 곤충인지 꼽등이의 진실을 알아보죠. 꼽등이는 등 부분이 굽어 있고 귀뚜라미와 비슷하지만 몸집은 더 큽니다. 더듬이를 제외한 모든 감각 기관이 퇴화되어 더듬이 촉각에 의지해 삽니다. 몸길이의 4배나 되는 꼽등이의 더듬이를 처음 보면 깜짝 놀랄 수밖에 없습니다. 만약 실수로 더듬이를 건드리기라도 하면 1m나 뛰어오르기 때문에 꼽등이가 공격하는 것처럼 보일 거예요. 꼽등이의 먹이는 죽은 곤충이나 썩어가는 부식질입니다. 그러므로 연가시에 감염되어 죽은 곤충을 먹으면 꼽등이도 연가시에 감염이 되지요. 이런 꼽등이를 죽일 경우 뱃속에서 연가시가 밖으로 나옵니다. 평소 꼽등이의 생태를 몰랐다면 정말 끔찍한 장면을 목격하게 되는 것이죠. 게다가 죽은 벌레들 근처에서 발견되므로 그리 유쾌한 곤충은 아닙니다. 하지만 생태

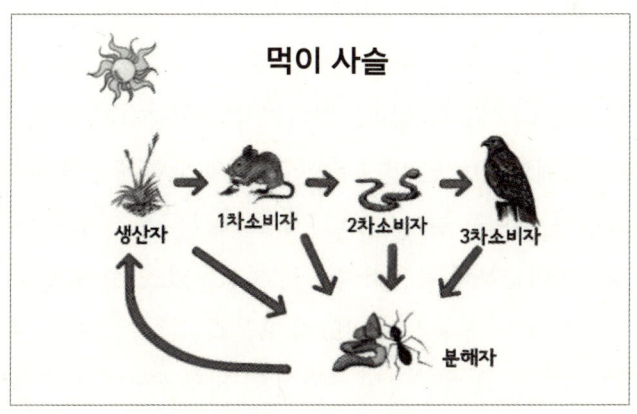

▲ 꼽등이 같은 분해자가 없으면 생태계는 무너진다.

계에선 꼽등이를 청소동물(scavenger)로 분류하고 매우 중요하게 생각합니다. 생태계는 생산자, 소비자, 분해자로 구성되는데 꼽등이는 분해자 역할을 합니다. 꼽등이가 죽은 동물의 유기물을 무기물로 분해하기 때문이죠. 만약 꼽등이 같은 청소동물이 없다면 자연계는 온통 썩은 생물로 넘쳐날 것입니다. 꼽등이는 죽은 생물을 무기물로 분해시켜 생태계 물질 순환을 돕는 중요한 곤충이랍니다.

생태계에서 분해자 역할을 하는 생물은 꼽등이 외에도 지렁이, 개미, 독수리, 너구리 등 꽤 많습니다. 꼽등이 같은 분해자 덕분에 식물은 무기영양분을 얻게 되고 생태계가 유지되는 것이지요. 그렇다면 꼽등이 수가 늘어난 이유는 무엇 때문일까요? 꼽등이는 껍데기가 얇아 수분이 없으면 금방 죽습니다. 그래서 동굴처럼 습도가 높고 어두운 곳은 꼽등이가 번식하기 좋은 곳이죠. 2010년 우리나라에는 비가 많이 내렸습니다. 공기가 습해지자 주택가에까지 꼽등이가 나타나게 된 것이죠. 꼽등이 수가 늘어난 것은 잦은 비와 높은 습도 때문입니다. 평소 보지 못한 낯선 곤충이 더듬이를 건드리자 갑자기 튀어 오르니 깜짝 놀란 사람들이 잘못된 정보를 인터넷에 퍼뜨리기 시작했습니다. 단지 낯설고 처음 봤다는 이유 하나만으로 말입니다. 꼽등이에 대한 정보를 잘 알고 있었거나 조금만 더 자료를 찾아보았다면 꼽등이송까지 나오지는 않았을 겁니다. 실제로 2010년 비가 많이 온 날씨가 다른 곤충에게도 영향을 끼쳤습니다. 매미는 늦여름부터 9월 초까지 극성스럽게 울어대는데 2010년엔 8월 하순부터 울음소리를 듣기 힘들었죠. 평년보다 4월 기온이 2~3도 낮아 매미 생존율이 낮았기 때문입니다. 최근에는 벼의 줄무늬잎마름병을 옮기는 애멸구도 줄었어요. 지구 온난화로 중국의 밀 재배지가 북쪽으로 이동하자 평소보다 한반도로 오는 거리가 멀어져 애멸구가 줄었던 겁니다.

이제 꼽등이에 대한 무시무시한 괴담의 진실을 눈치채셨나요? 꼽등이가 1m 높이로 튀어 올라 사람을 공격하거나 꼽등이를 죽이면

▲ 「마루 밑 아리에티」에 나오는 꼽등이

몸속에 사는 연가시가 사람 몸속으로 파고든다는 것은 모두 근거가 없는 괴담이랍니다.

일본 애니메이션 「마루 밑 아리에티」의 주인공 아리에티는 키가 10cm인 아주 작은 소녀입니다. 아리에티는 스스럼없이 꼽등이와 어울려 뛰어놉니다. 어떤 편견도 혐오도 없이 말이죠. 만일 조금 더 일찍 이 애니메이션을 만났다면 우리도 꼽등이를 다른 눈으로 볼 수 있었겠죠? 이 영화는 같은 공간에서 함께 살아가는 이들의 소중함을 일깨워줍니다. 꼽등이가 징그럽다며 눈앞에서 없애고 싶어 했던 사람들이 사실 더 혐오스러운 존재인지도 모릅니다. 아무런 이유 없이 분위기에 휩싸여 꼽등이를 혐오했다면 혹시 내 안의 순혈주의가 나도 모르게 드러난 것은 아닌지 생각해봐야 합니다.

꼽등이와 외국인 노동자

파키, 방글라, 외노는 무슨 말일까요? 파키스탄, 방글라데시, 외국인 노동자를 줄여 부르는 말입니다. 이 줄임말 속에 그리고 외국인 노동자를 대하는 우리 마음에 꼽등이를 바라보는 시선이 있는지 생각의 힘으로 판단해야겠죠? 학교에 가면 영어를 가르치는 원어민 교사가 있습니다. 공장이나 농장에서 일하는 동남아시아 외국인 노동자처럼 원어

민 교사도 학교에서 일하는 외국인 노동자입니다. 단지 우리보다 조금 못사는 나라에서 왔고 원어민 교사에 비해 학력이 대체로 낮을 뿐입니다. 그러므로 동남아시아 노동자를 업신여기는 말을 늘 사용하는 것은 무조건 꼽등이를 죽이고 미워했던 순혈주의와 크게 다르지 않습니다.

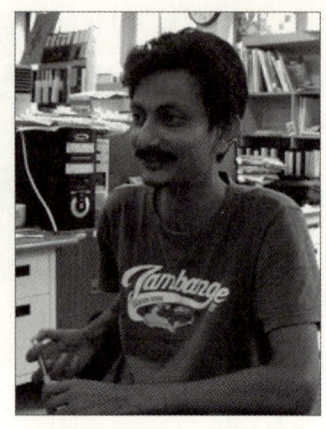

▲ 한국인의 인종차별을 신고한 보노짓 후세인 성공회대 연구교수

2009년 7월 10일 밤 9시, 부천으로 가는 52번 버스에서 술에 취한 한 사내가 버스에 타고 있던 인도인에게 소리쳤습니다. 그는 성공회대학교 연구교수인 보노짓 후세인이었습니다. "이 개XX야, 냄새나. 너, 어디서 왔어?" 더럽다, 냄새난다 등 모욕적인 발언을 퍼부으며 10분간 실랑이가 벌어졌지만 버스 안의 어느 승객도 욕하는 한국인을 말리지 않았습니다. 결국 보노짓 후세인 교수와 동행한 한국인이 경찰에 신고할 수밖에 없었습니다. 경찰서에 도착한 뒤에도 외국인에 대한 잘못된 인식은 드러나고 말았지요. 경찰은 욕을 한 한국인에게는 존댓말을 썼지만 후세인 교수에게는 반말을 했고, 신분증을 보고도 "네가 교수야?"라며 불신했습니다.

후세인 교수는 한국에서 살면서 이미 여러 차례 이런 경험을 했다고 합니다. 결국 욕을 한 한국인을 모욕 혐의로 고소했습니다. 처벌하고 싶지 않지만 한국 사회에서 인종차별이 일어나고 있음을 알려야 했기 때문입니다. 우리 주변에는 아직도 공공장소에서 이주노동자를 드러내놓고 무시하거나 차별하는 이들이 많습니다. 이 사건은 인종차별 발언을 처벌한 첫 사례였습니다. 그동안 후세인 교수보다 배우지 못하고 힘이 없었던 수많은 외국인 노동자들은 참고 견뎌야만 했던 것입니다.

우리 사회의 이런 모습은 꼽등이를 놀리고 없애려는 행동과 꼭 닮았습니다. 다문화 가정과 이주노동자의 증가로 이미 국내 체류 외국인이 100만 명을 넘어섰는데, 오히려 외국인 혐오증과 차별적인 정서는 더 심해지고 있습니다. 이주노동자에 대한 차별과 불평등한 대우, 다문화 가정에서 자주 일어나는 가정 폭력은 우리 안의 순혈주의를 보여줍니다.

외계인도 꼽등이 신세다

영화에 등장하는 외계인은 어떤 모습인가요? 대부분 탁월한 지성과 고도의 과학 문명, 두려운 무기를 갖춘 막강한 존재로 나오곤 합니다. 지구 정복에 나서는 적이 아니라면 다정한 친구가 되기도 하지만, 인간을 뛰어넘는 존재로 그려지는 게 일반적이지요. 우리의 이런 선입견에 충격을 던져준 영화가 있습니다.

2009년 개봉한 영화 「디스트릭트 9」에 등장하는 외계인은 달랐습니다. 인간을 떨게 하는 무기도 신비스러움도 없이 이들은 무려 28년이나 인간에게 지배를 받으며 외계인 수용시설 '디스트릭트 9'에 갇혀 삽니다. 영화에 나오는 인간들은 잔인하고 탐욕스럽기 그지없습니다. 외계인은 '인간이 아니기' 때문에 참혹한 학대와 차별을 받습니다. 인간은 외계인을 혐오하고 그들과 섞이는 것을 광적으로 거부하며, 외계인을 멸종시키려 합니다. 만일 영화에서처럼 외계인이 지구를 방문하여 우리와 함께 살게 된다면 인간은 어떻게 반응할까요? 그들이 강력한 무기도 없고 우리에게

▲ 인간은 능력 없는 외계인을 환영할까?(영화 「디스트릭트 9」)

도움이 될 정보나 기술을 갖고 있지 않다면 지구인들은 외계인을 진심으로 환영할까요? 지구 생태계를 파괴하고 새로운 질병을 퍼뜨릴지 모른다며 격리하고 제거하려 들지 않을까요?

영화에서 주인공은 외계인을 강제 철거하려 수용시설에 들어갔다가 외계인 DNA에 감염됩니다. 정부는 서서히 외계인으로 변해가는 주인공을 이용해 외계인이 가진 무기 사용 방법을 얻으려 하지요. 연구용으로 잡힌 주인공은 탈출에 성공하여 인간의 모습으로 돌아오려 하지만 실패하고 맙니다. 결국 인간의 친구가 아닌 더럽고 귀찮은 외계인으로 살아갑니다. 영화는 외계인 격리구역의 쓰레기 더미 속에서 더 이상 만날 수 없는 아내를 위해 쓰레기로 꽃을 만들어 바치는 장면으로 끝이 납니다. 영화 속에서 처음엔 지저분하고 징그러운 존재였던 외계인이 시간이 지날수록 익숙해지고 오히려 외계인을 이용하려는 인간의 모습이 더 혐오스럽고 추악해 보입니다. 외계인을 통해 어떤 것이 진정으로 낯설고 거북한 존재인지 깨닫게 해주지요.

반두비(bandhobi)에 비친 우리 모습

2009년 전주국제영화제에서 이주노동자가 주인공인 영화가 상영됐습니다. 방글라데시 노동자 카림과 한국 여고생 민서와의 이야기입니다. 민서는 영어 학원에 다니고 싶지만 집안이 넉넉지 못합니다. 우연히 버스 바닥에 떨어진 카림의 지갑을 줍게 되는데, 버스에서 내려 뒤따라온 카림에게 붙잡히고 말지요. 경찰서로 가자는 카림에게 민서는 일종의 거래를 합니다. 카림은 지갑을 훔친 민서를 용서하는 대신 1년치 임금을 떼먹은 사장을 같이 찾자고 요구합니다. 이후 카림과 민서는 한국 사회의 부끄럽고 슬픈 현실을 함께 겪으며 사랑에 빠집니다. 민서 엄마는 무능력한 남자와 동거합니다. 어려운 집안 형편에다 동거하는 남자를 인정할 수 없었던 민서는 영어를 배우기 위해 마사지 업소에서 일하게 됩니다. 본국에 있는 카림의 부인이 이혼을 요구하고, 각자의 처지를 내색하지 않지

▲ 모든 인간은 친구가 될 수 있다(영화 「반두비」).

만 민서와 카림은 서로 의지하게 됩니다. 이를 알게 된 민서 엄마는 카림과 민서를 떼어놓으려고 카림을 불법 체류자로 신고하지요. 카림은 추방되어 떠나고, 민서는 세상이 더 큰 학교라면서 자퇴를 합니다. 영화는 성인이 된 민서가 카림이 간지럼을 태우던 생각을 하며 혼자서 방글라데시 음식을 먹는 장면으로 끝이 납니다.

우리 사회의 순혈주의와 부끄러운 모습에 대해 돌아보고 어떻게 살아야 할지 많은 생각을 하게 만드는 영화입니다. 청소년 관람불가 판정을 받은 이 영화, 나중에라도 꼭 찾아서 보세요.

카림이 민서에게 보낸 편지에 방글라데시 속담이 나옵니다.

"친구를 웃게 하는 사람은 천국에 갈 자격이 있다."

다문화를 혐오하고 이주노동자를 차별하는 사람이 많아지고 있습니다. 영화 속 민서는 영어 원어민에 대한 환상이 깨지자 매우 혼란스러워하고 화를 냅니다. 영어를 사용하는 외국인은 선호하고 험한 일을 하는 이주노동자는 무시하는 모습은 심각한 모순이 아닐 수 없습니다. 카림과 민서는 서로 웃을 수 있는 친구 같은 사람이 되길 바랐지요. 이주노동자도 원어민 교사도 모두 친구가 될 수 있는 사회야말로 천국 같은 세상이 아닐까요.

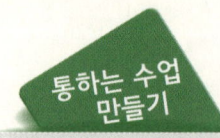

인간은 편견 때문에 생태계의 자연스러운 변화를 받아들이지 못하는 일이 종종 있습니다. 오늘은 인간들이 흔히 제거 대상으로 여기는 곤충, 동물의 관점에서 그들의 생태를 설명하고 인간의 행위를 비판해 보도록 합시다. 잠시 우리가 인간이라는 걸 잊어버린 채 말이죠.

바퀴벌레에 대한 자료를 읽고 다음 질문에 대해 모둠별 토론을 해보자.

1. 바퀴는 3억 5,000만 년 전 모습이 변하지 않은 화석곤충이다

날개 달린 곤충 가운데 가장 원시적이다. 따뜻하고 어두운 곳을 좋아하며 야행성이다. 먹이는 동식물과 종이, 옷, 죽은 곤충까지 매우 다양하다. 성충의 수명은 1년 정도이며 번식력이 뛰어나다. 먹이를 먹을 때 전에 먹은 것을 토해내기 때문에 각종 세균을 옮기는 위생곤충이다.

2. 스페인어 cucaracha가 잘못 전해져 cockroach로 쓰고 있다

스페인의 라틴 아메리카 침략으로 멕시코에 전해진 민요가 라쿠카라차이다. 1910년 멕시코 농민혁명군이 부른 노래 라쿠카라차는 바퀴벌레를 의미한다. 보잘것없지만 끈질긴 생명력으로 살아가는 바퀴벌레에 자신들을 비유한 노래인데, 국내에는 어린이 동요로 소개되었다. 멕시코 혁명 당시 토지의 97%가 지주의 소유였고 외국 자본의 이익을 대변하는 독재 정치가 심했다. 이에 반대하는 농민, 노동자, 지식인의 무장투쟁이 일어났지만 혁명군의 내분으로 끝내 농민을 위한 혁명이 되진 못하였다.

3. 영국 노팅엄대학 연구팀은 바퀴벌레의 뇌조직과 신경계에서 항생물질을 발견했다

바퀴벌레는 세균이 많은 비위생적 환경에서 살기 때문에 세균에 대한 저항력이 크다. 연구팀은 시험관 실험에서 슈퍼박테리아의 하나인 메티실린내성황색포도상구균(MRSA)을 90%까지 죽일 수 있는 것을 확인했다. 현재 아시네토박터, 슈도모나스, 버크홀데리아 같은 슈퍼박테리아 실험을 통해 이 항생

물질의 작용기전을 밝혀내기 위한 연구를 진행 중이다.

4. 애완용 바퀴벌레

호주 시드니대학교는 지난 주말 학교 개방 행사에서 길이가 85mm 넘는 초대형 바퀴벌레 '히스클리프(Heathcliffe)'를 전시했다. 호주 뉴사우스웨일스(NSW)와 북퀸즐랜드에 서식하는 히스클리프는 세계에서 가장 무거운 바퀴벌레로 성충의 무게가 30~35g이나 나간다. 모든 곤충을 통틀어도 '헤비급'에 속한다. 시드니대학교 생물학과 네이선 로 박사는 현지 언론 『데일리 텔레그래프』와 한 인터뷰에서 "히스클리프는 호주 가정에 흔히 나타나는 미국이나 독일 바퀴벌레와 전혀 관계가 없다."며 이 종의 희귀성을 설명했다. 이어 "수명이 무려 8년이나 된다. 비슷한 종류의 곤충들과 비교했을 때 매우 놀라운 것"이라고 덧붙였다. 로 박사의 설명에 따르면 히스클리프 바퀴벌레는 애완용으로 인기가 많아 한 쌍에 100호주달러(약 10만 원) 정도 가격으로 팔린다.

생각해볼 문제

1. 바퀴벌레를 혐오하는 사람과 이용하는 사람이 있습니다. 혐오라는 감정은 주관적일까요, 객관적일까요?

2. 바퀴벌레를 새롭게 이용할 수 있는 우리 모둠만의 아이디어를 발표해봅시다.

더 읽어볼 책

● 『생각한다는 것』, 고병권, 너머학교, 2010.
● 『GO』, 가네시로 가즈키, 북폴리오, 2006.
● 『톡톡 이슬람: 문화가 보인다 세상이 보인다』, 이희수, 검둥소, 2010.
● 『내가 살던 용산』, 김수박 공저, 보리, 2010.

관련 단원 ●고등학교 생명과학 I 자연 속의 인간 / 생물의 다양성과 환경
●고등학교 생명과학 II 생명의 진화 / 진화의 원리 ●고등학교 독서와 문법 I 국어와 앎 / 언어의 본질
●고등학교 독서와 문법 II 국어와 얼 / 국어의 변천

승자독식의 사회와
협력하는 사회

전라도 사람과 충청도 사람, 전라도 소와 충청도 소가 모여 있는 장면을 들여다볼까요.

우리나라에는 지방마다 맛깔 나는 사투리가 있어서, 다양하고 특색 있는 문화를 체험할 수 있습니다. 다음 문장을 경상도 사투리로 바꿔 보세요. 몇 개나 말할 수 있나요?

① 저것은 무엇입니까?
② 할아버지 오셨습니까?
③ 저기 있는 저 아이는 누구입니까?

경상도에선 이렇게 말할 수 있답니다.

① 저기 뭐꼬?
② 할뱅교?
③ 자~~는 누꼬?

재미있죠? 경상도 지방의 특색이 느껴지지 않나요? 한편 국회의원들이 '웰컴투 강원도 사투리경연대회'를 열어 강원도민의 자부심을 높이기도 했답니다. 한번 들어보실까요?

"전하, 십만은 돼야 돼요. 갸들이 얼마나 빡센데요."
(강릉에서 태어난 율곡 선생이 10만 양병설을 주장할 때 강원도 사투리로 말했을 것임.)

(△△당 이○○ 의원)

"지가 집이 강원도 강릉이래요. 우리 ○○당이 중요한 법 하나 맨들라고 해요. 그기 애들 밥 맥이는 학교급식법이래요. 해까무(여성과 어린이를 일컫는 강원도 사투리)가 커서 사는 세상은 다 같이 잘사는 평등한 세상 만들고 싶드래요."

(○○당 최○○ 의원)

"온 소설(가족)이 순대(창자)가 흐뭇하이 구둘에 모예가(구들에 모여서) 티브이를 보고 있었드래요. 그 여버리(바보) 상자 안에서 구케의원(국회의원)들이 나와 지지미 복구(지지고 볶고) 있는기 아니겠어요? 그기 참 남새시루워서리(남세스러워서)."

(□□당 이○○ 의원)

우리 언어에는 이렇게 다양한 사투리가 있는데, 동물들에게도 사투리가 있을까요? 말도 못하는 동물들에게 무슨 사투리냐고요? 그럼 동물들의 울음소리라고 해두죠. 어쨌든 지금부터 동물들의 사투리 얘기를 들어보세요.

새들도 사투리를 사용할까?

"호 호호옷. 호홋케쿄."

산속 울창한 숲과 작은 키 나무 사이로 휘파람새가 요리조리 뛰어다니며 울어댑니다.

조심성이 많아 눈에 잘 안 띄지만 울음소리가 참 예쁜 휘파람새입니다. 가을이면 중국 남부와 필리핀까지 날아가 겨울을 보내고 여름에 찾아옵니다. 5~6월이면 번식을 하느라 휘파람 소리를 숲 속에서 많이 들을 수 있지요. 내륙 지역에 사는 휘파람새와 제주도처럼 섬에서 사

▲ 휘파람새

▲ 섬휘파람새

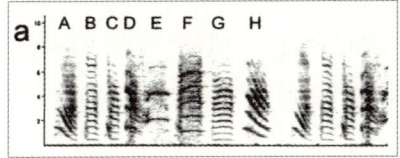

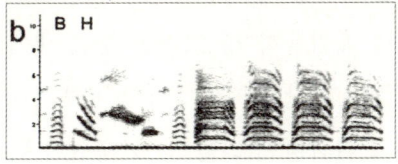

▲ 서로 다른 소리를 내는 휘파람새의 소나그램.

는 섬휘파람새 두 종류가 있답니다.

우리나라 최고의 새 박사 윤무부 교수의 박사 논문 제목은 「한국에 사는 휘파람새 소리의 지리적 변이」입니다. 휘파람새가 지역마다 다른 소리를 낸다는 새의 사투리에 대한 논문이지요. 동물들이 사투리를 사용하는 것, 정말 맞습니다. 그런데 어떻게 그러한 사실을 알 수 있을까요? 새소리는 소나그램(sonagram)이란 기계로 분석합니다. 소나그램은 새소리를 주파수로 분석하여 그래프로 표현해주는 장치입니다. 휘파람새의 경우 경남 거창에서는 V자형, 충북 청원에서는 L자형, 전남 나주 지역에서는 I자형 음절이 나옵니다. 세로축은 주파수를 나타내고 가로축은 시간을 나타냅니다. 소리에 따라서 그래프 모양이 다르게 나타나지요.

왜 다른 소리를 낼까요?

섬 지역은 숲이 우거져 있고 휘파람새가 모여 살기 때문에 높은 소리를 내야 서로 구별하기 쉽습니다. 그 때문에 섬휘파람새 소리는 소프라노 가수처럼 높게 들리지요. 반면 육지에 사는 휘파람새는 서로 멀리 떨어져 있는 경우가 많아 먼 곳까지 잘 들리는 낮은 소리를 냅니다. 그 지역 환경에 적응하면서 소리를 내는 방법이 달라진 것이죠. 그런데 휘파람새는 한국에만 머무는 텃새가 아닙니다. 매년 가을이면 중국 동남부와 대만으로 이동했다가 봄이면 번식을 하기 위해 찾아오는 여름철새지요. 이렇게 한자리에 머물지 않는 여름철새가 어떻게 사투리를 배웠을까요? 그것은 부모 새에게 소리를 듣고 배우기 때문입니다. 해마다 같은 지역에서 번식하므로 새로 태어나는 어린 새들은 부모 새의 휘파람 소리를 듣고 배우게 됩니다. 그러므로 휘파람새 소리가 다양하다는 것은 그 지역의 환경이 잘 보존되고 유지된다는 뜻이지요. 새들의 사투리는 단순히 소리의 차이를 넘어 다양한 환경이 보존되고 그 속에서 다양한 종류의 새들이 살아가는 척도인 셈입니다.

▲ 지역에 따라 사투리를 쓰는 원숭이

소와 원숭이도 사투리를 쓴다고?

런던대학 음성학 교수들은 소의 울음소리에도 사투리가 있음을 밝혀냈습니다. 이런 연구를 하게 된 것은 오랫동안 소를 키운 농부들이 지방마다 소 울음이 다르다고 알려줬기 때문이지요. 실제로 잉글랜드 서머싯 지방의 소들은 그 지방 농부의 억양과 비슷한 소리를 낸다고 합니다. 오랫동안 농부와 함께 지내면서 억양을 닮아갔던 것입니다. 원숭이도 사투리를 사용합니다. 일본 교토(京都) 대학 영장류연구소 연구팀은 규슈(九州) 남쪽 섬 지방에 사는 원숭이와 혼슈(本州) 중부에 사는 원숭이를 연구한 결과 울음소리가 다름을 알아냈습니다. 1956년 남부에서 중부 아이치(愛知) 현 이누야마(犬山) 시 오히라(大平) 산으로 옮긴 원숭이 30마리와 남부 가고시마(鹿兒島) 현 야쿠시마(屋久島)에 사는 원숭이 23마리를 10년 동안이나 비교한 결과지요. 원숭이는 무리지어 살기 때문에 휘파람새처럼 서로의 존재를 확인하려고 '끽' 하는 소리를 냅니다. 중부 오히라산 원숭이는 평균 670헤르츠, 남부 야쿠시마 원숭이는 평균 780헤르츠로 중부 원숭이보다 110헤르츠나 높았습니다. 숲이 울창한 남부 야쿠시마 원숭이는 다양한 소리가 섞여 있는 숲 속에서 울음소리를 멀리까지 전달하기 위해 높은 소리를 냈던 거지요. 반면 중부 오히라산 원숭이는 남부보다 숲이 덜 울창한 탓에 낮은 소리를 내도 멀리까지 전달이 되었습니다. 원숭이도 환경에 적응해 사람처럼 사투리가 생긴 것이지요.

다양성은 진화의 원동력

서로 다른 소리를 내는 섬휘파람새와 휘파람새는 같은 종류일까요? 종의 분류와 진화를 말하려면 찰스 다윈의 진화론을 빠뜨릴 수 없습니다. 찰스 다윈은 28년 동안 다양한 생물의 변화에 대해 연구했지요. 오랜 기간 동안 조사한 자료를 바탕으로 환경 변화에 적합한 종만이 살아남아 새로운 종으로 진화한다는 적자생존과 자연선택 원리가 담긴 『종의 기원』을 발표합니다. 당시에는 매우 충격적인 연구였고 지금도 보수적인 기독교 단체는 진화론을 공격하기도 합니다. 하지만 진화론의 원리에서 본다면 휘파람새의 소리가 지역마다 다른 것은 자연스런 일입니다. 만약 내륙 지방의 휘파람새와 섬 지방의 섬휘파람새가 계속 격리되어 진화한다면 서로 다른 종이 될 수도 있습니다. 한 종이 지역적으로 서로 다른 차이를 보일 때 분류학에서는 아종(亞種)이라 부릅니다. 그러므로 섬휘파람새는 휘파람새의 아종이 되는 것이지요. 여러 생물은 다양한 아종을 가지고 있는데 호랑이는 시베리아 호랑이, 수마트라 호랑이, 말레이 호랑이 등 5개의 아종이 있고, 기린도 9개의 아종이 있습니다. 반려 동물로 많이 키우는 개도 실제는 회색 늑대의 아종이지요. 백두산에서 많이 발견되는 하늘다

▲ 하늘다람쥐는 우리나라 특산아종이다.

람쥐도 한국에만 서식하는 특산아종입니다. 하늘다람쥐는 천연기념물 제328호로 환경부 지정 멸종위기야생동물 2급인데 최근 남한산성 주변 갈현동 굴참나무 숲에서 서식지가 발견되었지요. 하늘다람쥐는 한국에만 살기 때문에 서울 근교 생태계 보존이 왜 중요한지 알려줍니다.

흑인, 백인, 황인종은 잘못된 분류

인간은 어떨까요? 흑인, 백인, 황인종은 피부색이 확연히 다르니 3개의 종(種)일까요? 그렇게 생각한다면 영어, 중국어, 일어, 스페인어……이렇게 언어가 다양하니 인간의 종(種)도 아주 많아질까요? 인간은 3개의 종으로 분류된다고 생각하는 학생이 많지만, 인간은 한 종밖에 없습니다. 현재 우리는 호모 사피엔스(Homo sapiens)에서 분류되어 나온 호모 사피엔스 사피엔스(Homo sapiens sapiens)란 아종이지요. 과거에 호모 사피엔스 네안데르탈렌시스(Homo sapiens neanderthalensis)란 아종이 있었지만 우리 조상과의 경쟁에서 밀려 약 4만 년 전에 멸종되었답니다. 그러므로 현재 우리는 호모

▲ 현생 인류에게 멸종된 네안데르탈인

▲ 마사이기린(왼쪽)과 그물무늬기린(오른쪽)은 아종관계이지만 현생 인류는 모두 같은 한 종이다.

사피엔스 사피엔스란 한 아종일 뿐 다른 종은 없는 것이지요. 물론 흑인이나 백인의 피부색 차이는 마사이기린과 그물무늬기린 차이만큼 커 보입니다. 언뜻 보면 인간도 피부색이 달라 아종을 가진 것 같지만 이는 겉보기와는 달리 아종이라 분류할 만큼 큰 차이가 아닙니다. 피부색은 멜라닌 색소의 차이일 뿐 아종을 형성할 요인이 아니니까요. 강렬한 햇빛으로부터 피부를 보호하려고 멜라닌 색소가 많아져서 검은색 피부를 갖게 된 것이고, 햇빛이 적은 지역에선 비타민 D의 합성을 위해 피부색이 밝아진 것입니다. 우리가 말하는 인종이란 눈에 보이는 차이를 사회적, 문화적으로 해석한 분류입니다.

그렇다면 인간의 사투리는 진화론의 관점에서 어떻게 이해할 수 있을까요? 인간은 현재 하나의 종이기 때문에 우리가 말하는 인종이란 지역에 따른 개체 변이(變異)로 생각할 수 있습니다. 같은 종이라도 지역 환경에 따라 자연스럽게 변이가 생기는 것이지요. 그러므로 사투리도 지역에 따라 나타나는 자연스러운 현상이고, 그 지역의 다양한 문화와 정서의 지표가 되므로 생물 종이 가지는 개체 변이 이상의 역동적인 문화적 다양성을 만드는 것입니다. 조정래 작가의 대하소설 『태백산맥』에는 전라도 사투리가 많이 나옵니다. 처음에는 읽기가 힘들지만 읽어나갈수록 전라도 사투리가 소설에서 얼마나 중요한 역할을 하는지 알게 됩니다. 전라도 농부의 사투리를 맛깔스럽게 소리 내어 읽다 보면 어느새 누렇게 익은 논두렁 사이에 농부들과 함께 서 있는 착각이 들 정도입니다.

　가실 볕이 오뉴월 볕허고 같기야 헐라디요마는 가실 볕도 하로가
달브고 이틀이 달브제라.

−조정래, 『태백산맥』, 농부들이 벼이삭 씹는 장면 중에서

▲ 다양한 환경 변화가 개체 변이를 만든다.

　다양한 자연환경은 다양한 종을 만들고 같은 종이라도 개체 변이를
일으키게 합니다. 이런 다양성 때문에 생태계가 유지되듯 지역마다 고
유한 사투리도 언어와 문학의 다양성을 만들어가고 있습니다.

사회진화론의 오류와 슬픈 역사

　진화론에는 환경 변화에 알맞은 종이 살아남는다는 적자생존 원리
가 있습니다. 이 과정을 자연선택이라고 부르는데 언뜻 보면 한 무리
안에서 더 힘세고 능력 있는 개체가 살아남는 것처럼 보이지만, 자연환
경은 어떻게 변할지 모르기 때문에 누가 더 월등하고 뛰어난지 알 수
없습니다. 빙하기가 되어 추워지면 체온 유지에 유리한 개체가 살아남
겠지만, 온도가 올라가 열대기후로 바뀌면 더위에 지치지 않는 개체가

유리하겠지요. 게다가 다른 생물종과 협력하지 않고 독립생활만 하게 된다면 환경 변화에 예민해져서 생존에 불리합니다. 예를 들어 유카나방은 유카 식물 꽃이 필 때를 맞춰 번데기에서 나방으로 우화(羽化)합니다. 태어난 나방이 유카 꽃을 수분시키고 알을 낳지요. 알에서 깨어난 애벌레는 유카 씨앗을 먹고 자랍니다. 유카나방과 유카 식물은 서로 협력하며 번식하는 전략을 세운 것이죠. 서로 자연환경 변화에 함께 대응함으로써 적응 능력을 높인 것입니다.

이런 적자생존의 다양한 사례를 이해하지 못하고 오직 힘이 세고 능력이 뛰어난 종만 자연선택을 받는다고 착각한 사람이 있었습니다. 바로 영국의 생물학자이자 사회학자인 허버트 스펜서입니다. 스펜서는 진화론의 일부만을 강조하여 우리가 사는 사회에 적용했는데, 사회에서도 생태계처럼 가장 경쟁력 있는 우월한 사람이 살아남는다고 생각했지요. 스펜서의 말대로라면 똑똑하고 능력 있는 사람은 열심히 일해 부자가 되고, 게으르고 무능한 사람은 가난해집니다. 이걸 사회진화론이라 부르지요. 그렇다면 어떤 사람들이 이런 논리를 반겼을까요? 당연이 부와 권력을 쥐고 있는 사람들이겠죠. 어찌 됐든 자신들이 가진 부를 정당하고 당연한 것이라고 설명해주니까요.

사회진화론은 한술 더 떠서 우등한 민족과 열등한 민족을 구분했습니다. 독일의 히틀러는 아리아 인종이 다른 인종

▲ 무상급식은 부모 능력의 문제가 아니다. 경향신문 만평, 김용민의 그림마당

보다 우수하다면서 독일 사람으로만 구성된 강력한 국가를 만들려 했지요. 이것이 나치즘이고, 그 과정에서 유태인 대학살이 일어났습니다. 그렇다면 현대 사회에서는 사회진화론이 사라졌을까요? 그렇지 않습니다. 신문이나 방송에 자주 등장하는 신자유주의가 사회진화론의 닮은꼴입니다.

게다가 사회진화론은 복지에 대해 매우 비판적입니다. 능력 있는 사람이 성실하게 일해서 축적한 부를 게으르고 무능한 빈곤층에게 무상으로 분배하는 것은 잘못이라는 것이죠. 오히려 분배보다는 성장을 형평성보다는 효율성을 높이면 사회 복지가 해결된다는 성장우선론을 주장합니다. 대기업이 성장하면 중소기업도 성장하고 그 결과 가난한 빈곤층의 일자리와 복지 예산이 늘어난다고 주장하지요. 마치 물이 차고 넘치면 위에서 아래로 흐르듯 성장과 효율성을 높일수록 낙수 효과가 커져서 사회 복지가 해결된다는 생각인데요. 정말 우리 사회가 진화론에서 말하는 적자생존의 원리로 움직일까요? 자연은 단순히 능력 있어 잘 사는 종과 능력이 없어 못 사는 종으로 생태계를 이루지 않습니다. 다양한 종이 서로 협력하고 공생하여 풍부한 먹이사슬을 구성하지요. 이는 모든 종이 생존을 보장할 수 있는 유일한 방법입니다.

생태계와 마찬가지로 우리 사회도 협력과 다양성이 부족하면 불안정해집니다. 아주 작은 휘파람새도 다양한 소리를 가지고 있는 것처럼 우리 사회도 다양성을 존중해야 합니다. 능력이나 자질에 상관없이 모두가 무조건 대학에 가려고 하고 노동자로 사는 것을 부끄럽게 여긴다면 다양성이 부족한 사회입니다. 대학을 나오지 않아도 사회의 구성원으로 행복하고 즐겁게 살 수 있어야 하겠지요. 이런 사회가 되려면 다양한 종이 함께 어울려 살아가는 생태계처럼 안정적인 복지와 민주적인 사회 구조를 갖춰야 합니다. 그래야만 자신만의 독특함을 자유롭게 표현하고 창의적인 생각을 하는 개인들로 구성된 다양성 있는 사회로 진화할 수 있습니다.

사투리는 다양한 언어와 문화의 밑거름

"아싸하게 거시기 해불자!"

"함 붙어보자카이!"

660년 음력 7월 9일. 지금의 충청남도 논산시 일대에서 신라와 당나라 연합군은 백제와 전투를 벌입니다. 바로 황산벌 전투입니다. 이때 계백 장군과 김유신 장군은 표준말을 썼을까요? 분명 사투리로 전쟁을 지휘했을 테죠. 영화에서 계백은 충청도 사투리를 김유신 장군은 경상도 사투리를 씁니다. 물론 이준익 감독의 「황산벌」은 코미디 영화라 과장된 사투리를 썼지만, 역사책에 나오던 지루한 사건을 독특하게 묘사해서 많은 관객을 동원했습니다.

한국 영화 최초로 100만 관객을 돌파한 「서편제」에서도 사투리는 판소리의 예술성을 높였습니다. 철종 때 명창 박유전은 자신만의 독특한 창법을 만드는데, 이 판소리 창법을 전라도 서쪽 지방인 광주·나주·보성·강진·해남 등에서 불렀기에 서편제라고 합니다. 만약 사투리를 쓰지 않고 표준말로 불렀다면 다양한 판소리의 예술성은 사라졌을 것입니다. 사투리의 미학을 아름다운 문학작품으로 살려낸 문인으로는 고(故) 이문구 작가가 있습니다. 홍성·서산·당진·부여 등 충남 내포 지방의 사투리를 사용했기에 20세기 후반의 농촌을 사실적으로 묘사할 수 있었던 거지요. 이문구 작가의 대표작은 『관촌수필』입니다. 충청도 사투리로 이루어진 문장과 문체에 주목한 김동리는 추천사에서 "한국 문단은 가장 이채로운 스타일리스트를 얻었다."고 말했지요. 사투리가 구어체와 토속어, 서민들의 생활 언어를 더욱 생생하게 표현

▲ 사투리를 사용한 영화 「황산벌」, 「서편제」, 소설 「관촌수필」

하기 때문입니다.

자연 생태계에는 휘파람새처럼 사투리를 쓰는 동물도 있고 사람처럼 지방에 따라 사투리를 쓰기도 합니다. 여러 동물이 내는 소리의 차이는 건강한 생태계가 유지된다는 증거입니다. 다양한 문학작품과 예술은 한 종류의 말에서 탄생하지 않고 여러 지방의 사투리와 함께 만들어진 것이죠. 과학에서 배우는 동물의 사투리와 국어에서 배우는 사투리는 모두 다양성과 협력의 원동력입니다.

표준어는 반드시 지켜야 할 의무다?

이렇게 다양한 언어들이 있으니 일부 국가에서는 표준어를 정하기도 합니다. 표준어를 정한 이유는 현실적으로 존재하는 수많은 사투리로 인해 의사소통에서 생길 수 있는 불필요한 오해를 줄이기 위해서라고 합니다. 하지만 표준어를 정한 이유는 그것만이 아니었습니다.

"표준어는 교양 있는 사람들이 두루 쓰는 현대 서울말로 정함을 원칙으로 한다."

이것이 우리말의 표준어 사정 원칙입니다. 그런데 국립국어원 홈페이지에서 확인할 수 있는 원칙의 해설에는 "이렇게 정함으로써 앞으로는 표준어를 못하면 교양 없는 사람이 된다는 점의 강조도 포함된 것이다…… 표준어는 교양의 수준을 넘어 국민이 갖추어야 할 의무 요건이라 하겠다."라고 밝히고 있습니다. 이 해설을 보면, 표준어가 단지 언어의 기준을 의미하는 것이 아니라 인간을 판단하는 기준이 되고 있음을 알 수 있습니다. 바람직한 국민의 모습을 국가가 정하고, 언어를 그 기준으로 삼고 있는 것입니다.

사투리는 교양 없는 언어가 아니다

현대 서울말을 쓰는 교양 있는 사람들은 아마도 어느 정도의 경제력과 문화적 소양을 갖춘 사람들을 뜻할 것입니다. 그러나 서울말을 못하는 다양한 지역의 사람들은 '표준어를 하지 못하'는 교양 없는 사람이 되어버립니다. 우리들의 부모님과 동네 어르신의 말, 친구들끼리 하는 수다가 모두 교양 없는 말이 되어버린 것입니다. 그러다 보니 때로는 사투리를 쓰는 사람들이 놀림감이 되거나 자기 자신의 언어를 부끄러워하는 경우도 있습니다. 한 가지만 옳고 나머지는 틀렸다는 생각은 그 자체가 폭력이 아닐까요.

우리 표준어 규정은 과거 일본의 표준어 규정을 참고하고 있습니다. 그런데 "도쿄의 야마노테선 안에 거주하는 교양 있는 사람들의 언어"라는 일본의 표준어 규정은 1949년에 이미 바뀌었으며, 현재는 민중들이 많이 사용하고 있는 방언을 가려 모아서 사용하는 '공통어' 정책을 사용하고 있습니다. 이렇게 사투리를 포용하는 정책을 편 결과, 일본의 국어사전은 그 분량이 30권을 넘습니다. 그만큼 풍부한 어휘들을 보존하고 있는 것입니다. 반면 우리의 『표준국어대사전』은 총 3권에 불과합니다. 결국, 표준어가 언어의 통일성을 가져왔을지는 모르나 '사투리=비표준어=교양 없는 말'이라는 등식이 우리들의 인식에 남아 있는 한, 사투리는 공식 언어에서 계속 배제될 것이고, 사투리에 남아 있는 우리말이 점차 사라져갈 것은 분명합니다.

언어의 공존은 비합리적일까?

그렇다면 다양한 언어가 공존하는 것은 불편하고 비합리적인 것일까요? 이것에 대해서는 토론이 필요합니다. 한 국가 내의 국민들이 동일한 언어를 써야 한다고 주장하는 사람들은 민족적 동일성과 의사소통의 효율성을 그 이유로 듭니다. 언어는 한민족의 동질감을 드러낼 수 있는 중요한 방법이라고 합니다. 또한 다양한 언어를 함께 쓰면 의사소통을 위해 시간과 노력을 낭비할 수밖에 없다고 합니다.

하지만 민족적 동질감을 얻기 위해서 민족 안에 있어야 할 다양성을 포기하는 것이 과연 정당한지, 또한 효율성을 얻기 위해서 모두가 같은 언어를 쓰는 것은 획일성의 또 다른 모습이 아닌지 생각해봐야 합니다. 또 효율성의 가치를 추구하면서 같지 않은 것을 배제하고 있지는 않은지 고민해야 할 것입니다. 그리고 왜 대부분의 국가들은 표준어를 설정하지 않고, 일반적인 합의하에 공용의 언어를 사용하고 있는지도 고려해보아야 합니다.

다양한 언어는 서로를 존중하는 길

설날이 되면 TV에서는 외국인들에게 한복을 입혀놓고 우리말로 함께 이야기하는 프로그램이 방송됩니다. 아나운서는 "우리말 참 잘하시네요. 언제부터 배우셨어요?"라고 흐뭇하게 웃으며 물어보곤 하죠. 그것을 보면서 우리는 은연중에 우리나라에 있는 외국인들은 모두 우리말을 배워야 하며, 그것이 우리나라에 있을 수 있는 최소한의 자격요건이라고 생각합니다. 그런데 다양한 언어와 인종이 공존하는 모습을 상상할 수는 없을까요? 국적 다른 사람들이 자신들의 민속의상을 입고 나와서 여러 문화권의 새해맞이 풍습을 소개하는 것을 상상할 수는 없을까요?

　다양한 언어를 존중하는 것은 상대방에 대한 배려를 나타냅니다. 모든 것이 하나로 통일되어야 한다는 것은 권위주의적 사회, 근대적 산업사회의 논리입니다. 효율성과 획일성이 강조되던 시대의 논리죠. 우리가 지향해야 할 사회의 모습이 개성을 중시하는 사회, 획일성보다는 다양성을 중시하는 사회라면, 그리고 그것이 합리적이라고 믿는다면 다양한 언어를 존중하는 것이 그 출발점이 되어야 할 것입니다.

통하는 수업 만들기

적자생존의 원리와 경쟁

　우리 사회에서는 '적자생존'이라는 표현을 많이 사용합니다. 다음 인터넷 기사를 읽고 '적자생존의 원리와 경쟁'을 통해 사회 발전을 이룰 수 있다는 주장에 대해 자신의 생각을 써봅시다.

　에디슨은 최초로 전구를 만든 사람이 아니다. 에디슨 이전에도 많은 발명가들이 전구를 만들었다. 그러나 대부분 수명이 몇 초에 불과하고 실용화가 불가능했다. 사람들이 에디슨만 기억하는 이유는 에디슨의 전구는 수명이 길었고, 전구 발명에 그치지 않고 실용화를 위한 시스템을 만들었고, 대중적으로 보급하는 데 성공했기 때문이다.

　십여 년 전 MP3플레이어도 그랬다. 최초로 MP3플레이어를 내놓은 것은 우리나라 기업이었다. 그러나 널리 보급하는 데는 실패했고 애플은 아이팟으로 전 세계 시장을 흔들었다. 결국 역사는 최초 MP3플레이어가 아닌 애플의 아이팟만 기억할 것이다.

지난 15일 애플이 삼성전자의 스마트폰과 스마트패드(태블릿PC)가 자사 제품을 베꼈다며 미국 법원에 지식재산권 침해 소송을 냈다. 제소 배경이 무엇인지는 확실치 않지만 애플이 최대의 전략적 파트너인 삼성전자를 제소한 것은 비즈니스 정글에서 영원한 동지는 없다는 것을 말해준다.

동물들이 자기 영역 표시를 하듯 현대 지식정보사회에서 기업들은 경쟁 기업의 지식재산권 침해에 아주 민감하다. 기업의 지속적인 생존이 달려 있기 때문에 항상 촉수를 드리우고 있다.

기업은 최초 발명자로 만족해서는 안 된다. 승자독식의 원리가 통하는 시장에서 최초는 아무런 의미가 없다. '강한 자가 아니라 적응한 자가 살아남는다'라는 다윈의 적자생존은 시장에서도 통하는 진리다.

―『전자신문』 2011년 4월 21일.

이른바 '적자생존'의 법칙을 따른다며 생명의 진화를 얘기할 적에, 삼엽충과 공룡의 화석 등 죽은 동물 뼈다귀들을 늘어놓고 강자가 약자를 공격하고 정복하는 '먹이사슬'이며 '힘의 법칙'을 얘기할 적에, 메탄가스로 뒤덮인 돌덩어리 지구 곳곳에 푸른 이끼가 돋아나며 40억 년 동안 지구 어머니가 어떻게 변모했는지를 설파한 과학자가 있었다.

1970년대 린 마굴리스는 지구별만큼 정교하고 신비한 시스템인 세포를 들여다보며, 이 둘은 장구한 세월 어깨동무를 하고 함께 진화한 존재라는 사연을 발표했다. 결론적으로 지구 어머니의 모든 자식은 늘 서로 영향을 주고받으며 함께 진화한 '공동살림체'임을 밝히고, 놀라운 존재 '지구'의 애칭으로 그리스 신화에 나오는 대지의 여신 '가이아'라는 이름을 헌정했다. 한편, 세포들은 수십억 년 생명 진화의 과정을 고스란히 담고 있으니 가장 놀라운 사연인즉, 이들을 더 높은 차원의 생명 활동으로 이끈 진화의 동인은 공격과 정복을 일삼는 약육강식이나 적자생존이 아니고, 세포 내 기관들이 각자의 살림을 하다 더 큰 일, 진화의 도약을 위해 공동살림, 즉 공생을 시작했다는 이야기였다.

그녀의 이야기에 정통 과학자들은 "가이아는 암컷 들개"라며 길들여지지 않는 그녀의 야생적 학문 태도를 조롱했고, 박사 논문으로 제출한 '세포 내 공생설'에 대해선 입을 다문 채 반대 의견조차 아까워했다. 그러나 20여 년 세월이 흐르며 '세포 내 공생'은 고도로 발달한 생명의 전략이며 자연의 질서임이 확인돼 대학 교과서에 자리 잡았고, 이에 대해 마굴리스는 "남자들이 물리적 힘의 법칙으로 수백만 년의 진화를 이해하고 설명한 데 비해, 나는 수십억 년에 걸친 생화학적 조화와 절묘한 변화를 겪은 생명체의 공생에 주목했다."고 활짝 웃었다. '가이아설'과 '세포 내 공생설' 등 파격적인 진실로 논란을 일으키고 대중들에게 과학의 생각거리를 던져주던 그녀는 『코스모스』와 『콘택트』 등의 과학 저술로 국내에도 잘 알려진 천문학자인 첫 남편 칼 세이건과 함께 대학에서 공부를 시작했을 때부터 과학의 사회적 역할에 대해 토론하며 열심히 연구했다. 또 아이 넷을 낳아 기르며 연구활동을 이어가는 동안, 생명의 진화는 '로또'를 차지하는 조급한 꾀나 힘이 아니라 수십억 년을 거쳐 '공생의 길'을 가는 자연의 진리임을 가슴으로 이미 느끼고 깨달았다고 고백한다.

—『한겨레21』 2006년 1월 3일.

진화론은 하나가 아니다

찰스 다윈이 주장한 진화론의 중심 내용은 자연선택설입니다. 자연선택이란 말 그대로 자연이 생물 종을 선택한다는 뜻이지요. 생물들은 자연환경이 언제 어떻게 변할지 모르기 때문에 자연환경에 잘 적응해야만 생존할 수 있습니다. 물론 하루 이틀 사이에 자연환경이 급격하게 변할 수도 있지만 대부분은 아주 천천히 오랜 세월 동안 변하게 됩니다. 그렇다면 생물이 변했다는 것을 어떻게 알 수 있을까요? 인간의 수명은 100세 내외이므로 수백 년 전의 생물 모습을 직접 볼 수 없지요. 그렇다면 생물의 진화는 어떻게 증명할까요? 다윈도 진화론을 증명하기 위한 방법을 고민했습니다. 다윈은 자신의 진화론이 화석을 통해 입증될 것이라고 말했지요. 최근 논란이 된 시조새 화석이 중요한 이유는 파충류와 조류의 중간종으로서 특징을 갖기 때문입니다. 현재도 생물학자들은 중간종의 특징을 갖는 화석을 발견하기 위해 많은 노력을 합니다. 그런데 이 중간종이 어떻게 생기는가에 대해 생물학자들은 서로 의견이 다릅니다. 바로 진화의 속도에 대한 논쟁입니다. 아래 그래프를 한번 보도록 하죠. 왼쪽은 점진론, 오른쪽은 단속평형설을 나타냅니다.

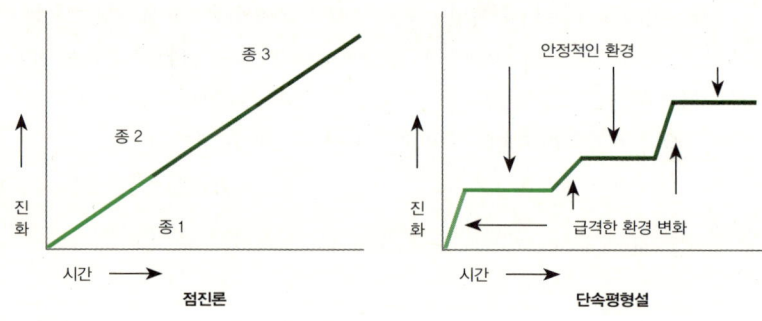

다윈은 종이 천천히 변한다고 생각했을까요? 아니면 안정적인 환경을 유지하다가 급격한 환경 변화를 겪은 후 새로운 종이 나타난다고 생각했을까요? 정답은 점진론입니다. 다윈은 생물이 점진적으로 변화를 누적해오며 진화한다고 믿었습니다. 그러나 점진론에 반대 의견을 낸 생물학자들도 많았습니다. 실제로 화석을 보면 갑작스럽게 생물의 모습이 달라지기도 합니다. 다윈을 열렬히 지지하여 다윈의 불도그란 별명을 얻은 생물학자 헉슬리도 다윈이 점진론을 너무 믿고 있다고 불만을 나타냈었죠. 다윈도 화석에서 나타나는 생물의 큰 변화 때문에 지질학적 기록이 불완전하다고 생각했습니다. 그렇다면 여러분들의 생각은 어떠신가요? 과연 생물 종들은 천천히 오랜 세월 동안 변하는 것일까요, 아니면 단기간에 걸쳐 변하는 것일까요. 어쩌면 진화론 자체도 두 개의 이론에 의해 진화하고 있는 것은 아닐까요?

생각해볼 문제

1. 우리 사회에서는 어느 정도 경쟁이 필요하다고 합니다. 과연 경쟁과 협력의 가치 중 어느 쪽이 더 우세한 사회가 찰스 다윈이 생각한 진화의 원리에 더 적합할까요?

2. 공부를 하는 방법에서 린 마굴리스가 말한 것처럼 '공생의 길'을 갈 수 있을까요? 공부에도 공생의 길이 있다면 어떤 방법이 있는지 서로 이야기해봅시다.

더 읽어볼 책

● 『왜 사회에는 이견이 필요한가』, 캐스 선스타인, 후마니타스, 2009.
● 『청소년을 위한 언어란 무엇인가』, 니콜라우스 뉘첼, 살림Friends, 2008.
● 『언어의 달인』, 호모 로퀜스, 윤세진, 그린비, 2007.
● 『공생자 행성 : 린 마굴리스가 들려주는 공생 진화의 비밀』, 린 마굴리스, 사이언스북스, 2007.

역사 수업에 통섭이 필요한 이유

역사는 '그 모오든' 것입니다.
인류가 이 세상에 출현해 이제까지 살아오면서 남긴 모든 흔적과 성과,
과오들을 살피는 학문입니다.
여러분은 흔히 지배 왕조 변천이나 연대기, 사건, 인물, '발전'했다는
내용 중심 공부만을 역사 공부라 생각하지요?
이런 공부가 평면 퍼즐 맞추기라면,
통섭 역사 공부, 참다운 역사 공부는 삼차원 입체 퍼즐 맞추기라 하겠지요.
희미한 기록과 유물, 유적에서 작은 단서 하나 끄집어내
그때 그 사람들의 생활 모습과 생각까지도 되살려내는
복잡한 입체 퍼즐 맞추기에 나서봅시다.
정치, 경제, 사회, 문화, 예술 각 부문을 교과목을 뛰어넘어
여러분의 역사 상상력을 붕붕 띄워 흥미진진한 역사 속으로
함께 들입다 쳐들어가 봅시다.

역사로
통하다

관련 단원 ●**중학교 역사(하)** 민족 운동의 전개
●**고등학교 한국사** 전체주의의 대두와 민족 운동의 발전 / 냉전 체제와 대한민국 정부의 수립
●**고등학교 세계사** 제국주의 침략과 민족 운동

이승만, 건국의 아버지인가,
독재자인가?

기획안을 보면 독재자 이승만을 건국의 아버지로 떠받드는 반역사 몰가치 일방통행식 내용으로 채울 게 뻔합니다. 역사학계가 일고의 가치도 없다고 평가하는 뉴라이트를 비롯한 수구세력들의 비뚤어진 역사인식을 전파하려는 것입니다. 정치 의도가 명백한 친일, 독재 찬양방송입니다.

이승만 전 대통령 특집 다큐멘터리 방영에 대한 반대 여론이 들끓고 있습니다. 방영하려는 쪽과 반대하는 쪽의 주장을 들어보겠습니다.

이승만 대통령이 독재를 한 것은 사실입니다. 그런데 그 독재가 후진국형 독재처럼 대통령 일족의 권력과 부를 늘리는 독재는 아니었습니다.

KSB
NEWS

시사토론

여러분! 이승만에 대해 잘 알고 있나요? 우리나라의 첫 번째 대통령이라는 사실만 알고 있을 뿐이라고요?

그렇다면 이런 논쟁을 보고 어리둥절하겠네요. 올바로 판단하기 위해서는 역사 사실에 대해 분명히 알고 따져보아야 합니다. 이제부터 이승만 전 대통령을 속속들이 파헤쳐봅시다.

이승만식 '입으로' 독립운동

이승만은 독립운동가였다? 그렇습니다. 하지만 그의 독립운동 노선은 우리가 잘 아는 독립운동가들과는 달랐지요. 이승만의 독립운동 노선을 역사학계에서는 외교독립론이라 합니다. 독립운동 노선은 시기와 국내외 지역을 나누면 여러 갈래로 구별할 수 있지만 크게 민족주의 계열과 사회주의 계열로 나누지요. 민족주의 계열은 이승만의 외교론(위임통치론), 이광수의 자치론, 안창호·김성수의 실력양성론 등을, 신채호·김원봉 등 사회주의 계열은 이를 비판하며 무장투쟁론을 주장했습니다. 결과를 놓고 평가하자면 어떤 노선이 바른 길이었지요? 바로 무장투쟁론입니다. 자유와 자치, 권리는 싸워서 빼앗아야 한다고 역사가 말해줍니다. 만주벌에서 피 흘리며 스러져 간 무장투쟁 독립운동가들과 견주면 이승만의 독립운동은 입만 가지고 했던, 대단치 않은 것이었습니다.

그는 무장투쟁에 반대했습니다. 하와이에서 무장투쟁 노선으로 독립운동을 하던 박용만이 3·1운동에 힘 받아 이때야말로 한민족이 총궐기할 때이니 국내 동포들에게 무장항쟁을 하자 호소하고 무장투쟁가들을 훈련시켰습니다. 그러나 이승만은 평소 주장대로 외교독립론을 들먹이며 유혈 폭력으로 독립운동을 해선 안 된다고 반대했지요.

이승만은 안중근, 이봉창, 윤봉길 의사의 의거에 대해서도 매우 비난했습니다.

"안중근이 일본의 거물 정치가 이토 히로부미를 사살했다. 이렇게 되자 미국 신문에 한국인들은 살인마이며 무지몽매하다는 기사들이 실리곤 하였다. 어떤 학생들은 한국인인 나와 이야기하는 것을 두려워했고 만나주지 않았다."(이승만 자서전 초고-KBS 「한국사전(傳)」 '이승만' 제2부)

마찬가지로 이봉창, 윤봉길 의사의 의거를 "어리석은 짓들"이라 비웃고, 비밀 사절을 상해 임시정부에 보내 이런 테러 행위를 즉각 중지하라면서 그 같은 일들은 한국 독립에 하등 도움이 되지 않고 일본이 한국을 탄압할 빌미만 줄 뿐이라고 주장했습니다.

장인환, 전명운 두 의사의 스티븐스(일본의 조선 식민통치에 적극 협력한 친일파 미국인) 살해에 대해 "두 명의 한국인이 루스벨트 대통령의 친구인 스티븐스를 사살했다. 일본의 선전 기관들이 한국 사람들을 흉도이고 최악의 악당이라며 이 사건을 널리 활용했다."고 비난했습니다.

그렇다면 이승만은 어떤 독립운동을 했던 걸까요? 3·1운동 이후 무장투쟁 노선이 드세질 때 오히려 그는 일본 왕 다이쇼에게 편지를 썼습니다. "한국에 자유를 준다면 한국민은 일본에 감사하고 우정을 느낄 것이고, 만약 우리의 요구를 거절한다면 일본은 정복자로서 불신과 멸시를 받을 것"이라는 내용이었죠. 이처럼 그는 독립운동 진영의 분열을 일으키며, 독단으로 행동했습니다.

나아가 이승만은 "우리나라가 아직 미숙해 독립 능력이 없으니 국제연맹이 위임통치를 해달라."는 청원서를 윌슨을 통해 국제연맹에 냈습니다. 신채호는 이런 이승만의 처사에 격분했습니다. "위임통치를 청원한 이승만은 이완용이나 송병준보다 더 큰 역적이오. 이완용은 있는 나라를 팔아먹었지만, 이승만은 없는 나라를 팔아먹으려 하지 않소!"(『독립운동사자료집 9: 임시정부사 자료집』)

당시 함께 일하던 독립운동가들은 이승만을 어떻게 평가했을까요? 상해 임시정부의 임시 대통령이던 이승만은 외교 빙자 직무지 이탈, 정부 위신 손상, 민심 분산, 정부 행정 저해, 국고수입 방해, 의정원의 신성 모독, 공결 부인, 의정원의 결의 부인, 대한민국의 임시헌법 부인 등의 사유로 1925년 탄핵을 받아 해임되었습니다. 이승만이 독립운동 계에서 어떤 평가를 받았는지 미루어 짐작할 수 있겠지요?

이승만은 왜 친일파를 기용했나?

해방 무렵까지 이승만은 미국에서 살아왔고, 독단으로 행동하는 성 격 때문에 그와 뜻을 함께하는 사람들이 거의 없었습니다. 이와 견줘 김구는 임시정부를 이끌며 피로 맺은 많은 독립투사 동지들이 있었지 요. 국내에서 활동한 여운형도 많은 지지자들이 있었습니다. 지지 기반 없는 이승만은 자신을 따라줄 사람이 필요했지요. 그때 끈 떨어진 뒤웅 박 신세들이 눈에 띄었습니다. 바로 친일파(부일 모리배)들이지요. 이들 은 영구 강건할 것으로 꿈에서도 의심치 않았던 일제가 패망하자 하늘 이 무너지는 충격을 받습니다. 목숨 부지가 어려울 것으로 알고 다들 숨어 있었지요. 그런 그들에게 뜻하지 않은 서광이 비쳤습니다. 미 군 정과 이승만이 '친일 문제 묻지 마!'를 외치며 이들을 인재라 추켜세워 끌어들였습니다. 이때 이승만이 한 말, 지금까지 입에 오르내립니다.

"뭉치면 살고 흩어지면 죽습니다."

이 말은 단순히 '화합'을 하자는 게 아닙니다. '친일 과거 묻지 말 고 하나로 뭉쳐야 공산주의자들을 이겨 살아남는다.' 이런 뜻입니다.

미국의 대외 정책 흐름은 여러 나라의 민족주의자들을 탄압하거나 멀리하고 친미주의자들을 중용하는 것입니다. 민족주의자는 말 그대 로 자기 민족을 위해 활동하는 사람들이니까 미국의 이익에 반하겠지요. 그래서 미국은 민족주의자 김구를 몹시 껄끄러워했지요. 또, 한 번 머리 굽힌 자는 두 번 세 번 굽히는 법, 일제에 충성한 자들은 강자 미국이 들어오니 이번엔 미국에 충성했던 겁니다. 그때 미국이 우리의 반일 정서를 고려해 친일파들을 배제하리라 보는 건 사치였지요. 이래서 많은 친일파들이 미 군정의 도움과 이승만의 배려로 이승만 정권의 주축이 됩니다. 광복군 출신을 제치고 일본군 출신이 대한민국 군대의 기둥이 됐고, 독립운동가를 잡아들여 고문하던 일제 경찰, 검사가 우리 경찰, 검사가 됐어요. 일본 판사, 일제식민지 교육에 앞장서서 징병, 징용, 정신대 가라 선동했던 자들, 정계·종교계·경제계·학계 인사들 다 마찬가지였습니다. 이때의 세태를 풍자한 유명한 말이 있지요.

"일제 때는 일본말 하는 일본인들이 나라를 다스리더니 이제는 한국말 하는 일본인들이 통치한다."

초대 국회는 이승만 정권 실세들의 방해에도 불구하고 우여곡절 끝에 〈반민족행위자 처벌을 위한 특별법〉을 만들고 친일파(부일 협력자)들을 찾아 단죄하려 했습니다. 1948년 8월 국회에 '반민족행위처벌법 기초특별위원회(반민특위: 위원장 김상덕)'를 구성하고, 9월 '반민족행위처벌법(반민특위법)'을 제정했습니다. 반민특위는 1948년 10월 친일반민족행위자들에 대한 예비 조사를 시작으로 활기차게 활동했습니다. 그러나 친일파가 중요한 자리를 차지한 이승만 정부의 방해는 끈질겼습니다. 친일 경찰들은 특위위원 암살 음모(백민태 사건), 6·6특경대습격사건, 백범 암살 등을 잇달아 저질렀습니다. 마침내 반민특위는 이승만의 끈질긴 방해로 조사와 처벌을 제대로 하지 못하고 1949년 10월에 해체당했습니다. 민족정기를 바로 세워 역사의 준엄한 심판을 할 기회를 짓밟은 것입니다. 이것이 그 무엇보다 더 큰 이승만의 잘못입니다.

한국전쟁 때 이승만은 무엇을 했을까?

한국전쟁 때 이승만 정권은 전쟁 중임에도 참 기막힌 일들을 벌입니다. 이 가운데 세 가지만 소개하겠습니다. 국민방위군 사건, 보도연맹 사건, 거창양민학살 사건을 들어보지요. 먼저 국민방위군 사건입니다.

중국이 한국전쟁에 개입한 1951년 1월, 흔히 말하는 1·4후퇴 때, 이승만 정부는 청년 100만여 명을 남쪽으로 데려가려 했습니다. 17~40세까지의 남자들을 남겨두면 북한이 인민군으로 끌어가리라고 보았기 때문입니다. 이들을 국민방위군이라 합니다. 극우단체 대한청년단의 총재인 이승만은 대한청년단 간부들에게 국민방위군 지휘를 맡겼습니다. 이승만은 대한청년단장인 김윤근이 군사 분야는 물론 군대 경험이 전혀 없는 민간인이었음에도 하루아침에 별을 달아 사령관이란 직책을 주었고, 윤익헌 등 청년단 간부들 역시 대령, 중령 등 계급장을 달아 고위 군 간부로 임명했습니다. 그런데 이들이 배정된 예산을 다 떼먹었습니다. 엄동설한에 식량과 침구를 지급받지 못한 방위군 일천 수백여 명이 굶거나 얼어 죽고, 영양실조에 걸렸습니다. 방위군들은 굶주림에 민가를 약탈했고, 참다못해 집단 탈출했습니다. 궁지에 몰린 이승만 정부는 조사한다는 시늉을 하고는 방위군 간부 몇 명만 기소했고, 징역 4월~3년 6월을 선고해 사건을 얼버무렸습니다. 그러나 국회의 재조사 과정에서 국민방위군 사령관 이하 간부들이 방위군 예산 24억 원(당시 금액)과 쌀 5만 2,000섬을 가로채고, 이승만 개인의 정치 조직에 수천만 원의 정치자금을 준 사실이 밝혀졌습니다. 이승만은 마지못해 주모자 김윤근 사령관을 비롯해 5명을 총살형에 처했습니다. 그럼에도 부정한 정치자금을 받은 이승만 측근들은 어떤 처벌도 받지 않았으며, 국방부와 육군본부에 상납된 돈에 대해선 수사조차 하지 않았습니다.

국민보도연맹은 1949년 6월 좌파 전향자로 구성한 반공단체입니다. 국가보안법에 따라 '좌익사상에 물든 사람들을 사상 전향시켜 이들을 보호하고 인도한다.'는 취지를 내세웠지만 이승만 정권이 국민의 사상을 통제하려는 목적이었죠. 공무원들에게 가입 인원을 할당했기 때문에 '좌익'이 뭔지도 모르는 많은 사람들이 고무신과 비료를 준다는 말에 끌리기도 하고, 친한 이웃의 권유로 들기도 하고, 가족 친지중 관련자를 대신해 가입하기도 했습니다. 10대 중고교생도 있고 황순원, 백철, 김기림, 정지용 같은 문화예술계 인사들도 강제나 반강제로 가입시켰습니다. 한국전쟁이 터지자 이승만은 상상도 못할 엄청난 일을 지시합니다. 이들이 후방에서 북한군에게 협력할 가능성이 있다며 처단하라고 한 것입니다. 수많은 사람들이 억울하게 죽음을 당했습니다. 최소 20만 명, 많게는 50~100만여 명이 학살됐으리라 추측하고 있습니다. 이런 사실을 발설하면 또 '빨갱이'라 몰려 보복당할까 봐 50여 년이 지난 2000년대까지도 쉬쉬하고 있던 사건입니다.

"이승만 대통령의 명령에 따랐다."는 증언이 처음 나온 게 2007년입니다. 당시 보도연맹 학살을 자행한 헌병대 간부 김 아무개 씨는 2007년 민간인 학살 진상규명 충북대책위 기자회견에서 "남로당 계열이나 보도연맹 관계자들을 처형하라."는 이승만 대통령의 지시가 있었고, 여기에 헌병대가 깊숙이 개입했다는 사실을 증언했습니다. 상상하기 어렵습니다만 국가가 자신이 만든 단체를 적으로 몰아 대량 학살한, 명백한 범죄입니다.

거창양민학살 사건은 한국전쟁이 한창이던 1951년 2월 경남 거창군 신원면에서 일어났습니다. 국군이 공비('공산 비적'의 줄임말)를 소탕한다며 거의가 노인, 부녀자, 젖먹이 아이들인 주민 600여 명을 모아놓고 총살했습니다. 제 발이 저렸는지 증거를 없애기 위해 휘발유를 붓고 시체를 불태웠습니다. 왜 국군이 민간인들을 죽였을까요? 사건을 조사하기 위해 국회조사단이 갔습니다. 그런데 점입가경, 어처구니없는 일이 벌어집니다. 경남지구 계엄민사부장 김종원 대령이 국군 1개 소대를 공비로 위장시킨 뒤 국회의원들을 향해 총질을 시켰습니다. 이처럼 위험한 상황이니(공비와 양민을 구별하기 어려우니) 어쩔 수 없지 않느냐는 물타기지요. 사건을 감추려 했으나 국회 조사 결과 추악한 사실이 드러나 내무·법무·국방 장관이 물러났고, 김종원, 오익경, 한동석, 이종배 등 사건 주모자들을 군법회의에 회부해 실형을 선고했습니다. 허나 어쩐 일인지 얼마 되지 않아 이승만은 이들을 모두 특사로 석방시켰습니다. 전쟁 중에 국가가 나서서 죄 없는 국민을 죽이고, 잘못한 책임자들은 모두 가벼운 처벌로 비껴간 이 어이없는 사건들이 이 땅에서 일어났습니다. 바로 이승만 정권이 저지른 일이었지요.

돋보기

독도 문제 빌미 준 이승만 정권의 무능

러일전쟁 중 독도의 군사 가치를 눈여겨본 일본은 1905년 1월 독도를 일본 시마네현에 강제 편입시켰으나 그 사실을 널리 공표하지 않았습니다. 당연히 대한제국은 이런 사실을 나중에야 알았습니다. 또 그해 11월 외교권박탈조약(을사늑약)으로 사실상 식민지가 되었으니, 대한제국으로선 나라 전체가 넘어간 판인데 작은 섬 하나 넘어간 문제에 어찌 적극 대응할 수 있었겠습니까! 일본은 이때 우리가 별다른 이의를 제기하지 않았다며 독도를 자기 영토라고 주장합니다. 1945년 8월 일본이 패망했지만 미국을 비롯한 각국은 이해관계에 얽혀 1951년에 와서야 국제법 정리를 합니다. 한국전쟁 중인 1951년 샌프란시스코 평화 회담을 연 미국은 새로 조성된 냉전 구도에 편승해 승전 당사국에서 소련과 중국을 빼버렸고, 영국과 프랑스는 극히 제한된 발언권만 갖게 돼 홀로 북 치고 장구 치는 독무대를 만들었습니다.

태평양을 미국의 호수쯤으로 여겼던 미국은 일본 영토를 자국의 가장 중요한 울타리로 삼았습니다. 일본을 중국 공산화와 소련의 핵무기 개발에 대응하기 위한 방어기지로 삼은 거죠. 이를 위해 전쟁 최고 책임자이자 전범인 일왕을 인정해 존속시켰지요(독일의 히틀러와 나치를 존속시켰다고 가정해보면 미국의 잘못을 알 수 있겠죠?). 샌프란시스코 평화 회담은 미국이 일본에게 면벌부를 주는 자리였습니다. 일본에게 가장 크게 피해를 입은 두 나라, 중국(과 북한), 한국의 불만을 묵살했습니다. 중국(과 북한)은 미국과 한국전쟁 중이었고, 한국은 미국의 품 안에 있었으니 그럴 수 있었죠. 나치는 독일에서 고개를 쳐들 여지가 없었지만, 일본 왕과 군국주의자들은 당당했습니다.

한국도 샌프란시스코 평화 회담에 승전국으로 참여하려 했습니다. 그러나 미국은 한반도에서 강력한 자국의 영향력 행사를 위해 한국을 '제2차 세계대전 뒤 독립한 국가'로 치부해 거부했습니다. 미국은 대일 강화조약 문안 중 영토 조항을 이렇게 만들었습니다. "일본은 한국의 독립을 승인하며, 제주도–거문도 및 울릉도를 포함하는 한국에 대한 모든 권리–권원 및 청구권을 포기한다."(제2조 a항) 이때 이승만 정권의 한국 대표단(주미 대사 양유찬 등)은 엉뚱하게도 여기에 쓰시마(대마도)를 넣도록 요구했다가 거절당했고, 다시 독도와 파랑도를 넣을 것을 요구했으나 또 거절당합니다. 두 섬의 위치를 확인할 수 없다는 이유였지요. 독도의 위치를 묻는 질문에 당시 일등서기관 한표욱은 "일본해에 위치하며, 대체로 울릉도 근처로 믿는다."고 대답했다고 합니다(Mr Han stated that these were two small islands lying in the Sea of Japan, He believed in the general vicinity of Ullungdo).

이런 준비 안 된 무능 무책임한 관료를 보셨나요! 독도의 위치는 '리앙쿠르 바위' 또는 '다케시마'란 이름만 대면 바로 확인할 수 있는데 말이지요. 쓰시마는 왜 넣었으며, 전설의 섬 파랑도는 웬 말입니까? 이런 무성의한 대답에 가뜩이나 한국을 우습게 보던 미국이 알뜰히 영토를 챙겨줄 리 없지요.

영토 확정이라는 중요한 회의에 정확한 관련 증거와 자료를 준비, 제시하지 않은 무능한 외교 관료, 미국 눈치 보느라 영토 주장을 끝까지 관철하지 못한 대통령 이승만의 과오는 오늘날까지도 일본 정부와 극우파가 "독도 영토 표시를 요구했다가 거절당하지 않느냐!"고 주장하는 구실이 되고 있습니다. 두고두고 한일 외교, 영토 쟁점이 될 독도 문제, 그럴 때마다 이승만 정권의 한심함을 되새깁니다.

평생 대통령을 하고 싶었던 이승만

이승만은 이를테면 '대통령 병'에 걸렸다고나 할까요? 임금처럼 죽을 때까지 최고 권력자 대통령을 하고 싶었던 사람입니다. 계속 대통령을 하려고 수단과 방법을 가리지 않았죠. 이승만이 한국전쟁에 무능하게 대응하자 국회의원들은 등을 돌렸습니다. 당시는 국회에서 대통령을 뽑는 간선제였어요. 국회의원들 표로는 대통령 재선이 힘들다는 걸 잘 아는 이승만은 전쟁 중임에도 불구하고 헌법을 직선제로 고칩니다. 전쟁 중인데 온 국민을 대통령 선거로 내몰아 투표를 시킨 거지요. 직선제 헌법 개정에 반대하는 국회의원들이 탄 버스를 헌병대가 통째로 끌어다 가두고, 반대하는 의원들을 빨갱이로 몰아 구속하고, 군대와 경찰을 국회 안에 동원한 뒤 기립 표결하게 해 발췌개헌을 통과시키고 재선에 성공합니다. 그리고 다시 4년 뒤, 대통령을 두 번만 할 수 있다는 헌법조항을 또 고쳤습니다. 이게 중임제한 폐지입니다.

이런 독재를 비판하는 야당과 반대자들을 집요하고 교묘하게, 때론 드러내놓고 탄압했습니다. 살해를 암시하거나 묵인하기도 했습니다. 가장 대표 사례가 진보당 당수 조봉암 살해입니다. 조봉암은 이승만 정권 초대 농림부 장관이었습니다. 북한의 무상몰수 무상분배 토지개혁과 견주면 빛이 바래지만 그나마 유상몰수 유상분배 방식으로 농지개혁을 이끈 개혁가입니다. 이승만 정권의 독재와 무능으로 진보당과 조봉암의 인기가 뜨겁게 달아오르자, 1958년 그가 북한과 내통해 간첩활동을 하며 평화 통일을 주장했다는 혐의를 들씌워 조봉암을 처형했습니다. 이 정도면 왜 '대통령 병'이라고 했는지 이해가 되겠지요?

수학을 더럽힌 '사사오입 개헌'

이승만의 대통령 병은 우리나라 수학사에 지울 수 없는 얼룩을 남겼습니다. 1954년 5월 20일, 국회의원을 뽑는 제3대 총선을 치릅니다. 이때 자유당은 후보로 입후보하려면 반드시 개헌에 찬성해야 한다는 조건을 달았습니다. 자유당은 관권, 금권 선거를 통해 어렵사리 203개 선거구 중 114석(56%)의 당선자를 냅니다. 다른 정당의 의석수는 민국당 15석, 대한국민당 3석, 국민회 3석, 무소속 67석, 제헌국회의원동지회 1석이었습니다. 대통령 중임제한 폐지(이승만에 한해 대통령 무한 출마를 허용)를 위한 헌법 개정에는 전체 의석수의 3분의 2가 찬성해야 했습니다. 자유당은 무소속 의원들을 매수, 회유, 협박해 23명을 입당시켜 개헌에 필요한 136석을 가까스로 확보했지요.

1954년 11월 20일 마침내 개헌안을 국회에 상정해 27일 표결에 들어갔습니다. 개표 결과 출석 의원 203명이 투표해 헌법 개정 찬성표는 135표였습니다. 개헌에 필요한 136표에서 딱 한 표가 모자랐지요. 203의 3분의 2는 135.33…… 입니다. 표결은 사람이 하므로 아무리 작은 소수점 이하 숫자라 할지라도 완전한 1표로 보기 때문에 203의 3분의 2는 136표입니다. 어쩔 수 없이 부결 선언을 했습니다.

그러나 당시 수학계의 최고 권위자라고 자부하던 서울대의 최윤식, 이원철 교수는 이승만을 찾아가 '사사오입(四捨五入)'이라는 논리를 제시합니다. 사사오입은 말 그대로 4는 버리고 5는 올린다는 뜻, 끝자리의 숫자가 0, 1, 2, 3, 4면 버리고, 5 이상이면 올리는 반올림이지요. 이를테면 23은 일의 자리에서 20으로 사사오입할 수 있고, 27은 일의 자리에서 30으로 사사오입할 수 있습니다. 135.33에서 0.33을 떼버리고 135로 해도 괜찮다는 논리였지요. 하지만 이것은 사람의 수를 나누는 문제였습니다. 가령 사람 135명과 팔이 한 짝 있다고 135명이고, 135명에 사람 몸의 절반 이상이 있다고 136명으로 친다면 어떨까요? 팔 한 짝만 있는 사람이 어디 있나요. 참으로 해괴한, 논리 아닌 만담이지요. 3분의 2 이상이니까 135.33을 넘는 의석수인 136석이 돼야 가결시킬 수 있는데 135가 3분의 2라는 해괴한 논리로 결국 그 다음 월요일에 자유당의 이재학은 처음의 부결 선언을 뒤집고 가결을 선언해 개헌안을 통과시켰습니다. 시쳇말로 코미디였죠.

본래 반올림이나 버림, 올림의 개념은 근삿값 계산에 씁니다. 수학과 과학의 근삿값 계산에 써야 할 사사오입 원리를 한심하게도 독재자의 장기 집권을 위해 오용했습니다. 당대 수학의 최고 권위자라는 사람이 수학에 먹칠한 대표 사례입니다. 물론 그분들이 몰랐을 리 없습니다. 오로지 이승만을 대통령으로 만들어 자신들도 그 권력의 떡고물을 나눠 먹자는 심사였지요.

과학계를 반으로 가른 국대안 파동

국대안 파동이란 1946년 미 군정이 우리나라에 있는 여러 대학과 전문대학을 강제로 합쳐서 '국립서울대학교설립안'을 추진하자 이에 반대한 사건입니다. 미 군정은 지금의 서울대학교와 같은 종합대학을 세우면 적은 수의 교수와 전문가를 적절히 활용하고 건물과 시설, 국가재정을 아낄 수 있다고 여겼지요. 또 대학원 교육을 통해 교육의 질을 높인다고 교수와 학생들을 설득했습니다. 그러나 뜻밖에 각 학교의 교직원과 학생 반발이 컸고 전국 동맹휴업이 일어났습니다. 학생들은 친일파 교수를 먼저 내쳐야 하며, 국가에서 뽑은 적은 수의 관선 이사가 학교 운영을 하면 학원 자치와 학문 자유가 침해된다며 반대했지요. 이후 국대안 파동은 정치 성격이 강해져 우리 사회에 큰 상처를 남깁니다.

그때 서울대학교 학생 가운데 다수 의견과는 달리 동맹파업을 반대하고 국대안을 찬성하는 우익 성향의 학생들이 전국건설학생총연맹(건설학련)을 만듭니다. 모임 이름이 길고 복잡하다고요? 당시에는 긴 이름 속에 자신들의 정체성을 드러냈기 때문에 그런 이름이 많았답니다. 1947년 우익 학생 모임인 전국학생총연맹의 지원을 받아 서울대건설학생회 주최로 '맹휴 진상 폭로 대회'가 열립니다. 이 자리에 그 유명한 장군의 아들, 정치 깡패 김두한이 나타났지요. 남한의 전국 학생 동맹휴업은 소련의 비밀 지령문에 의한 것이니, 동맹휴업을 함은 공산당과 같은 빨

▲ 월북한 화학공학자 리승기 박사

갱이 짓이라고 주장합니다. 물론 김두한이 발표한 소련 지령문은 가짜였지만 국대안 파동이 갑자기 좌우익 대결로 치닫습니다. 이때 좌우익 이념 대립으로 교수 380명이 해직당하고, 학생 4,956명이 퇴학 등의 징계를 받습니다.

1948년 당시 북한은 김책공업대학, 흥남공업대학 등 이공계 고등교육기관을 대거 설립할 때여서 국대안 파동으로 남한에서 설 자리를 잃은 과학기술자들이 월북하는 계기가 됩니다. 물리학, 화학, 수학, 기계공학, 광산야금학, 화학공학 등 다양한 분야의 교수들이 월북했지요. 거꾸로 정치, 종교 이유 때문에 월남한 과학기술자들도 있었습니다. 그렇지만 남한의 고급 과학기술 인력 절반 가까이가 북한으로 갔기 때문에 국대안 파동은 남한 과학기술계에 큰 상처를 남겼습니다.

당시 월북한 유명 과학자로 리승기란 분이 있습니다. 화학공학자 리승기는 비날론(vinalon) 연구로 유명했습니다. 1938년 세계 최초의 합성 섬유 나일론을 미국의 듀퐁사가 개발했지요. 나일론의 원료는 석유인데 석유가 나지 않는 나라들은 원료 조달에 애를 먹었습니다. 때마침 리승기 박사가 석유가 아닌 석회석을 원료로 하는 폴리비닐알코올

(polyvinylalcohol, PVA)을 이용해 세계에서 두 번째로 합성 섬유를 만들어 냅니다. 당시 제2차 세계대전을 치르던 일본은 값싼 군수품 생산을 위해 새로 개발된 합성 섬유를 무척 쓰고 싶었지만 리승기 박사가 협조하지 않았습니다. 그러자 일본은 오사카 감옥에 그를 가두었습니다. 감옥에서 해방을 맞은 이 박사는 곧 남한으로 왔지만 열악한 연구 환경과 국대안 파동으로 자신의 뜻을 펼칠 수 없자 이번에는 북한으로 갔습니다.

미 군정은 제멋대로 교육체계를 농단해 혼란을 만들었고, 이승만은 정권 연장에만 집착해 100년 대계란 교육의 큰 그림을 그리지 못해 이런 결과를 빚었습니다. 친일파 처단은커녕 감싸기에 골몰하고 반공을 정권 안보와 연장에 이용한 이승만 정권이 과학기술계도 반으로 갈랐던 아픈 옛일이지요.

역사샘 한마디!

"문과, 이과 나누기도 일제강점기 잔재"

국회의원과 문교부 장관을 지낸 물리학자 최규남은 "일제의 잔재라고 볼 수 있는 중학 5년(지금의 고교 2년)부터의 문과와 이과 분리 제도는 큰 문제"라며 문과와 이과 분리 문제를 해결하기 위해서 "중학 과정에서 자연과학을 필수과목으로 정하고, 대학 인문계 학생에게도 자연과학에 대한 교양을 익히도록 노력해야 한다."는 주장을 했습니다. 고등학교에서 문·이과를 나누는 제도가 일제강점기 잔재란 것이지요.

이승만 미화하는 '건국절' 논란

몇 해 전부터 8월 15일 광복절을 '건국절'로 바꿔 불러야 한다는 허튼소리가 점점 커지더니 요즘 아주 판을 치고 있습니다. 1945년 8월 15일 광복절보다 1948년 8월 15일 남한 단독 정부 수립일에 더 큰 역사 가치를 둬야 한다는 비틀린 역사 인식이지요. 이른바 스스로 '뉴라이트'라는 사람들의 주장입니다. '뉴라이트'가 이런 주장을 내세운 데에는 이승만을 "당시로서는 드물게 확실한 근대 소양을 가졌던 지도자", "고독한 국가 건설자"로 보기 때문입니다. 과연 이승만이 그런 칭송을 받을 사람이었나요? 뉴라이트의 대표 중 한 사람인 이 아무개 교수는 "이승만 정권 각료 가운데 친일 인사가 없거나, 있어도 한둘"이라 주장합니다.

> 이승만 정권 12년간 각료 국무총리 이하 115명, 중복 인원 빼면 모두 96명, 이들 가운데 독립운동자는 단 4명, 국내 민족투사 8명, 합해서 12.5%. 이와 견줘 부일 협력자는 30명으로 무려 31.3%, 조부 부친 형제의 적극 친일까지 합한 비율은 34.4%임.
>
> —임종국, 「제1공화국과 친일세력」, 『해방전후사의 인식 2』(한길사, 1985, 146~208쪽)

이것은 친일파 연구에 일생을 바친 고 임종국 선생의 글입니다. 선생은 이 글에 친일 인사들의 명단과 아주 자세한 친일행위를 밝혀놓았습니다. 이 아무개 교수의 말과 달리 이승만 정부가 친일파를 등에 업은 정권이란 걸 알 수 있지요. 앞의 이 아무개 교수는 이승만 1기 내각의 상황을 1공화국 전체 상황으로 확대해 말한 것입니다.

대한민국은 이제까지 1919년 대한민국 임시정부 수립일을 원년으로 삼고 있습니다. 대한민국이 원년으로 삼는 1919년의 대한민국과 1948년의 대한민국은 같은 대한민국이 아니던가요? '건국절' 주장은 일제강점기 독립운동의 의미를 지우고, 이승만 정권을 미화하려는 사람들이 만들어낸 역사 흐리기에 지나지 않습니다. 여러분 생각은 어떤가요? 역사 사실을 확인하고 자신만의 생각을 세워보세요.

이승만과 우장춘

씨 없는 수박 하면 떠오르는 이름 우장춘(禹長春) 박사는 일본에서 태어나 도쿄 제국대학에서 박사학위를 받은 과학자입니다. 우장춘 박사의 '종의 합성' 이론은 다윈의 진화론을 수정시킨 것으로 유명합니다. 다윈은 자연환경에 적응하여 살아남은 종만이 새로운 종이 된다고 주장했지만, 우장춘 박사는 같은 속(屬, 무리)의 다른 종(種)을 합성하면 새로운 종이 될 수 있다고 주장했습니다. 실제로 배추와 양배추를 합성해 유채를 만들어 이를 증명했습니다. 이 논문으로 우장춘 박사는 세계 생물학계에 육종학자로 우뚝 섭니다.

우 박사는 씨 없는 수박으로도 유명한데, 원래 씨 없는 수박은 일본 교토대학교의 기하라 히토시(木原均) 박사가 만들었어요. 당시 우리나라는 육종 기술이 부족해 씨 없는 수박 재배에 실패했는데, 우장춘 박사가 씨 없는 수박 재배에 성공하자 이를 만든 사람으로 잘못 알려졌답니다.

그런데 왜 우장춘 박사는 일본에서 태어나고 자랐을까요? 우 박사의 삶에는 아주 슬픈 대한민국의 역사가 있습니다. 우장춘 박사의 아버지는 우범선으로 명성황후 시해 사건 때 경복궁으로 일본 낭인(깡패)들이 들어오도록 도운 훈련대대장이었습니다. 이 때문에 우범선은 일본으로 망명합니다. 그 후 일본에서 사카이 나카(酒井仲)와 결혼하고

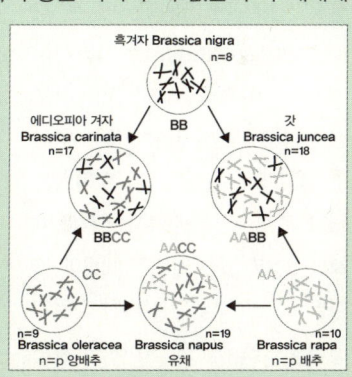

▲ 우장춘 트라이앵글(Triangle of U)은 종의 합성을 말한다. 흑겨자+양배추=겨자, 양배추+배추=유채, 흑겨자+배추=갓이 될 수 있다.
© news.dongascience.com

장남 우장춘을 낳습니다. 1903년 대한제국 군인 고영근은 일본에 건너가 친일파 우범선을 살해했습니다.

우장춘은 명성황후를 죽인 역적이자 죄인의 아들로 평생 마음의 짐을 지고 살았습니다. 다행히 열심히 노력해 도쿄제국대학 농학부 실과에 입학하고 일본 농림성 농사시험장의 기수(技手)가 됩니다.

1945년 해방이 되자 우리나라는 다양한 분야의 과학기술 인력이 필요했습니다. 1950년 이승만 대통령이 우장춘 박사를 한국농업과학연구소 책임자로 초청했습니다. 그러나 우장춘 박사는 아버지 우범선의 행적 때문에 많은 비난을 감수해야 했지요. 특히 일본에 있는 자녀들에게 한국어를 가르치지 않았고 평소 한국말을 잘 못한 걸 두고 비난이 쏟아졌지요.

그런 속에서 우장춘 박사는 우리나라 기후와 토질에 맞는 종자 생산을 시작합니다. 제주도는 농작물의 꽃이 피고 열매 맺는 시기에 장마가 와 수확량이 적습니다. 그런데 기후가 따뜻해 감귤 재배에는 안성맞춤이었지요. 그래서 제주도 농민을 설득해 감귤 재배를 시작한 결과 현재는 국내 최대 감귤 생산 지역이 됐습니다. 강원도 감자는 바이러스에 쉽게 걸려 상품 가치가 떨어졌는데 품종 개량 끝에 우수한 강원도 감자를 만들었고, 무와 배추도 개량해 병에 강하고 맛이 뛰어난 종자를 만들었습니다. 그의 노력에 힘입어 채소와 작물 생산량이 늘고 농업기술이 발달합니다.

하지만 1959년 8월 한국에 온 지 10년 만에 우장춘 박사는 십이지장 궤양이 심해져 죽습니다. 죽기 사흘 전 농림부 장관이 병상에 있는 우장춘 박사에게 문화포장을 수여했습니다. 세계적인 육종학자 우장춘 박사는 친일파였던 아버지 때문에 고통받았지만 해방 뒤 이승만 정권의 초청으로 조국에 와 아버지의 잘못

▲ 우장춘 기념관. 1999년 탄생 100주년을 맞아 부산 동래구에 세웠다. ⓒ www.digitalorganic.net

을 갚으려는 듯 훌륭한 업적을 남겼습니다. 부산시는 1999년 우장춘 박사 탄생 100주년을 기념해 부산 동래구에 우장춘 기념관을 세웠습니다.

생각해볼 문제

1. 역사 근거를 바탕으로 이승만 옹호론과 이승만 비판론을 써봅시다.

2. 우장춘 박사의 예에서 보듯 아버지나 할아버지의 반민족 행위에 대한 책임을 그 후손들이 져야 할까요? 만약 져야 한다면 어느 대(아들이나 딸, 손자나 손녀……)까지, 어느 면까지 져야 할까요? 헌법의 연좌제 금지 조항을 참고로 아래 각 사안별로 토론해봅시다.
  (헌법 제13조 3항: 모든 국민은 자기의 행위가 아닌 친족의 행위로 인하여 불이익한 처우를 받지 아니한다.)
  ① 도의 면, ② 경제 면, ③ 공직 담임 면

더 읽어볼 책

- 『고등학교 한국근현대사 교과서』, 김한종 외, (주)금성출판사, 2008, 252~267쪽.
- 『고쳐 쓴 한국현대사』, 강만길, 창작과비평사, 1994, 201~230쪽.
- 『대한민국사 – 한홍구의 역사 이야기 1~4』, 한홍구, 한겨레출판, 2003~2007.
- 『해방전후사의 인식 2』, 강만길 외, 한길사, 1985, 143~208쪽.
- 『해방 후 양민 학살사』, 김삼웅, 가람기획, 1996.
- 『1997, 분단과 한국사회』, 김동춘, 역사비평사, 1997.
- 『한국과학기술30년사』, 과학기술단체총연합회, 1980.
- 『우리 과학 100년』, 현암사, 2001.
- 『과학기술 60년사』, 사이언스타임즈, 2008.

해적! 그들은 누구며
왜 해적질을 하는가?

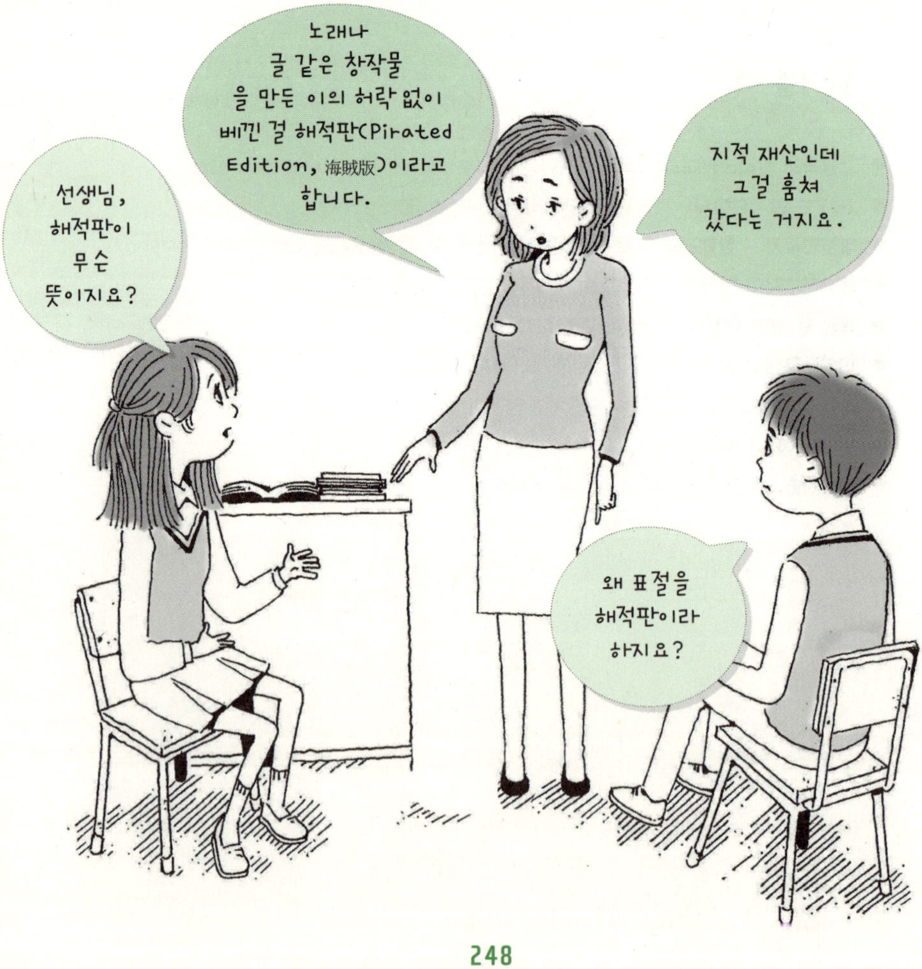

노래나 글 같은 창작물을 만든 이의 허락 없이 베낀 걸 해적판(Pirated Edition, 海賊版)이라고 합니다.

지적 재산인데 그걸 훔쳐 갔다는 거지요.

선생님, 해적판이 무슨 뜻이지요?

왜 표절을 해적판이라 하지요?

해적을 판별하라

기억하시나요? 삼호 주얼리호 피랍 사건. 납치 소식에 한 번 놀라고, 구출하다 선장이 중상을 입었단 소식에 두 번 놀라고, 선장이 맞은 총알이 우리 해군 것이네 아니네, 한 발이라다가 두 발이네, 해적이 쏜 건지 우리 해군이 쏜 건지 모르겠네 하여 어리둥절했었지요. 법정에 선 소말리아 해적의 구구절절 사연을 듣고 안타까움과 연민도 느낄 수가 있었습니다.

잊을 만하면 한 번씩 들려오는 해적 뉴스에, 소말리아 해적들 그야말로 유명해졌습니다. 그런데 해적이란 무엇인가요? 선량한 이들의 재산과 목숨을 빼앗는 바다의 무법자? 간단하고 명쾌해 보입니다. 하지만 역사를 살펴보면 해적을 정의하는 일이 그리 간단치 않다는 걸 알게 됩니다. 이제부터 해적에 대해 알아봅시다. 아래 사례를 보고 해적인지 아닌지를 판별해보세요.

해적일까 아닐까?

가. 나라 밖 노예 사고팔기는 몰래든 드러내놓고든 고대부터 늘 있어왔다. 그러나 이전과 차원이 다른 대규모 노예무역이 15세기 중반 시작되었다. 포르투갈의 무장한 상인들이 서아프리카 해안 지역(지금도 노예 해안이라 부름)에 침입하여 주민들을 사로잡아다 아메리카의 사탕수수 농장에 팔아 많은 이익을 챙기자 이에 뒤질세라 스페인·영국·프랑스·네덜란드·독일·스웨덴·덴마크는 온 국가가 노예무역에 뛰어들었다. 이 나라들이 16~18세기에 쌓은 국부(국가의 재산) 대부분은 노예무역 이익이라고 한다. 이 나라들의 행위는?

나. 1853년 7월 미국의 페리 제독은 대포로 무장한 네 척의 검은 증기선을 타

고 와 일본 에도(도쿄)만에 정박하고 무력시위를 하며 개항을 요구했다. 쇄국을 고수하던 막부 정권은 불가항력임을 깨닫고 이듬해 3월 미일화친조약을 맺었다. 미국의 요구대로 시모다와 하코다테를 열고 미국 선박의 안전을 보장하는 등 불평등 조약을 맺었다. 페리의 행위는?

다. 담살이(머슴) 출신 의병 안계홍 부대는 일본군도 두려워했다. 전남 광양에 거점을 두고 일본 어선을 기습하여 일본 선원 3명을 사살하고 물자를 빼앗았다. 후기 호남 의병들은 일본 상선을 자주 공격했다. 일제의 경제 침략에 저항한 것이다. 이들의 공격을 받아 피해를 입은 일본 화물선과 어선을 다 셀 수 없을 정도였다. 안계홍 부대의 행위는?

어때요? 해적인지 아닌지 쉽게 가늠할 수 있나요? 아니면 조금 어렵나요? 우리 서두르지 말고 해적의 역사를 좀 더 알아봅시다. 역사를 거슬러 가장 오랜 해적을 찾아가 보죠.

가장 오랜 해적 기록은 「오디세이아」

신석기 혁명 이후 인류는 사는 형편이 나아졌습니다. 생산수단과 방법을 고치자 어떤 씨(부)족들은 먹고도 식량이 남았지요. 잉여생산물이 생긴 겁니다. 남는 것이 생기니, 이를 둘러싼 쟁탈전이 벌어집니다. 해적은 이때부터 있었을 것으로 봐야지요. 배는 대량 운송 수단인지라 재화가 그득해 해적들은 늘 군침을 흘렸고 서로 이를 빼앗으려 했습니다. 이들 해적의 주 활동무대는 지중해 연안, 동아시아, 말라카 해협, 카리브 해 연안, 수에즈, 파나마 운하 주변 등이었습니다.

서양 해적에 관한 가장 오래된 기록은 호메로스의 『오디세이아』입니다. 호메로스가 살던 동부 지중해와 에게 해는 이집트와 페니키아가 뱃길 무역을 많이 했기에 이들을 노린 해적들이 많았어요. 이들은 소아시아(지금 터키) 남해안, 그리스 바닷가와 섬을 근거지 삼아 물건을 빼앗고 사람들을 잡아다 델로스 섬의 노예시장에 팔았답니다. 해적들이 흔해선지 그리스인은 해적 행위도 전쟁이라 여겼고, 역사가 헤로도토스도 이를 비난하지 않았다지요.

해적들은 아테네가 떵떵거리며 동지중해 바다를 지배할 때엔 뜸했으나 아테네가 쇠하자 다시 살아났지요. 로마의 카이사르도 젊은 시절 공부하러 로도스 섬에 가다 해적에게 잡혀 몸값을 주고 풀려난 일이 있다고 하니 꽤 극성이었나 봅니다. 기원전 264~146년 사이 로마와 카르타고는 지중해 해상권을 놓고 세 차례나, 이른바 포에니 전쟁을 벌입니다. 100년도 넘는 오랜 전쟁 끝에 로마가 카르타고를 누르고 지중해의 패권을 차지합니다. 그리고 속주(屬州)에서 거둔 많은 재물을 로마로 나릅니다. 배로 말이죠. 당연히 이를 노리는 해적들이 이탈리아 반도 주변으로 몰려들었습니다. 이들은 대개 로마에 정복된 주변 민족들이었습니다. 로마가 정복한 땅에서 빼앗은 재물을, 본래 그 땅의 사람들이 되찾아 간 것이지요. 로마는 이들을 해적이라 기록했습니다.

로마 정계에서 밀려난 귀족들이 해적이 되기도 했습니다. 공화정 삼두정치의 한 축인 폼페이우스, 들어봤지요? 카이사르, 크라수스와 함께 로마공화정 제1차 삼두정치의 한 사람. 그의 아들 섹스투스가 해적을 몰고 왔다가 옥타비아누스의 부하 장수—여러분이 미술 시간에 보고 그리던 석고상 가운데 하나인—아그리파에게 진압당했지요. 로마제국이 망하고 게르만족 대이동 뒤, 바닷길 무역이 시들해지면서 지중해 해적도 자연스럽게 자취를 감췄습니다. 그 뒤로 해적계에는 새로운 주인공이 등장합니다. 바로 그 유명한 노르만(게르만의 한 갈래), 바이킹입니다.

해적들이 세운 나라

춥고 척박한 땅 노르웨이와 덴마크 등지에 살던 이 부족들은 8~10세기에 따뜻해 살기 좋은 남쪽으로 이동하며 노략질을 시작합니다. 판자를 겹쳐 덧대어 14~23m 길이로, 노와 돛을 달아 날렵하게 만든 롱십(longship)이란 배를 타고 프랑스 북서부 바닷가, 도버 해협을 건너 지금의 포르투갈 해안을 따라 내려와 지중해까지 쳐들어갔지요. 역사에서 이들의 해적 행로를 2차 게르만 민족 이동이라고도 부릅니다. 이들은 당시 부를 누리던 교회와 수도원, 영주의 성채 등을 습격해 재물을 빼앗아 갔는데, 나중엔 간덩이가 커져 거기 눌러 살기로 작정하지요. 나라를 세우고 통치까지 했습니다. 이들이 세운 나라가 노르망디 공국(프랑스), 앵글로색슨 왕국(영국), 이탈리아의 시칠리아 왕국과 나폴리 공국, 러시아 쪽으로 노브고로드 공국과 키예프 공국 등입니다.

십자군 전쟁 뒤 지중해는 동방무역이 번성했고 이에 덩달아 해적들도 날뛰었지요. 도시국가들은 민간 선박에게 적국의 배를 빼앗아도 좋다는 면허장(사나포)을 주었습니다. '선전 포고'란 개념 자체가 없이 전쟁하던 그때 바다 위에선 무차별 약탈과 살인이 벌어졌습니다. 무엇이 전쟁인지, 무역인지, 해적질인지 구별하기 어려웠습니다. 13~14세기 이후 해적들은 욕심 많은 국왕이나 제후, 기사들의 후원을 받기도 했고, 상선 무장대원이나 호

▲ 850년경 만든 것으로 추정하는 노르웨이 남부 고크슈타트에서 1880년 발견한 바이킹의 배

위선단 단원으로 버젓이 활동했습니다. 이러니 걸핏하면 무력 충돌이요, 나라와 도시 사이 전쟁이 끊일 날 없었지요.

바이킹과 대구(大口)

바이킹이 유럽 바다를 활개 치고 다닌 데는 여러 요인이 있지만 그중 하나로 대구 저장법 활용을 꼽습니다. 먼 거리를 항해하려면 바다 위에서 오랫동안 견뎌야 하는데 냉장 냉동 시설이 없던 당시로서는 여간한 문제가 아니었습니다. 배에 먹을거리를 실으면 얼마 못 가 상해 먹을 수 없었지요. 식품을 오래 보관한다면 바다에 떠 있는 기간도 늘고 먹을 양도 많아져 싸움할 때 유리하겠지요. 바로 그때 대구를 말려서 저장하는 방법을 알게 된 바이킹이 바다의 왕자가 된 것입니다. 입이 큰 대구(大口, cod)는 1m 이상 자라고 흰 살 생선에 지방도 적어 소금에 절여 잘 말리면 오랫동안 먹을 수 있었습니다. 메이플라워호를 타고 아메리카로 간 청교도들이 정착해 최초의 식민지를 만드는 데도 대구가 한몫했습니다. 매사추세츠 동남부 반도 앞바다는 아주 차가운 바닷물인 래브라도 한류가 흐르기 때문에 대구가 많이 잡혀 케이프코드(대구곶, 大口串, cape cod)라 부릅니다. 대구가 많은 곳을 찾아 청교도들이 온 것이죠. 북아메리카(지금의 미국)에 식민지를 운영하던 영국은 설탕, 차, 대구 등의 무역제한법을 만들어 식민지를 통제했습니다. 이에 식민지인들은 보스턴 차 사건을 일으키면서 독립운동을 시작했지요.

바다를 두른 나라들은 어디까지가 자기 나라의 바다인지 주장할 근거가 마땅치 않았는데 이 문제를 해결하는 데도 대구가 끼지요. 영국과 아이슬란드는 대구 어장을 둘러싸고 다투었습니다. 1972년부터 1976년까지 4년에 걸친 대구 어업 분쟁 결과 200해리 어업권을 만듭니다. 인구 30만의 아이슬란드가 대구 전쟁에서 승리한 결과가 200해리 어업권입니다. 우리나라 거제 앞바다에서도 대구를 잡는데 해마다 국립 수산과학원에서 대구 치어를 방류하고 있어 대구 수확량이 조금씩 늘어나고 있습니다. 날씨가 쌀쌀해지는 10월이면 담백하고 시원한 대구 국물 맛이 인기입니다. 그러나 대구를 산업용으로 너무 많이 잡은 탓에 예전만큼 대구가 잡히지 않습니다. 1994년 미국 연방정부는 케이프코드에서 상업 대구잡이를 금지합니다. 인간의 과도한 탐욕 때문에 흰 살에 양도 많고 오랫동안 보관하기 쉬운 대구가 귀해졌습니다. 한때 궁녀들에게 월급 대신 주기도 했다던 커다란 대구를 우리가 사는 가까운 바닷가에서 자주 다시 볼 수 있기를 고대합니다.

국가 해적이 판치는 시대

서양인들이 대항해 시대라 부르는 15~16세기 많은 선단들이 일확천금 향료 무역을 위해 동방으로 나섭니다. 이 시대에도 무역선과 해적선을 구별하기가 어려웠습니다. 바다나 뭍을 가리지 않고 자신과 견줘봐서 만만하다 여기면 들이쳐서 죽이고 빼앗았습니다. 돈 될 물건을 찾아 온 바다를 항해하다 인도항로니 희망봉이니, 아메리카를 발견했다며 떠벌렸습니다. 그래서 '신대륙'이라 불렀는데, 자신들이 처음 봤다고 '최초' 발견이라 우기면 그 땅에 살던 사람들은 제 땅도 못 보고 살았다는 얘기니 억울할 뿐이죠. 가령 어떤 사람이 "이 동네는 처음 와 보는 곳이네, 내가 '새마을'을 발견했다."고 깃발을 꽂는다면 그곳에 살던 사람들은 얼마나 어이없겠어요. 콜럼버스의

▲ 스웨덴 왕 구스타프 2세 때인 1628년 첫 항해 날 침몰한 바사호를 건져내 복원 전시하고 선원 활동을 가상해 만든 모형

'신대륙' 발견을 아메리카 원주민 관점으로 보면 바로 이런 일이지요.

16세기 영국과 에스파냐가 패권을 다툴 때 영국의 해적들이 에스파냐의 상선을 몰래 쳐 재물을 빼앗자 많은 영국인들이 고소해했지요. 이를 뒤따라 원정에 나서는 영국인들이 많아져 에스파냐는 큰 피해를 입었고 참다못한 에스파냐의 필리페 2세는 1588년 무적함대를 동원해 영국을 공격합니다. 그러나 조직력과 선단, 무기 등에서 열세인 에스파냐가 참패해 영국이 해상권을 잡습니다.

절대주의 시대를 거치며 서양 여러 나라들은 중앙집권을 더욱 강화해 지방통제력을 키웁니다. 해적들은 점차 줄어들고 이제는 강력한 국가 단위로 약한 나라를 치고 빼앗아 식민지를 만드는 제국주의 시대로 접어들지요. 작은 떼 해적들은 줄었으나 국가 단위 '큰 떼 해적들'이 더 늘었습니다.

돋보기

역사 용어에 숨은 서양 중심주의
알쏭달쏭 역사 용어, 인디언은 인도 사람?

우리가 쓰는 세계 인명, 지명에는 영어식 표현이 많고 어떤 것은 일본식 변형 표기까지 있습니다. '낭만', '낭만주의'라는 말을 흔히 쓰지요? 이게 본디 서양 말 '로망(roman)'에서 왔습니다. 이를 일본인들이 소리 나는 대로 로우망(ろうまん)으로 부르며 음차한 한자어 '浪漫'으로 적었는데 이것을 우리가 한자음으로 읽어 '낭만'이라고 한 것입니다. 국어사전에 올라 널리 쓰니 이제 와서 어쩌지 못하고 있지요.

다른 나라 땅 이름, 사람 이름을 어떻게 불러야 할까 궁금하지요? 이는 국립국어원의 외래어 표기 규정을 따릅니다. 원칙은 '원지음(해당 국가나 지역의 현재 발음)으로 표기함'입니다. 그렇다면 영어식으로 흔히 쓰는 '시저'나 '콜럼버스'는 이탈리아 사람이므로 '카이사르', '콜롬보', '베니스'는 이탈리아 도시이므로 '베네치아', 이렇게 불러야 하지요. 그런데 '통용되는 것은 그대로 따른다.'는 규정도 있기에 영어식 발음 콜럼버스도 맞습니다. 인도 사람은 영어로 인디언이지요. 그럼 아메리카에 예전부터 살고 있던 사람은? 역시 인디언이라 합니다. 한컴 사전을 보면,

Indian
【명사】 ① 인도 사람; 인도어(語). ② (아메리칸) 인디언; 아메리카 토어(土語).

인디오(에스파냐 indio)
【명사】 넓은 뜻의 아메리칸 인디언, 좁은 뜻으로는 라틴 아메리카의 원주민을 일컬음.

원주민(Native, 原住民)
【명사】 어떤 지방이나 땅에 본디부터 살고 있던 사람들(이 말에는 '열등'의 뜻을 함축하고 있어 쓰기에 껄끄러움).

토착민(Indigenous, 土着民)
【명사】 대대로 그 땅에서 살고 있는 백성. [참고] 본토박이.

이제까지 별생각 없이 불러온 '인디언'이란 말, 논리상으론 맞지 않는 말입니다. 이 말 속에는 서양 중심주의가 숨어 있지요. '신대륙 발견'도 마찬가지예요. 그렇다면 어떻게 불러야 좋을까요? 이미 익숙해졌으니 틀려도 놔두는 게 나을까요? 지금이라도 고쳐야 할까요? 생각을 정리해보세요.

동아시아 해적의 대명사 왜구

서양 해적의 대명사가 바이킹이나 캐리비안 해적이라면 아시아 해적으론 왜구가 있습니다. 이들도 서양 해적 뒤에 서라면 서러워할 역사와 잔학함을 자랑하지요. 일본 해적들은 삼국 시대 이전부터 우리나라 해안에 침입한 걸로 봅니다. 광개토왕 비문에 "왜구를 크게 무너뜨

렸다."는 대목이 있지요. 또 신라 말 장보고가 청해진을 건설해 중국과 일본 해적들을 제압하고 무역로를 개척할 때의 일본 해적을 왜구라고 부르기도 합니다. 그렇지만 보통 왜구라 하면 13~16세기에 한반도와 중국 남동해안 등 동아시아 지역을 무대로 침략, 약탈, 납치, 밀무역을 하던 일본인 해적들을 말합니다.

고려 말 왜구의 노략질이 잦았는데 이는 고려와 일본의 정치 상황과 맞물립니다. 그때 고려는 원나라 간섭기였습니다. 고려가 국방력을 키우지 못하게 원나라가 통제했기 때문에 고려는 수군이 약했습니다. 이에 견줘 일본은 1333~92년까지 남북 내전을 치르느라 백성들 살기가 고단했고 중앙권력이 지방을 제대로 통제하지 못했습니다. 그래서 규슈와 쓰시마 섬의 가난한 주민들이 해적이 되어 고려와 중국 해안을 노략질했던 거지요. 이들은 한때 500여 척의 대함대로 규모를 키워 평안도, 함경도로 몰려와 조운선, 조창, 지방관아를 습격했고, 심지어 수도인 개경까지 위협했습니다.

고려가 입은 피해는 매우 컸습니다. 많은 사람들이 죽음을 당하고 재산을 빼앗겼습니다. 남부의 섬은 물론 바닷가 백성들이 더 깊은 내륙으로 피란해야 했습니다. 기름진 경상, 전라, 충청도의 해안 지역 농토를 잃었고 나라 살림은 어려워졌습니다.

이에 고려 정부는 원의 국방 간섭을 피해 농민 시위군과 수군을 조직하고, 산성이나 읍성 같은 방어 시설을 강화하는 한

▲ 16세기 명나라 때 왜구를 그린 「왜구도권」에 실린 왜구 모습

편 화포를 개발해 왜구를 물리칩니다. 1364년(공민왕 13)에는 진해에서 김속명이 3,000명의 왜구를 몰아냈고, 1376년(우왕 2)에는 최영이 충청도 홍산에서 대첩을 거두었고, 1380년(우왕 6)에는 금강 진포에 머문 왜선 500척을 나세, 심덕부, 최무선 등이 화포를 쏴 불태웠으며(진포해전), 이때 남아 남부지역을 휩쓴 왜구를 이성계가 지리산의 황산에서 섬멸해 왜구의 위세를 꺾을 수 있었습니다. 1389년(창왕 1)에는 박위가 전함 100척을 거느리고 왜구 소굴 쓰시마를 소탕하여 왜구 침입이 뜸해졌습니다.

그럼에도 왜구 침입은 고려가 멸망한 원인 중 하나입니다. 왜구의 약탈도 큰 피해려니와 이를 막기 위한 국방비 지출에 허리가 휘어버린 거지요. 아무리 강력한 소탕 정책을 써도 왜구는 사라지지 않았습니다. 일본에 흉년이 들거나 탐관오리, 토호들의 가렴주구로 굶어 죽게 된 사람들이 이판사판 막다른 상황에 몰려 해적이 되기도 했습니다. 먹을 것이 없어 죽기 살기로 해적이 되는 사람들을 막을 길이 없었지요. 해적 몰아내기에 앞서 해적이 될 토양을 없애야 했던 겁니다.

왜구는 일본 지배자들에게도 골칫거리였는데 조선이나 중국, 이웃 나라들과 외교 분쟁을 만들기 때문이에요. 또 왜구들 속에는 일본인들만 아니라 조선인과 중국인도 있다고 일본 지배자들이 볼멘소리 하기도 했지요. 일본은 이런 주장을 이어와 교과서에 버젓이 실어 외교 문제를 만들고 있습니다.

돋보기

일본 역사 교과서의 역사 왜곡

제주도는 왜구 소굴, 조선인 중국인도 왜구였다?

일본의 역사 교과서는 왜구에 대해서 어떻게 알려줄까요? 일본의 역사 교과서 5종에 실린 내용을 살펴봅시다. 해적질을 무역에 종사하다 가끔 저지르는 약탈 행위로 왜곡, 미화하거나 조선인, 중국인이 다수 포함되었다는 식으로 표현하고 있네요. 이는 명백한 역사 왜곡입니다.

청수서원(淸水書院) 역사 교과서 62쪽

"이때쯤 동지나해 중심으로 널리 무역에 종사하는 일본인 중심의 한 집단이 있었다. 한반도나 중국에서 그들은 때로는 무역을 강요하거나 물건을 빼앗기 때문에 두려움의 대상이 되었다."

제국서원(帝國書院) 역사 교과서 72쪽

"왜구는 제주도나 북구주의 섬들을 근거지로 하여 밀무역을 하거나 해적 노릇을 한 사람들이었다. 왜구에는 일본인 이외에 조선인과 중국인 등도 참가하고 있었다."

후소샤(扶桑社) 역사 교과서

"왜구란 이 무렵 조선반도와 중국 연안에 출몰하던 해적 집단을 말한다. 거기에는 일본인 이외에 조선인도 다수 포함되어 있었다. (중략) 16세기 중엽 감합(勘合) 무역이 정지되자 또다시 왜구가 번성하게 되었는데, 그 구성원은 거의 중국인이었다."

삼성당(三省堂) 역사 교과서

"왜구는 외교와 무역 관계에서 무역이 순조롭지 않을 경우 일어난 부수적인 문제…… 왜구는 '고려의 피차별민'과 '중국인들'도 참여한 반국가적인 집단이었다."

도쿄서적(東京書籍) 역사 교과서

"왜구 가운데는 일본인 이외의 사람도 많이 있었다."

왜구의 약탈이 심해지자 1419년(세종 1년) 이종무가 이들의 근거지인 쓰시마 섬을 정벌했습니다. 약탈이 어려워진 일본이 평화 무역을 청해 오자 조선은 부산, 울산, 진해를 개방해 적게나마 교역했고 통신사를 보내 평화 우호 관계를 유지했습니다.

첨단 장비로 무장한 현대 해적들

음산한 해골 깃발을 달고 번득이는 칼을 휘두르던 안대 맨 옛 해적들은 영화 속에나 있습니다. 현대 해적들은 통신 레이더를 갖춘 모선과 소형 쾌속정, 로켓포, AK 자동소총 등으로 무장해 활동합니다. 이들은 국제 범죄 조직과 줄을 대 배의 국적, 규모, 항로는 물론 화물의 종류, 수량까지도 정확히 알고 빼앗습니다. 소말리아 해적들은 영국의 범죄 조직과, 말라카 해협의 인도네시아 해적들은 중국과 홍콩, 싱가포르의 범죄 조직 지원을 받는다고 해요. 국제해사국(IMB-해적 활동 감시 국제기구) 발표를 보면, 해적들은 아프리카 서부 해안부터 인도양, 말라카 해협, 남중국해, 남아메리카까지 온 바다에 깔려 있습니다. 해적들은 대형 화물선이나 유조선이 수에즈 운하나 말라카 해협 등을 지나기 위해 속도를 줄이면 이때를 이용해 재빠르게 올라타 배를 빼앗습니다. 배에 실은 석유와 화물, 현금은 물론 납치한 승무원들을 잡아둘 장소까지 갖추고 말입니다. 이들은 인질극을 벌여 거금을 뜯어내고, 빼앗은 배에 페인트를 덧칠해 팔아버리며, 훔친 화물을 파는 네트워크까지 갖추고 있습니다.

소말리아에는 왜 해적이 많을까?

'아프리카의 뿔' 소말리아는 인구의 99%가 이슬람교 신자입니다. 1991년 미국 등 서방의 지원을 받는 군벌들이 공모해 시아드 바레 사회주의 정부를 쓰러뜨리고 이슬람게 반군과 대립하며 지금까지 내전 중이죠. 후진국(저개발국)의 내전에는 대개 미국, 영국, 프랑스, 러시아 등 강대국들이 깊이 개입합니다. 미국은 이슬람계 반군들이 알카에다와 연결됐다는 명분을 내세웁니다. 과도정부가 있긴 하지만 대부분의 지역은 여전히 군벌들이 장악하고 있습니다. 해상 질서가 어지러운 틈을 타 군벌들은 해적 활동에 나섭니다. 내전 비용을 마련하려는 것이죠. 국제해사국은 소말리아 해안 200마일 안으로는 다가가지 말라고 이릅니다. 군벌 우두머리들은 가난하고 세상 물정 잘 모르는 도시 빈민, 시골 청년들, 심지어 어린아이들까지 데려다 억지로 또는 그들의 가난을 들씌워 해적으로 만듭니다. 간단한 훈련을 시킨 뒤 해적 행동 대원을 만들어 소모품으로 써먹습니다. 가장 험한 바다 활동은 가난한 나라 사람들이 맡고 부자 나라의 범죄 조직들은 이들을 부리는 겁니다. 따지고 보면 우리나라에 잡혀 온 말단 해적들은, 그 행동은 몹쓸 짓이었지만, 가난이 죄인 불쌍한 사람들이지요. 가난한 사람들이 막막한 가난 때문에 범죄에 빠지지 않아도 되게 가난을 몰아내야 하고, 배 위의 말단 해적 행동 대원뿐만 아니라 더 큰 몫을 뒤에서 챙기고 부리는 국제 범죄 패거리들을 없애야 바다 평화를 이룰 수 있습니다.

돋보기

군벌(軍閥)은 무장한 벌족, 곧 무장 조직을 갖추고 일정 지역을 실질 지배하는 집단을 일컫습니다. 군벌주의라는 용어는 위안스카이가 죽은 뒤 중국의 혼란 상태를 이르기 위해 처음 썼는데 그 뒤 점차 뜻을 넓혀 비슷한 현상을 일러 쓰고 있습니다. 중국의 삼국 시대나 일본의 전국 시대, 현대의 소말리아와 아프가니스탄의 무장 통치 조직을 군벌이라 이릅니다.

진짜 해적 가려낼 눈 키우자

다시 이야기를 앞으로 돌려보지요. 글을 시작하며 여러분께 유럽 국가들의 노예 장사, 미 해군 페리의 일본 강제 개항, 머슴 출신 의병 안규홍의 일본 상선 약탈. 이 세 가지 사례가 해적일까 아닐까를 물었습니다. 이제 답을 찾았나요? 로마는 속주에서 거둬 가는 곡식과 재화를 도로 빼앗아 가려는 속주민들을 해적이라 불렀습니다. 그렇다면 식민지 조선인 안규홍이 일본 상선을 약탈한 것도 똑같이 해적이라 봐야 옳을까요? 현재 국제법은 "해적은 공해상(公海上)에서 국가 또는 정치 단체의 명령 내지 위임에 의하지 않고, 사적(私的) 목적을 위해 선박을 빼앗고 사람을 때려 바닷길 가기를 위험하게 하는 자"라 하고, 그 약탈과 폭행을 해적 행위로 규정합니다. 지금까지 전하는 역사 기록들은 대개 힘이 강한 자, 지배자, 승리자가 자신의 관점으로 저울질해 기록했지요. 앞으로도 그럴 겁니다. 여전히 국제 관계는 힘이 좌우합니다. 그 힘은 강해지기도 약해지기도 합니다. 오늘 해적 행위라 한 사안이 먼 뒷날 아닐 수도 있고 오늘은 아무러치 않은 강대국의 행위를 나중에는 해적 행위라 값 매길 수 있습니다. 어떻게 보는 게 옳은 것인지를 깊이 생각해보세요.

따라서 해적 짓이라 쓴 역사 기록일지라도 꼼꼼히 다시 따져봐야 진짜 해적들이 누군지 가려내겠지요? 진짜 해적을 가려낼 밑가늠을 무엇으로 정할까요? 이제부터 어려운 고민을 해야 합니다. 역사 사건과 기록들을 값 매길(평가할) 때 과연 무엇을 밑가늠으로 삼을지, 누가, 무엇을, 어떻게 했어야 정의였는지를. 역사 사실을 단순히 아는 데서 나아가 역사를 해석하고 비평하는 일의 어려움을 알고, 생각의 깊이와 넓이를 더해가세요. 역사 진실을 판별하는 보편 잣대는 평등, 평화, 공존, 만물 존중, 생명 존중, 이런 것들이 아닐까요.

학급 역사 재판정 만들기

소말리아 해적 재판

한국 해군은 삼호 주얼리호를 납치한 소말리아 해적 8명을 사살하고 5명을 사로잡아 왔고 검찰과 법원은 이들을 우리나라 법정에 세워 재판하고 있습니다. 학급원들이 학급 역사 법정을 세워 이들을 재판해봅시다.

재판정 분위기

인류 평화와 정의를 위해 준엄한 법의 심판을 요구하는 검사와 이들 해적 행위가 반인륜, 극악무도한 범죄 행위인 점은 분명하나 그들의 무지와 가난, 시키면 시키는 대로 하는 말단 행동 대원의 한계 등으로 어찌 보면 또 한쪽의 피해자이기에 이를 변호하는 변호사, 법과 인정 사이에서 고민하는 배심원, 이상이나 규정과 현실 사이, 피해자 가족의 분노와 가해 범죄자 고향 가족들의 애타는 심경도 고려하는 재판관의 고뇌를 다 드러내어 공유하는 분위기 만들기.

준비

재판 일주일 전쯤 여러 구실 희망자를 가려 각자 배역에 맞게 준비함.

배역 최소 25~27명, 학급원 전체.
재판장: 1, 3명(단독 판사로 하든 3명의 합의부로 하든 상황에 맞게 배정).
배심원단: 10명.
검사: 1명(철저한 법집행으로 극단 처벌 주장).
변호사: 2명(가난이 죄인 사람들, 가족 연명 위해 어쩔 수 없이 택한 해적, 배움 기회 없고 먹고살기에 힘겨워 생명, 평화, 존중, 배려, 존엄 등을 생각해보거나 생각할 겨를도 없었던 무지렁이 가난뱅이 시골 청소년일 뿐인 해적을 변호).
피고인: 살해당한 해적(유령으로 참가)−부모는 병들고 굶어 죽는 동생들을 위해 해

적이 된 가난한 시골 청년 1명, 사로잡혀 온 가난한 해적 1명, 불량배로 거들먹거리며 처신하다 해적이 된 1명.

증인: 삼호 주얼리호 선장 1명, 해군 UDT 대원 2명, 소말리아 해적단 두목인 군벌 1명, 풀려난 선원 1명.

참고인: 국제해사국 직원 1명, 국제 마피아단으로 국제 해상 해운 정보 총괄 제공 담당자 1명.

전체 진행을 맡을 법원 서기 1명.

방청객: 나머지 학급원들(방청객도 가해자와 피해자 가족으로 나눠 재판 진행 때 감정 표현하기).

진행
재판장의 인정신문
검사의 공소장 낭독(공소 사실, 죄명, 적용 법조)
검사가 피고인에게 직접 신문
변호인의 반대 신문
재판장의 직접 신문, 증거 조사
검사의 의견 진술(구형)
번호인의 변론
피고인의 최후 진술
심리 종결 판결 선고

학생 활동
자신이 맡은 배역을 하면서 느낀 점 발표

생각해볼 문제

1. 다른 배역에 대해 나라면 어떻게 했을까 나누기

2. 각자 재판장이 돼서 판결문 쓰기

3. 피고인이 고향의 부모님께 보내는 옥중 편지 쓰기

더 읽어볼 책

● 『그림과 사진으로 보는 해적의 역사』, 브렌다 랄프 루이스 지음, 김지선 옮김, 북앤월드, 2011.
● 『단숨에 읽는 해적의 역사』, 한잉신 · 뤼팡 지음, 김정자 옮김, 베이직북스, 2008.
● 『해적의 역사』, 앵거스 컨스텀 지음, 이종인 옮김, 가람기획, 2002.
● 『잊혀진 전쟁 왜구』, 이영 지음, 에피스테메, 2007.
● 『고대의 배와 항해 이야기』, 라이오넬 카슨 지음, 김훈 옮김, 가람기획, 2001.

관련 단원 ●**중학교 역사(하)** 아시아·아프리카 민족 운동과 근대 국가 수립 운동 / 현대 세계의 전개
●**고등학교 한국사** 냉전 체제와 대한민국 정부의 수립
●**고등학교 동아시아사** 국민 국가의 모색 ●**고등학교 세계사** 제국주의 침략과 민족 운동

미국은
제국주의 국가일까?

제국주의(Imperialism)라는 말은 로마 황제를 뜻하는 임페라토르 (Imperator)에서 왔습니다. 유럽의 나라나 왕들이 로마제국을 본 삼아 제국이라 제 일컬어 식민지 침략을 하자 이런 정책과 사상을 제국주의 라 불렀지요. 제국주의 시작을 언제로 보냐 하면, 넓게는 대항해 시대 (15~16세기) 뒤 서양 나라들이 아메리카, 아프리카, 아시아를 쳐서 식민 지를 만들고 자원과 노동력을 빼앗던 때라고 보고 있으나, 좁게는 산업 혁명 뒤 식민지 쟁탈전에 뛰어든 18세기 말로 봅니다.

제1차 세계대전 직전 아시아, 아프리카, 아메리카는 에티오피아와 타이 등 몇몇 국가만 빼고 이른바 '열강'의 침략을 당해 식민지로 전락 했습니다. 우리를 비롯한 식민지 사람들은 피 흘려 싸웠고, 제2차 세계 대전 이후부터 1960년대 사이에 거의 독립했지요.

제국주의 시대 서양 기독교 국가들은 아시아, 아프리카, 아메리카 주민들에게 폭력과 착취를 일삼으면서도, 하나님을 모르는 자체가 죄 악이며 짐승과 같을 뿐이니 마땅히 벌을 받아야 한다고 생각했습니다. 야만인을 기독교로 개종, 교화시켜 발전과 안전을 보장해야 한다는 사 명감에 불탔지요.

돋보기

아름다운 음악이 흐르는 영화 「미션」 속에 숨겨진 잔인함

「넬라 판타지아」라는 노래를 아시나요? 아마 제목을 몰랐던 친구도 들으면, 아~ 이 음악! 할 겁니다. 사라 브라이트만이 불러 큰 인기를 모은 곡이죠. 본래 이 곡 은 영화음악 거장 엔리오 모리꼬네가 롤랑 조페 감독의 영화 「미션」에 기악곡으 로 작곡해 넣은 「가브리엘의 오보에」가 원곡입니다. 사라 브라이트만은 이 곡에 반해 작곡자에게 몇 번이나 애걸한 끝에 허락을 얻어 가사를 붙여 노래를 불렀 다지요. 영화 「미션」은 실제 사건을 소재로 만든 영화입니다. 이 영화를 보면 제국주의 침략의 잔학함과 침략 과정에서 기독교가 어떤 구실을 했는지, 서양 기독교인들이 기독교 자체를 알지 못하거나, 믿지 않는 식민지인들을 어떻게 보고 대했는지 조금은 알 수 있습니다.

이에 발맞춰 식민지 안의 이른바 '개화주의자'들이 힘을 얻습니다. 이들은 자신들보다 힘센 나라나 세력에게 머리 조아리며, 자신들의 전통을 내던지고 무조건 서양 문물을 받아들여야 한다며 목청을 높였습니다.

그렇다면 어떤 나라들이 제국주의 국가였을까요? 여러분도 알다시피 산업혁명을 거치며 부를 쌓아 강력한 군대를 조직한 서양 나라들이 있지요. 이들은 가난하고 약한 나라를 쳐서 직간접 지배하면서 원료 공급지와 상품 소비지를 만들었습니다. 영국, 프랑스, 독일, 에스파냐, 이탈리아, 벨기에, 네덜란드가 앞장서고, 뒤늦게 미국, 러시아, 일본이 뛰어들었지요. 이들은 아시아, 아프리카, 중남아메리카를 식민지로 만들었습니다. 그러나 지구상의 약소국 숫자는 한계가 있기에 이들의 과도한 식민지 걸터듬이(과식, 잡식)는 마침내 벽에 부딪쳤습니다. 다음은 자신들끼리 물고 뜯어 강한 자가 약한 자의 것을 빼앗는 단계로 이것이 이른바 제국주의 시절 열강끼리 벌인 식민지 쟁탈 전쟁이고 이 전쟁의 최고 절정이 제1차 세계대전이에요.

제국주의를 더 확장한 '문화 제국주의', '미디어 제국주의'라는 개념도 있습니다. 문화 제국주의는 부유한 강대국 문화가 가난한 약소국 문화에 큰 영향을 끼쳐 문화 면에서 지배함을 뜻합니다. 미디어 제국주의는 문화 제국주의의 아래 개념으로, 부유한 나라의 거대한 커뮤니케이션 미디어가 온 세계 미디어들을 이리저리 얽고 엮어 힘을 행사하는 구조나 현상을 뜻합니다. 깊이 따져 들어가면 제국주의는 민족주의와 자본주의, 사회주의, 사회진화론 등 여러 어려운 개념들과 만납니다. 제국주의를 제대로 알려면 정치학, 철학, 경제학 등 여러 학문을 함께 공부해야 합니다. 도전해볼 만한 공부겠지요?

비열하고 참담한 미국 역사

지금부터 우리는 미국이란 나라를 찬찬히 뜯어보려고 합니다. 한국과 군사 동맹을 맺고 있는 이른바 '우방'이자, 세계의 경찰, 초강대국 미국, 여러분이 미국의 밝은 모습만을 알고 있다면 아마 놀랄 거예요. 하지만 미국은 우리나라는 물론 온 세계에 큰 영향을 끼치는 만큼 밝은 쪽만이 아니라 그늘진 쪽도 제대로 알아두어야겠지요. 이 글을 다 읽고 여러분 스스로에게 '미국은 제국주의 국가인가?'라는 질문을 해보세요.

미국은 비열하고 참담한 역사를 가지고 있다. 그러나 그와 동시에 전 세계적으로 모범이 될 만한 역사도 아울러 가지고 있다. 인종차별과 원주민 학살, 제3세계에 대한 식민지 지배, 군사정권 지지와 제국주의 체제의 확대재생산 등이 전자라면 미국의 공화정 체제와 정치의 민주적 시스템 발전, 정치철학적 논쟁과 자신의 역사에 대한 치열한 비판적 검증 등은 의미 있게 짚어봐야 할 역사다.

－김민웅 성공회대 교수, 『시민사회신문』 2011년 10월 25일.

지금 우리가 아메리카라 부르는 땅에, 먼 옛날부터 그 땅에 대대로 살아온 사람들을 인디언, 또는 에스파냐어로 인디오라고 부릅니다. '인도 사람'이라는 뜻이지요. 영어로는 인도 사람도 인디언, 아메리카 원주민도 인디언입니다. 서양인들이 붙인 이름인데, 우리도 당연하게 그렇게 부르고 있지요. 왜 이런 얼토당토않은 일이 일어났을까요?

한번 상상해봅시다. 세계 지리 상식이 없는 어떤 사람이 인도를 가려다 어찌어찌해서 대만에 닿았습니다. 거기 사람들에게 여기가 인도냐고 물어봐도 말이 안 통해요. 대략 인도쯤이라 짐작한 거리를 왔다고 생각한 그는 여기가 인도다, 이들은 인도 사람(인디언)이라고 확신합니다. 헉! 대만 사람이 인도 사람 된 겁니다. 이게 콜롬보의 착오, 억지였습니다. 콜롬보는 죽을 때까지도 아메리카를 인도라 굳게 믿었다니까 그렇다 쳐요. 근데 아메리카가 인도가 아니라는 게 분명한 지금까지도 왜 바꾸지 않는 걸까요? 정말 이상하죠?(요즘 일부 미국인들은 Native American, 곧 '아메리카 원주민'으로 부릅니다.) 아메리카라는 이름도 아메리고 베스푸치의 이름을 땄으니 원래 토착민들이 그 땅을 뭐라 불렀는지 알 수 없어 안타깝습니다.

좋은 인디언은 죽은 인디언뿐

아무튼 서양인들이 발을 들이기 전 아메리카에는 여러 부족들이 평화롭게 살았습니다. 북아메리카 100만, 중앙아메리카 300만, 남아메리카 900만여 명으로, 전체에는 1,300만 정도의 사람이 살았다고 합니다. 이들은 기후와 지형에 잘 적응해 다양한 문화를 일구며 살았습니다. 중서부 평원지대의 유목 부족은 버펄로를 사냥하며 가죽으로 만든 원추형 천막에 살았고, 서부 부족들은 낚시와 사냥을 하며, 숲에서 통나무를 잘라 집을 짓고 살며 토템상을 만들었습니다. 동부 바닷가 쪽 부족들은 나무껍질이나 나뭇잎으로 집을 짓고 농사와 사냥, 채집 생활을 했으며, 사막 기후인 남서부 지역 부족들은 진흙 벽돌집을 짓고, 옥수수와 양을 기르며 때론 사슴 사냥을 했습니다. 부족 단위로 평화롭게 살았기에 큰 정치권력 집단이나 국가체제, 군대도 없었고 무기라야 사냥하는 활과 창 정도였지요.

이처럼 고요한 대륙에 어느 날 갑자기 유럽인들이 몰려들었습니다. 유럽에서 종교 박해를 받던 신교도들이 천신만고 끝에 아메리카에 도착한 초기, 토착민들은 그들을 위해 살 곳을 마련해주고 농사법을 가르쳐주었습니다. 하지만 살기 좋은 아메리카 땅의 소문이 퍼지자 유럽인들이 더 많이 몰려왔고, 토착민들에게 땅을 더 내놓으라고 요구했습니다. 서로 맞서게 되자 활과 창이 고작인 토착민들은 총과 대포로 무장한 유럽인들을 당해낼 수 없었습니다. 삶터를 지키려던 토착민들은 거의 다 죽어갔습니다. 백인들은 그들에게 이렇게 말했다지요.

"좋은 인디언은 죽은 인디언이다."

백인들은 미국 여기저기에 있는 황무지나 깊은 삼림, 사막 지대에

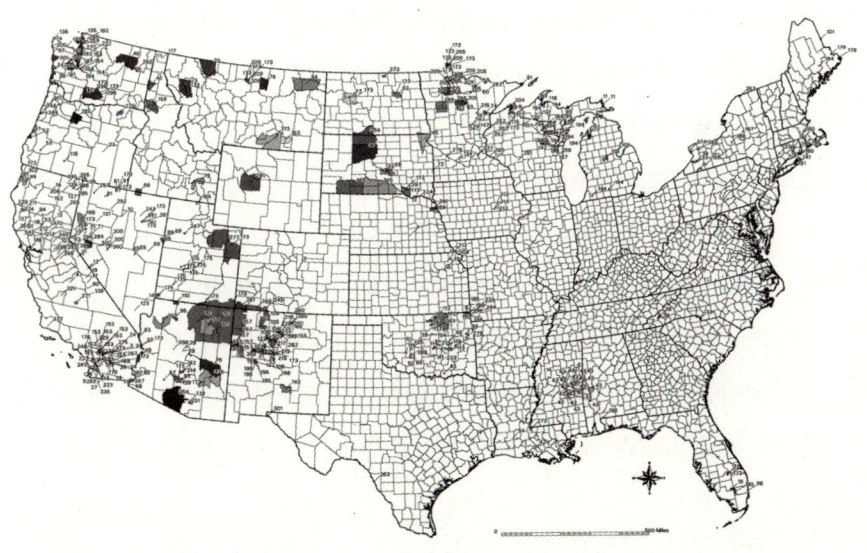

▲ 310개의 인디언 보호구역. 원래 땅 주인은 백인들이 황무지에 지정한 구역에서 거의가 관광객들에게 기대 우리 안의 원숭이들처럼 살고 있다.

'인디언 보호구역'이라는 허울 좋은 집단 거주지를 정해서 원래 땅주인들을 강제 수용했습니다.

> 그 당시 나는 얼마나 많은 것이 끝장났는지를 모르고 있었다. 이제 나이 들어 높은 언덕에 올라 돌아보니 학살당한 여인네들과 아이들의 시체가 굽이도는 계곡을 따라 겹겹이 쌓이고 여기저기 흩어져 있는 게 보인다. 나는 또 한 가지가 그 피 묻은 진흙 속에 죽어서 눈보라 속에 묻혀 있는 걸 본다. 한 민족의 꿈이 거기 죽어 있다. 그건 아름다운 꿈이었다. 이젠 사람 간의 연줄은 끊어지고 흩어져버렸다. 더 이상 중심이라곤 없고 신선한 나무는 모두 말라 죽었다…….
> —1890년 300명이 학살당한 수우족의 '검은사슴'

유럽에서 온 백인들이 토착민들을 몰아내며 땅을 넓혀간 일을 두고 미국인들은 프런티어, 서부 개척이라 부릅니다. 미국인들이 늘 자랑스레 여기는 프런티어는 당시 토착민들의 처지에서 보면 탐욕스러운 파괴와 살상일 뿐이지요. 힘이 약해 빼앗겼으니 어쩔 수 없는 거 아니냐고요? 사람 사는 세상이 약육강식의 세계인 동물의 왕국이어선 안 되지요. 평화롭게 산 게 죄가 된다면 억울합니다. 여러분이 길 가는데 깡패가 나타나 치고 때리고 돈을 빼앗으며 "너 자신을 지켜야지! 약하면 빼앗기는 거야. 억울해? 그럼 힘을 길러!"라고 한다면 수긍할 수 있나요?
미국인들은 토착민만 가혹하게 대한 것이 아닙니다. 흑인들에게도 마찬가지였지요. 미국의 독립선언서를 볼까요.

> 모든 사람은 평등하게 태어났으며, 조물주는 몇 개의 양도할 수 없는 권리를 부여했으니, 그 권리 중에는 생명과 자유와 행복의 추

구가 있다.

참 좋은 말이지요? 이 선언을 한 게 1776년입니다. 하지만 당시에
도 흑인들은 노예로 팔려 다녔지요. 독립선언서에 있는 내용과는 사뭇
다르지요? 흑인은 사람이 아닌가요? 네, 그래요. 독립선언서 속 '모든
사람'에 흑인과 토착민(인디언)은 없습니다. 심지어 백인 여성들도 끼
워주지 않았지요. 미국의 역사학자 하워드 진은 "독립선언서에는 인
디언, 흑인 노예, 여성이 포함되어 있지 않았다. …… 독립선언서의 표
현 자체로만 본다면 백인 남성들의 생명, 자유, 행복에만 국한되어 있
다."고 말합니다.

미국의 기독교 우파들은 청교도 이주 시기부터, 미국 국민을 구약성
서 출애굽기의 히브리(헤브라이) 민족과 같은 성서적 백성이라 여겼습
니다. 미국은 신의 국가이므로 폭력을 쓴다 하더라도 가나안 정복 전
쟁 때처럼 피해를 감수해야 한다고 억지를 부리지요.

텍사스, 캘리포니아, 네바다, 유타…… 본래는 멕시코 땅

미국은 무력으로 영토를 빼앗는 한편 사들이기도 하며 서부와 남부
로 영토를 넓혀갔습니다. 미국의 남쪽에는 멕시코가 있습니다. 미국과
견주면 멕시코는 허약했지요. 미국은 멕시코를 여러 번 침공합니다.
그때마다 멕시코가 졌지요. 미국은 멕시코로부터 석유와 농산 자원이
풍부한 텍사스, 캘리포니아, 네바다, 유타, 애리조나, 뉴멕시코, 콜로라
도, 와이오밍, 캔자스 등의 땅을 빼앗습니다. 멕시코인들이 지금껏 미
국에게 피해의식과 적개심을 가지는 까닭입니다.

미국은 눈을 들어 태평양을 건너다봤습니다. 쇠락의 길로 접어든 에
스파냐가 필리핀을 식민 통치하고 있었지요. 이를 그냥 두고 볼쏘냐.

1898년 미국은 에스파냐와 전쟁을 벌입니다. 이름하여 에스파냐-미국 전쟁. 이때 필리핀의 독립운동가 아기날도는 독립을 위해 미국을 도와 에스파냐에 대항했습니다. 그러나 전쟁에서 이긴 미국이 에스파냐와 파리 조약을 맺어 2,000만 달러를 지불하고 필리핀을 식민지로 삼지요. 기가 찰 노릇이지요. 필리핀인들은 다시 미국과 싸웠습니다. 미국은 아메리카 토착민들을 학살할 때처럼 독립 항쟁하는 필리핀인들을 불태우거나 총살해 60만 명이나 잔혹하게 학살합니다. 필리핀은 마젤란 이후 300여 년의 에스파냐 식민지를 거쳐 다시 미국의 식민시대로 떨어집니다. 이즈음 푸에르토리코, 괌, 하와이 역시 미국이 식민지로 삼습니다.

미국은 영국으로부터 독립할 때 외쳤지요. "모든 나라는 자기 운명을 스스로 결정할 권리가 있다!"고. 허나 미국은 아메리카 토착민(인디언) 살육에서 시작하여 멕시코, 필리핀, 하와이까지 침략과 살상으로 식민지를 만들어갔습니다. 미국의 대외 관련 연표를 살펴보세요. 미국은 제국주의가 한물간 뒤에도 계속해서 많은 국제 문제를 만들고, 다른 나라의 내정에 간섭하며 전쟁을 벌여왔습니다. 앞서 지적했듯 미국 독립선언문에 천명한 나라 독립권과 사람 권리는 '미국'과 '백인'에게만 해당하는 것이니까요.

미국의 대외 간섭과 전쟁 연표

1803~1806년 에스파냐와 전쟁
1812~1814년 에스파냐령 서부 플로리다 빼앗음
1819~1825년 쿠바, 푸에르토리코, 산토도밍고, 멕시코의 유카탄 반도 침략

1826, 74, 93, 98년 하와이 제도 침공 병합

1835, 99년 사모아 제도 침공

1840, 58, 99년 피지군도 침략

1847, 48, 59, 66, 73, 76, 1915~16년 멕시코 침공

1853~1854, 57, 98년, 1910, 12~15, 26~33년 니카라과 침공

1865, 1900년 콜롬비아 침공

1872년 조선 침략(신미양요)

1898~1899년 미국~에스파냐 전쟁

1898~1899년 쿠바, 필리핀, 괌 점령

1903, 12, 21, 25, 89년 파나마 침공

1906~1909년 쿠바 점령

1910~1911, 24~25년 온두라스 침략

1919, 21년 코스타리카 침공

1920년 과테말라 침략

1964~1972년 베트남 전쟁

1973년 칠레 아옌데 민주 정권 전복 개입

1980~1984년 아프가니스탄 군사 개입

1981~1983년 엘살바도르 내전 군사 개입

1983년 그레나다 침공

1990~1991년 페르시아 만 전쟁

1998년 이라크 공격

2001년 아프가니스탄 침공, 탈레반 정권 붕괴시킴

2003년 3월 이라크 침공

이전 얘기는 건너뛰고 2000년대의 두 가지 사건만 말해보지요. 2001년 9월 11일에 일어난 이른바 9·11사건 아시지요? 미국은 이를 오사마 빈 라덴의 소행으로 지목하고 아프가니스탄에 그가 숨어 있을 것으로 추정하여 탈레반 정권을 윽박지르며 그를 내놓으라고 요구합니다.

군사비 지출 상위 10위국 비교

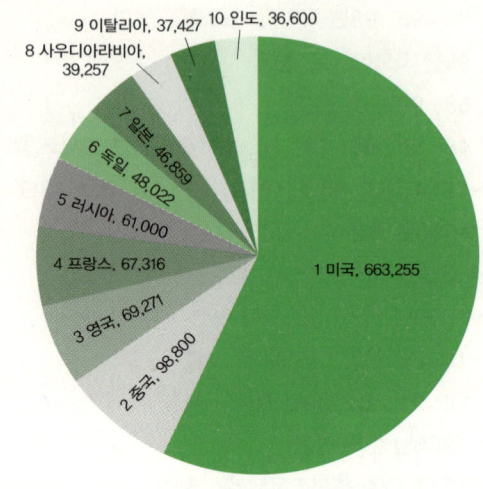

9 이탈리아, 37,427 10 인도, 36,600

8 사우디아라비아, 39,257

7 일본, 46,859

6 독일, 48,022

5 러시아, 61,000

4 프랑스, 67,316

3 영국, 69,271

2 중국, 98,800

1 미국, 663,255

1~10위 비교

*참고
1위 미국: 663,255백만 달러
2위~ 10위 합계: 504,552백만 달러

탈레반 정권이 모른다며 거절하자 결국 그해 말 아프가니스탄을 침공하지요. 그 오사마 빈 라덴이 누구냐 하면 1979년 소련이 아프가니스탄을 침공했을 때 미국이 소련을 견제하기 위해 무자헤딘 게릴라를 지원했는데 이때의 주요 협력자가 바로 그였어요. 딱 맞는 속담이 있지요. 기르던 개에게 발뒤꿈치 물린다는.

이라크의 후세인 정권에게는 대량 살상 무기 곧, 핵무기나 생화학 무기를 몰래 만들어 갖고 있지 않느냐며 사찰을 받으라고 요구했지요. 이라크가 미국의 요구를 거절하자 침공했습니다. 그러나 점령한 뒤 아무리 살펴도 그런 무기는 나오지 않았습니다. 흔한 말로 '아님 말고'가 된 거지요.

그런데 세계 최대의 대량 살상 무기를 가진 나라가 바로 미국입니다. 미국의 국방비는 미국을 뺀 모든 나라 국방비 총합의 42.8%를 차지한다고 합니다. 스웨덴의 스톡홀름국제평화연구소가 2011년 4월 발표한 「2010년 세계 군사비 통계 백그라운드 페이퍼」에 실린 내용입니다. 그렇다면 미국의 대량 살상 무기는 과연 누가 사찰해야 하나요?

우리나라 인구만큼 빈곤층이 있는 나라

역사를 보면 아무리 강대국이라도 마침내는 망하고 맙니다. 로마가 그랬고 원나라가 그랬습니다. 지난 20세기 온 세계를 쥐고 뒤흔들던 미국이 요즘 풀 죽었습니다. 미국의 앞날은 밝지 않습니다. 이에 견줘 중국은 대단한 힘과 속도로 미국 따라잡기에 나섰습니다. 우주정거장까지 건설하고 있습니다. 중국이 앞으로 올 세상을 쥐고 흔들 것입니다. 그때가 오면 우리는 영어 대신 중국어 공부하느라 애를 먹겠지요?

썩어도 준치라고 아직은 세계 최대 경제대국이 미국입니다. 그런 미국의 빈곤율이 17년 만에 최고치랍니다. 미국 인구통계국 발표를 보면 2011년 미국 빈곤층은 2010년보다 260만 명 늘어 4,620만 명이며, 빈곤율은 0.8% 오른 15.1%를 기록했습니다. 이는 지난 1993년 15.1% 이후 가장 높은 수치지요. 빈곤층이 4,620만 명이라니, 우리나라 인구 정도의 빈곤층이 있는 겁니다.

세계 최강대국에 왜 한국인 수만큼의 가난뱅이가 있을까요? 사나운 개 콧잔등이 아물 날 없다고 온 세계를 돌아다니며 참견하고 전쟁을 벌이려니 어마어마한 국방비 지출에, 놀고먹는 사람 많으면 그럴 수밖에 없지 않을까요? 특히 18세 이하 아이들 빈곤율이 22%로 성인(18~64세) 빈곤

▲ 2010년 미국의 빈곤율이 17년 만에 최고치를 기록했다고 보도하는 AFP 통신

율 13.7%보다 거의 10%가 많습니다. 어린이 5명 가운데 1명이 빈곤에 허덕인다는 얘기지요. 인종 간 차도 심해 흑인의 2010년 빈곤율은 전년 대비 2% 늘어 27%고 히스패닉 역시 1% 늘어 26%입니다.

어떻게 한국 현대사를 미국이 좌지우지하게 됐나?

우리나라의 역사를 돌아보면 이웃나라인 중국, 일본, 러시아가 많은 영향을 끼쳤습니다. 하지만 현대에 들어서는, 당연 미국이 가장 큰 영향을 끼쳤습니다. 가까운 나라도 아니고, 태평양 저 너머 멀고 먼 미국이 어쩌다 우리 삶을 좌우하게 됐을까요?

1866년 병인양요로 프랑스에게 침공당한 조선은 서양 제국주의 침략에 대항해 쇄국을 더욱 강화합니다. 일본을 강제 개항시켜 통상 목적을 이룬 미국은 이번엔 조선으로 달려왔습니다. 이른바 제너럴셔먼호 사건이지요. 대동강을 거슬러 올라온 '셔먼 장군' 배에 탄 미군들이 살인 등 패악을 저지르자 평안감사(지금의 도지사 격) 박규수가 평양 군민을 동원해 배를 포격한 뒤 불태워버립니다. 이를 빌미로 미군은 1871년 강화도에 상륙해 어재연 장군 등 53명을 죽이고 많은 사람을 다치게 했으며 집과 관청을 부수고 재물을 빼앗은 뒤 물러갔습니다. 1882년 급변하는 국제 정세 속에서 어쩔 수 없이 조선은 미국과 불평등 '조미수호통상조약(제물포조약)'을 맺었습니다.

제국주의가 한창인 20세기 초 미국은 필리핀을 다시 식민지로 만들기 위해, 마침 조선에 군침 흘리던 일본과 짝짜꿍을 합니다. 1905년 일본 총리 가쓰라와 미국 대통령 특사인 육군 장관 태프트는 비밀협약을 맺습니다. 이른바 가쓰라-태프트 밀약이지요. 서로 조선과 필리핀을 식민지로 지배하기로 하고 이를 시기하는 다른 나라가 방해 못 하도록 돕자는 아주 고약한 내용입니다.

이후 한국의 현대 정치사에서 미국은 거의 절대자 구실을 했습니다. 일본이 줄기차게 주장하는 독도 영유권 주장도 미국이 일본의 손을 들어줬기 때문입니다. 이승만이나 박정희, 전두환 독재정권 시절 벌어졌던 쿠데타, 정치 탄압, 민주 인사 탄압을 미국이 부추기거나 방조하지 않았느냐는 의혹이 있습니다. 흔히 나도는 말, 한국 대통령을 하려면 미국의 승인이나, 최소한의 양해는 있어야 한다고 합니다. 허어, 이거 명나라 황제가 조선의 왕 책봉에 왈가왈부했던 것 같은 얘기죠? 혹 사실이 아닐지라도 양국 간 힘의 불균형을 반영하는 얘기겠지요. 실제로 비밀 해제된 미국 외교 문서를 보면 미국은 한국의 정치가가 미국 입맛에 맞지 않는다 싶으면 비밀리에 몹쓸 짓을 하기도 했다 합니다. 우리나라만이 아니라 이런 사례는 다른 나라들에도 많습니다. 미국은 우리의 정치, 외교, 경제 등 모든 정보를 속속들이 꿰고 있습니다. 2011년 한미 FTA 협상 과정에서도 드러나듯 친미파나 숭미파 한국 관료들이 미국을 위해 스스럼없이 고급 비밀 정보를 흘려줍니다. 군사 정보야 전시작전통제권을 가진 미국이 애당초 제공하고 있으니 말할 나위 없고요.

불평등한 한미 관계 언제까지

여러분도 알다시피 우리나라에는 외국 군대, 곧 미군이 주둔하고 있습니다. 여기에는 우리의 아픈 현대사가 깔려 있지요. 자기 나라 지키는 일을 남의 나라 군대에게 의지한다? 한두 해도 아니고 육십 년도 넘게? 우리 집을 옆집 아저씨가 지켜주고 있다고 생각해보세요. 혹시 도둑 있나 본다면서 불쑥 방문을 열고 들어오거나, 철조망 사서 울타리 친다고 책 살 돈, 옷 살 돈 내놓으라면 어떻겠어요?

미군은 한국 주둔 대가로 우리에게 엄청난 넓이의 기지(땅)와 주둔비(돈), 그리고 특혜를 요구하고, 이를 관철했습니다. 이른바 '소파 (SOFA)'라 부르는 한미주둔군지위협정은 온 세계에 유례가 없는 매우 불평등한 조항입니다. 그러나 미국은 이리저리 핑계를 대며 평등하게 바꾸려 하지 않습니다.

몇 년 전 미군은 한국 주둔 목적을 북한군 대응에서 아시아 신속 대응군 구실로 바꿨습니다. 그래서 경기 북부에서 북한군에 맞서 주둔하던 미군들을 경기 남부 평택시 대추리와 도두리 일대로 옮기려고 대규모 미군 주둔 시설을 새로 짓고 있습니다. 현재 미군의 가상 적군은 중국군입니다. 중국과 미국은 핵무장 국가입니다. 만약 미국과 중국이 전쟁을 한다면? 생각만 해도 끔찍합니다. 중국은 자신의 턱밑에 있는 한국 땅의 미군기지를 겨냥해 미사일이나 핵폭탄을 날릴 거고 그걸 우리가 다 뒤집어쓸 겁니다.

많은 한국인들이 미국에게 대단한 호감을 갖고 있습니다. 내 나라나 민족만이 아니라 다른 나라나 민족도 차별 없이 좋아함은 지구촌 시대, 다문화 시대에 매우 당연하고 바람직한 일이지요. 그러나 어떤 나라가 우리의 권리와 평화를 위협한다면 당당히 아니라고 반대할 수 있어야 합니다. 해방 뒤 미군정기를 거쳐 한국전쟁 때 다급한 이승만 정부의 요청으로 이 땅에 미군이 주둔해왔습니다. 상황이 크게 바뀐 지금까지도 미국은 불평등한 소파 협정을 강요합니다. 미군 주둔이 아직도 필요한가에 대해 논란이 있을 수 있습니다. 그렇다고 미군들이 일으키는 각종 범죄까지 마냥 참아줘야 하나요? 국가 관계에서 아무 이익과 조건 없이 군사력을 지원하는 경우는 없습니다. 만약 그런 나라가 있다고 여긴다면, 어린이의 순진한 생각이겠지요. 천사 같은 사람은 있어도 천사 같은 나라는 없습니다. 미군이 왜 우리나라에 주둔하는지, 그 얻음과 잃음을 곰곰이 따져야 합니다. 어떤 이들은 반미를 해서는 무조건 안 된다며 반미주의자들은 다 빨갱이라고 목청 높입니다. 뭐가 문제인지 잘 따져보지 않고 무턱대고 내 주장만 함은 참으로 부끄러운 일입니다.

미국은 과연 어떤 나라일까요? 어떤 이는 환상과 꿈의 나라라고, 어떤 이는 꿈을 빼앗은 나라라 합니다. 또 어떤 이는 국제 평화의 상징으로, 반대로 어떤 이는 국제 평화를 해치는 나라로 여깁니다. 모두에게 미국은 다른 나라이겠지요. 우리나라 안에서도 누구는 미국을 고마운 나라로, 누구는 우리의 자존을 해치고 평화를 위협하는 나라로 여깁니다. 이제 그 누구의 눈도 아닌 바로 여러분 자신의 눈으로 미국을 똑바로 보아야겠습니다.

돋보기

소파(SOFA)가 뭐예요?

원래 이름은 '대한민국과 아메리카 합중국 간의 상호 방위조약 제4조에 의한 시설과 구역 및 대한민국 영토 안 합중국 군대의 지위에 관한 협정'입니다. 참 길지요? 그래서 줄여 한 · 미 주둔군지위협정, SOFA(Status of Forces Agreement)라고 부릅니다. 소파 협정은 미군 주둔에 필요한 시설과 구역 제공, 반환, 경비, 유지 등을 규정합니다.

외국 군대라도 주둔하는 나라의 법률에 따라야 합니다. 다만 특수한 임무나 효율을 위해 두 나라 법률 안에서 일정한 특권과 면제를 제공하기 위해 주둔군지위협정(SOFA)을 맺습니다. 미국은 다른 나라와 견줘 한국에게 불평등을 많이 강요했습니다. 그래서 미선효순 사건(2002년 6월 13일 경기 양주시 조양중학교 2학년 여학생 둘이 길을 걷다가 훈련 중인 미군 궤도차량 운반용 장갑차—탱크 운반용 장갑차로 무게 54톤—에 깔려 죽은 일)이 일어났을 때도 한국 검찰이 제대로 수사하거나 우리 법정에서 재판하지 못하고 미군 판사, 미군 검사, 미군 배심원들끼리 모여 운전병과 관제병 모두 무죄로 판결, 석방해 책임지지 않았습니다.

이 땅의 미군기지에 고엽제를 몰래 파묻은 사건을 따져봅시다. 그 자신 고엽제 피해를 입어 양심 선언한 한 전직 미군의 폭로로 2011년 드러난 사건입니다. 그 전부터 한국인들이 의문을 제기했지만 미군이나 한국 정부가 번번이 묵살하다가 미군 당사자의 폭로로 드러나 충격을 주었습니다. 이 사건을 보면, 미군이 정식 지휘계통을 따라 일부러 파묻은 사건이기에 분명한 범죄 당사자인데 소파에 따르면 미군기지 안은 미군만 조사하게 돼 있습니다. 도둑놈이나 사기꾼에게 자신이 저지른 사건 조사를 시키는 격입니다. 기지 바깥 오염도 미군과 공동 조사 해야 하고 미군이 동의하지 않으면 조사 결과를 발표하지도 못합니다. 또 환경 범죄 행위자를 처벌하고 오염 지역을 원상 복구해야 한다는 실질 규정도 없습니다. 불평등한 소파 협정 가운데 한 사례입니다. 많은 시민사회단체와 운동가들이 소파 평등 개정을 왜 그토록 입에 달고 사는지 아시겠지요?

생각해볼 문제

1. 한국도 한국보다 약하고 작은 나라에게 정치, 경제, 문화, 학문, 군사, 외교 등과 관련한 압박을 가해 이익을 취하고 있지는 않나 조사해봅시다.

2. 미국 하면 생각나는 낱말을 5~10개 들어보고 왜 그렇게 여겼는지 한 문장으로 써서 발표합시다.

3. 한국과 미국의 빈곤율과 빈곤 원인을 조사하고 서로 견줘봅시다. 그 자료들을 어디서, 어떻게 찾아냈는지 과정도 적어봅시다.

더 읽어볼 책

- 『**하워드 진 살아 있는 미국 역사**』, 하워드 진 외, 김영진 옮김, 추수밭, 2008.
- 『**나를 운디드니에 묻어주오**』, 디 브라운, 최준석 옮김, 한겨레출판, 2011.
- 『**507년, 정복은 계속된다**』, 아브람 노엄 촘스키, 오애리 옮김, 이후, 2000.
- 『**개화기 조선과 미국 선교사**』, 류대영, 한국기독교역사연구소, 2004.
- 『**하얀 가면의 제국—오리엔탈리즘, 서구 중심의 역사를 넘어**』, 박노자, 한겨레출판, 2003.
- 『**선생님이 가르쳐준 거짓말**』, 제임스 로웬, 남경태 옮김, 휴머니스트, 2010.
- 『**미국의 탄생**』, 레이 라파엘, 남경태 옮김, 그린비, 2005.

좌담회에 참여한 학생들은
이제 다 졸업한 신분이 되었지만,
그 누구보다도 각자의 모교를 사랑하는 졸업생입니다.
학생들이 좌담회에서 언급한 내용은 학교 발전을 위한
조언으로 받아주기를 원합니다.
고맙습니다.

좌담회

교복 치마
할 말 있습니다!

여학생들은 왜 그토록 짧은 치마를 원할까? 그들은 어떤 생각을 하고 있을까? 서울 경기 지역 6명의 여학생을 만나 그들의 생각을 직접 알아본다. 이 좌담회를 통해 여학생들이 우리 사회의 성 담론을 어떻게 이해하고 있는지, 그들의 성에 대한 감수성은 어떠한지 들어보았다.

일시 및 장소	2011년 4월
참석자	안시연(서울 은광여고 3학년), 박윤혜(서울 영동일고 2학년), 김다솜(과천 과천외고 3학년), 이은규(수원 매탄고 2학년), 정현경(수원 삼일상고 3학년), 김부영(용인 기흥고 2학년)
사회자	허진만(삼일상고 교사)

요즘 여학생들의 교복 치마 참 짧다. 어른들은 건강을 해치지는 않을까, 혹 범죄의 표적이 되지 않을까 걱정이 이만저만 아니다. 학교에서

도 교칙을 정해 치마 길이를 규제하려 하지만 짧은 치마에 대한 열망을 통제하는 데는 실패했다.

사회자 보통 치마를 두 벌 갖고 있는 학생들이 많죠. 학교 내의 치마, 학교 교문 바깥의 치마, 이렇게 두 벌입니다. 그 짧은 치마를 입고자 하는 열망, 그걸 어른들은 통제를 못 하잖아요. 여학생들은 왜 그렇게 짧은 치마를 원하는지 궁금합니다.

김부영 용인 기흥고 2 저는 치마가 두 벌이에요. 고등학교 입학 전에 치마 짧은 걸 하나 마련해서 옷장 속에 넣어두었어요. 그걸 엄마가 발견해서 아빠가 찢으신 적도 있어요. 학교에서 입으려고 짧은 치마를 샀죠. 학교에서는 걸려도 그냥 늘린다고 하면 되고, 벌점 주면 그냥 받으면 되니까요. 저는 잘 모르겠는데, 다른 애들은 제 치마가 너무 짧다고 하거든요. 실제로 다른 애들보다는 좀 짧아요.

안시연 서울 은광여고 3 제가 고등학교 처음 들어왔을 때 치마 규정이 있었어요. '허리부터 60센티미터.' 60센티미터면 무릎 밑으로 한 뼘 정도 내려와요. 치마를 딱 펼치면 길이가 조끼만 해요. 애들이 처음에 그걸 보고서 다 미치는 거예요. 중학교 때도 내내 접어서 입고 줄이고 그랬으니까, 고등학교 가면 치마가 좀 짧겠지 기대했는데, 좀 심했다 싶게 기니까요. 주변에 다른 외고도 허벅지 중간 길이는 됐으니까 더 싫었죠. 우리 학교 치마를 접으면 다른 학교 치마 두 벌 만들 길이였어요. 지금은 그렇게 입고 다니는 애가 거의 없어요. 다 잘랐죠. 두 단 자르면 무릎까지 와요.

정현경 수원 삼일상고 3 학교에서 교복 치마 단속을 해요. 저희는 허리를 풀어서 치마를 내리고, 조끼로 가리는 식으로 단속을 피해요. 교문을 나서면 다시 올려서 짧게 입죠. 좀 귀찮긴 한데, 그렇다고 긴 치마를 입고 싶진 않아 해요. 우리 학교가 남녀공학이고, 옆 학교에 공고 남학생들이 같이 생활하는데, 그러니까 외모에 신경이 많이 쓰이거든요. 그리고 공고 여자애들은 치마가 더 짧고요. 혹시라도 긴 치마 입은 애가 있으면 '쟤 찌질하다.'고 하죠. 그게 싫으니까 치마를 짧게 입어요.

사회자 원하지 않지만 찌질해 보이고 싶지 않아서 짧게 입는 경우가 있군요. 근데 '찌질하다'는 건 무슨 뜻이죠?

정현경 뭐라고 해도 대꾸를 못 할 것 같고, 돈이나 뺏길 것 같고 그런 애들이요.

김다솜 과천외고 3 우스워 보이는 애들이요. 외고는 일반고에 비해 치마가 긴 편이에요. 학교 안에서는 치마 길이가 다 비슷하게 기니까 크게 신경 쓰지 않아요. 치마 두 벌씩 가지고 있는 경우도 별로 없고요. 하지만 밖에 나갈 때는 접어 입어요. 바로 옆에 여고가 있는데 긴 치마를 입고 나가면 '헐, 외고 치마 봐!' 그러면서 놀리거든요.

안시연 저 같은 경우는 여중·여고를 다녔는데, 중학교 때 일부 애들은 아무리 단속을 해도 어떻게 해서든 짧게 입고 다녔어요. 다른 건 못 해도 치마만큼은 반드시 짧게 입고 다녀야겠다는 거죠. 어찌 보면 그건 여중 여고를 나온 애들의 '자존심' 같은 거예요.

김부영 동감해요. 저는 1학년 때 짧은 치마를 입다가 뺏겨서 한동안 체육복 반바지를 입고 다닌 적이 있어요. 보다 못한 담임선생님께서 '넌 왜 그렇게 짧은 치마를 입으려고 하냐.'고 물으셨죠. 저도 잘 모르겠는데, 저는 긴 치마는 정말 못 입겠어요. 긴 치마를 보면 너무너무 답답해요.

사회자 긴 치마를 입으면 너무 답답하다는 말, 공감하세요?

안시연 네, 저는 이해해요. 긴 치마 입으면 머리 안 감고 소개팅 나가는 기분? (일동 웃음)

✚ 교복 치마가 짧아진 이유

사회자 교복 치마가 짧아지는 데 TV에 나오는 걸 그룹이나 드라마의 영향이 큽니까?

김다솜 매스컴의 영향, 외모 지상주의 이런 것이 어느 정도 작용하는 것 같아요. 하지만 제가 중학교 때 봤던 「반올림」이라는 청소년 드라마에서는 최근 방영한 「드림 하이」처럼 교복치마가 짧지 않았어요. 무릎 정도였죠. 근데 「반올림」 드라마 방영하던 시기에도 아이들은 치마를 짧게 입었어요. 그런 것 보면 반드시 매스컴의 영향이라고 단정 지을 순 없어요. 그냥 지나가는 유행으로 볼 수도 있어요. 몇 년 전엔 여름 교복 윗도리는 짧게,

치마는 길게 입는 게 유행이었지요. 지금은 반대로 변했고요.

정현경 몇몇이 매스컴의 영향을 받아서 치마를 짧게 입고 왔는데, 그게 예뻐 보였고, 다른 애들에게 인정받으면서 '어, 나도 그렇게 입어볼까.' 하면서 퍼져 나간 것 아닌가 해요. 매스컴의 영향보다 또래 집단의 영향을 더 많이 받는 거죠.

안시연 브랜드 교복의 경우 판매할 때 이미 짧게 나와요. 학기 초, 교복 구입하고 0.1밀리도 줄이지 않은 상태에서도 단속에 걸리게 되죠. 단속 때 '원래 이렇게 나온 걸 산 거예요.' 하고 얘기하면 선생님도 어쩔 수 없잖아요. 그러면서 자연스레 짧아진 것 같아요.

김다솜 그런 점 때문에 과천의 경우엔 학교에서 교복점을 통제해요. 그래서 짧은 교복을 반품시키고 만들지 못하게 하기도 했어요. 이건 과천이 학교 수가 적고, 교복점 수도 많지 않아 가능했죠.

박윤혜 서울 영동일고 2 저는 무릎 덮는 치마와 무릎 위로 올라오는 치마를 다 입어봤어요. 그런데 무릎 덮는 치마는 다리가 엄청 짧아 보여요. 반면에 무릎 위로 올라오는 치마는 다리가 길어 보이죠.

김부영 윗도리를 크게 입어서 바지나 치마가 거의 안 보이게 입으면 좀 이상할 수 있겠다 싶었는데, TV에서 가인이 그렇게 입고 나오고 다른 애들도 많이들 그렇게 입잖아요. 그러니까 안심하게 되더라고요. '괜찮다, 그게 이쁜 거다.' 하고 다들 인정하는 분위기요.

사회자 남자애들이 짧은 치마를 보는 시선은 어떻게 생각하시나요?

정현경 남학생들의 경우 자기들이 그렇게 대놓고 얘길 하더군요. 여학생들이 버스에 타면 일단 스캐닝을 한대요. 몸은 어떻고, 다리가 어떻고, 가슴이 어떻고 하는 거죠.

김다솜 남자애들은 중학교 때는 얼굴 보고 여자 사귀고, 고등학교 때 되면 몸매 보고 사귄다는 얘기가 있어요. 사춘기 지나면서 이성을 대하는 데 변화가 생기는 거죠.

사회자　인터넷에 교복 치마 검색하면 학생들보다는 성적인 정보가 많이 검색됩니다. 일본의 경우 여고생 코스프레 등 성적 판타지의 도구가 되기도 합니다. 최근 우리 사회에서도 '꿀벅지'라는 말이 유행하는데요. 허벅지를 많이 드러내는 데 성적인…… 뉘앙스. 꿀벅지라는 말을 들으면 어떤 생각이 드시나요?

안시연　저는 가냘플 정도로 날씬한 다리가 예쁜 다리라고 생각해요. 그래서 유이가 나와 꿀벅지 운운했을 때 여자애들은 '저게 뭐가 이뻐?' 하는 반응이었어요. 하지만 남자애들은 '저 다리가 이쁜 다리지.' 하더군요. 여자애들이 보기에는 길고 쭉 뻗은 소녀시대의 다리가 예쁜 다리인데, 남자애들 시각에서 너무 마른 다리는 보기 싫다는 거죠. 유이는 글래머러스하잖아요. 여자애들이 좋아하는 다리는 '날씬'한 거고, 남자애들이 좋아하는 다리는 '늘씬'한 것, 그 차이죠.

이은규　꿀벅지라는 말을 한다고 해서 별로 기분 나쁘진 않아요. 그냥 몸매를 칭하는 용어이고, 누가 '섹시하다'라는 말을 하듯이 그렇게 받아들일 수 있는 말인 것 같아요.

김다솜　처음엔 저도 꿀벅지라는 용어를 들었을 때 그런가 보다 했는데, 인터넷에서 검색해보고 그 뜻이 좀 야한 것임을 알고 나서는 기분이 좋진 않더라고요.

안시연　저도 뜻을 알고 있기는 한데, 같이 친하게 지내는 남자애들이 계속 그 말을 사용하니까 기분 나빠해야 하는지 잘 모르게 되더라고요. 남자들이 '걔는 참 글래머러스하다.'라고 말하는 거랑 똑같은 거예요. 그렇게 말할 수 있는 현대의 문화 수준이 되었다고나 할까요. 이건 문화가 타락했다는 게 아니고 그만큼

쿨해졌다고 할 수 있어요.

정현경 꿀벅지는 애초의 의미에서 그냥 보기 좋은 허벅지 정도 의미로 변화된 것 같아요. 칭찬으로 변화되었다고도 할 수 있어요.

사회자 남자들은 왜 그런 몸을 선호할까요?

안시연 그렇게 치면 여자들도 근육남 좋아하잖아요. 짐승돌 뭐 이런 거.

박윤혜 저는 근육 많은 남자 안 좋아하는데요. 저는 와이셔츠 입으면 태가 나는 정도의 남자?

김부영 몸매나 얼굴보다 중요한 건 '키'예요. (일동 웃음)

✚ 교복 단속 효과 있나? 왜 할까?

사회자 학교에서 교복 치마 길이를 단속하나요?

김소담 우리 학교는 예전엔 단속을 했는데, 그때는 짧게 입었던 애들은 빌려 입었어요. 반별로 (단속이) 도니까 뒷반에서 빌려 입었다가 (단속 지나가면) 돌려주는 식으로.

박윤혜 저흰 원래 여고였는데 남녀공학으로 바뀌면서 남녀 성적 차이가 심했거든요. 남자애들은 중간 이하인 애들이 많았고, 여자애들은 30퍼센트 이내였지요. 그래서 남자애들은 되게 심하게 단속했고, 여자애들은 거의 잡지 않았어요. 그런데 작년부터 고교선택제가 되면서 치마 단속을 하지 않기 시작했어요. 강동구 애들부터 경기도 애들까지 정말 다양한 애들이 들어오더라고요. 그래서 그런지 많이 약해졌다고 볼 수 있어요.

사회자 성적과 치마 길이가 상관이 있나요?

안시연 치마가 길면 공부하는 애들 축이고, 짧으면 공부 못 한다는 인식이 있어요. 공부 잘하는 애들이 학교 규정을 잘 준수하고 선생님과의 관계를 잘 맺고 그러니까 치마도 그렇게 짧게 입지 않는다는 생각이 생긴 거죠. (공부) 잘하는 애들도 치마 두 벌씩 갖고 다니는 애들 많아요. 상관관계가 있는 것처럼 말하는 것이 문제죠. 꼭 그런 건 아닌데.

김다솜 남자애들이 얘기해요. 치마를 짧게 입고 다니는 건 이해는 할 수 있는데, 머리가 비어 보인다고. 우리 학교는 긴 편인데, 용인외고나 명지외고 같은 경우 학교에서 아예 방송을 한대요. '우리 학교 치마는 원래 짧으니까 학생들이 치마 짧은 것 가지고 단속 걱정을 하지 말라.'고. 그런 걸 보면 너무 사회적 시선에 우리가 지레 민감한 것 아닌가 하는 생각도 들어요.

이은규 그런 고정관념은 정말 문제예요. 그럼 왜 공부 잘하는 애들은 옷을 짧게 입으면 안 될 것처럼 말하나요?

김부영 근데 그건 그렇게만 볼 문제가 아니에요. 짧으면 짧게 입고 싶은 것이지, 단지 공부 잘하고 못하고를 가를 수 있는 문제는 아닌 거죠. 그건 그런 고정관념을 가진 사람들이 문제죠. 학기 초에 애들이 치마가 짧은 저더러 '너 공부 못하는 줄 알았어.' 하더라고요. 애들에게도 그런 편견이 있어서 기분이 안 좋았어요.

사회자 학교에서 하는 치마 길이 단속은 효과가 있나요?

이은규 우리 학교는 규정은 무릎인데, 선생님들은 (안 지켜도) 그냥 내버려두세요. 저희는 교복 가격이 비쌈에도 불구하고 학생들이 치마를 두 벌 사는 걸 너무나도 당연하게 생각할 정도로 거의 모든 학생이 두 벌을 샀었어요. 근데 인권조례가 발효되고 나서 교사의 단속력이 약해졌죠. 그래서 학교에서 치마가 짧다고 지적을 하면 학생들은 겉으로는 줄이겠다고 하지만, 속으로는

'선생님이 뭔데 내 치마가 짧다고 뭐라고 하냐'는 식으로 생각을 해요. 그리고 아직 형식적인 치마 단속이 남아 있어서 교실 앞으로 한 명씩 나와서 치마 길이를 지적받는 것도 있어요. 하지만 치마를 접어 입는 경우도 많고 해서 실질적으로 그런 단속이 의미가 없지요. 우리 학교는 많이들 무릎 위 15센티미터 정도로 입고 다녀요.

안시연 우리 학교는 강남에 있는 학교들 중에서도 치마를 잘 안 잡아요. 주변에 숙명여고나 경기여고 등 여고가 참 많은데, 그중에서도 규정이 되게 약해요. 파마 같은 것도 안 잡고 그래요. 너무 짧으면 뭐라고 하시니까 딱 걸리지 않는 선 정도로만 애들이 입고 다니는 거예요. 그래서 지나치게 짧은 애들도, 지나치게 긴 애들도 없죠. 학교에서 '아, 이 정도까진 봐주겠다.' 하는 정도까지 입고 다니는 거죠. 학교에서 규제를 적당히 하니까 이런 균형이 생기는 것 같아요.

사회자 그렇군요. 그럼 선생님들이 치마를 잡는 이유가 뭐라고 생각하세요?

정현경 선생님들의 단속은 좀 이해가 돼요. 저희 같은 경우는 주름이 있는 치마여서 계단 같은 데 올라가다가 바람이 조금만 불어도 엉덩이가 다 보여요. 정말 다들 깜짝 놀랄 정도예요. 여자로서도 민망하고, 뒤에서 걷는 남자 선생님들도 어디다 눈을 둘지 몰라 하세요. 그런 것 때문에 치마 좀 늘리라고 하는 건 이해가 가요. 또 하나의 이유는 저희가 특성화고라서 취업을 많이 하는 편인데, 치마가 짧아서 인상을 좋지 않게 주면 학교 전체적으로도 안 좋고, 취업률도 떨어지기 때문에 조심을 하자고 이야기를 많이 하시는 편이에요. 결론적으로 첫 번째는 학교 이미지, 두 번째는 사회적 시선 때문이죠.

박윤혜 제 친구 중에 치마 규정이 없는 문정고를 다니다 온 학생이 있는데, 치마 규정이 있는 우리 학교보다 치마가 더 길다고 얘기하거든요. 그런 걸 보면 규정 자체는 별 효과가 없는 것 같아요.

김다솜 단속을 하는 학교가 치마가 오히려 더 짧은 게, 반항 심리가 아닐까 해요. 그러나 아무리 그렇다 해도 미성년자이고, 어른들이 보기에 덜 성숙했기 때문에 지나치게 짧은 건 규제를 해줘야 한다고 생각해요. 애들이 생각하는 거랑 사회적 통념이랑은 좀 다르니까요. 함께 살아가는 사회니까 그에 맞춰가야 할 필요는 있다고 생각해요.

이은규 규제가 필요하다고는 생각하는데, 선생님들이 그런 방식으로 터치하는 건 무의미하다고 생각해요. 선생님이 '너 치마 짧다, 늘려라.' 했을 때 지적받은 학생이 '아, 선생님이 날 위하는 마음에서 이렇게 늘리라고 하시는구나.' 하고 당장 세탁소 가서 늘리는 아이들이 과연 몇 명이나 될까요? 규제가 얼마나 학생들을 위한 것이고, 효과가 있을지 다시 생각해봐야 해요. 저는 여기서 얘기하는 찌질이 수준의 치마를 입고 다닌 편에 속해요. 어차피 치마 때문에 선생님들과의 마찰이 계속될 거라면 피하는 게 낫겠다는 생각이죠.

안시연 저희는 걸리면 벌점을 주는데, 벌점을 받으면 모든 수상 관련 분야에서도 제외가 되고, 하고 싶은 동아리도 마음대로 들 수가 없고 하는 불이익이 있어요. 나중에 3학년이 되어서도 대학 입시를 준비할 때 선생님들로부터 추천서를 받을 때도 불리하기 때문에 선생님 눈치를 봐야 하거든요. 그렇기 때문에 애들이 선생님들이 봐주는 선에만 맞추려는 경향이 있어요. 젊은 선생님들이 많아서, '이렇게 하면 안 깎고(벌점 안 주고), 이 정도 넘어가면 깎을게(벌점 줄 거야).' 하시는 경우도 있어요. 그럼 애들은 '그럼 이렇게까지만 할게요.' 하고 타협을 하는 거죠.

김다솜 우리 학교엔 상벌점 제도가 없어요. 짧은 치마를 잡으면 '이렇게 고쳐 와.' 하시죠. 그러면 고쳐 올 때도 있고, 그렇지 않을 때도 있어요. 문제는 우리 학교 선생님들은 교내에서만 비교하니까 다른 학교에 비해 상대적으로 (우리 학교 치마가) 긴데도 지적을 하신다는 거죠. 우리 학교 치마가 그렇게 짧은 편은 아니거든요.

정현경 제가 공부를 좀 잘하는 편인데, 방학 때 학교에 짧은 치마를 입고 온 적이 있어요. 그 모습을 보신 어떤 선생님이 '너 그렇게 입으면 좀 싸 보이지 않느냐.'라고 말씀하시더라고요. 저는 기분이 굉장히 나빴어요. 사회적 인식이라는 게 참 편협한 것 같아요. 어떻게 사람을 겪어보지도 않고 치마만 보고 판단하시는지. 치마 짧은 아이도 공부도 잘하고 성격도 좋고 예의도 바를 수 있는데 말이죠.

김다솜 짧은 치마를 입은 학생에게 '너 싸 보인다.'라고 말한다는 건 그 사람을 학생이 아니고 여자로 보기 때문이잖아요. 선생님이 규제를 하시더라도 '내가 너를 학생으로 보고서 이런 규제를 한다.'라는 느낌이 들게 규제를 했으면 좋겠어요.

사회자 짧은 치마를 선호하는 경향이나, 학교 측의 단속은 지역별로나 학교별로 큰 차이가 없는 것 같습니다. 올해 학생인권조례가 발표된 뒤로 변화가 있나요?

정현경 인권조례 때문인지는 잘 모르겠는데, 이번에 새로 들어온 1학년들이 뭔가…… 겁이 없어요. 제재가 없어졌기 때문인가? 뭐 잡지도 않으니까…… 아까 말했던 대로 개념이 없어졌어요. 그래서 3학년은 아무리 길어도 어느 정도 선이 있었고 치마도 두 벌이었는데, 지금 1학년들은 짧게 입어요. 아니면 학교에서 치마 짧다고 막 뭐라고 하고 그러니까 그게 싫어서 바지를 줄여 입는 경우도 있어요. 바지 하나, 짧치 하나, 뭐 이런 식으로.

이은규 올해부터는 파마까지도 단속을 안 해요. 그것도 인권조례 때문인가?

김다솜 이번 1학년 후배들은 사고방식이 달라요. 걔네는 치마가 우리보다 되게 짧아요. 같은 여자로서 봤을 때도 좀 민망할 정도로 짧은 경향이 있어서 우리 학교 3학년들은 1학년들 치마 보고 '개념 없다', '치마가 너무 짧다'고 얘기해요. 계단을 올라갈 때 팬티가 보이는 그런 정도거든요. 심지어 계단을 올라갈 때 뒤에서 가려주기까지 할 때도 있어요. 근데 그 애들은 민망해하지도 않아요. 그런 치마 입고 다리 꼬고 앉고, 쫙 벌리고 앉고…… 그게 좀 같은 여자가 봤을 때도 '쟤네 참…… 생각이 모자란가?' 그런 생각이 들어요. 저희는 학년이 내려갈수록 치마 길이가 짧아져요. 학교에서 치마 길이만 봐도 몇 학년인지 알 수 있어요. 교복 윗도리를 요즘은 좀 크게 입는데, 그런 거 입으면 치마가 윗도리 아래로 한 2~3센티미터 정도밖에 안 보일 정도예요.

➕ 정리 발언

김다솜 고2 때까지만 해도 짧은 게 좋았어요. 밖에서는 접어 입고, 집에 들어갈 때 늘려 입고. 엄마가 '너 그거 왜 접냐.'고 하시면 솔직히 짧은 게 예뻐 보여서 그렇다고 얘기했어요. 근데, 고3

이 되어 입시나 진로 문제 등 이런저런 신경 쓸 게 많다 보니까 그런 건 눈에 안 들어오는 거죠. 지금 애들 보면 철없어 보이기까지도 하고요.

정현경 맞아요. 저도 고3인데, 고2 때까지는 화장하고 짧은 치마 입고 그런 게 전부였지만, 지금은 그게 전부가 아니거든요. 지금 당장 세 보이는 게 중요한 게 아니라 나중에 어떻게 실제로 센 사람이 될까를 고민하기 시작했다고나 할까요.

안시연 우리 학교는 강남 8학군에 있어요. 다들 공부하는 분위기고, 학교에서는 대학, 대학, 대학 타령을 하고 늘 옆 학교랑 비교해요. 매일 똑같은 교복을 입고 꽉 막힌 환경에서 사는데 교복 줄이는 것 정도도 못 하게 하면 너무 숨 막혀요. 어른 여성들도 긴 치마만 입고 다니는 건 아니잖아요. 우리도 똑같은 이유에서 긴 치마만 입어야 한다는 건 문제가 있어요. 왜 우리에게만 강요를 하시는지 의문이에요. 우려하시는 것처럼 지나치게 짧은 치마는 애들도 거의 안 입어요. 저 역시 지나치게 짧은 치마는 불편해서 못 입겠거든요. 어른들이 그런 치마 입은 것도 좋게 보지 않고요. 우리에게 어른이 정해놓은 길이의 치마만 입으라고 말씀하시는 건 부당해요.

이은규 제 친구들도 긴 치마를 입는 저를 이상하게 봐요. 당연히 짧아야 하는데 넌 왜 그러냐 하는 식으로요. 짧은 치마를 입지 말라고 강요하시는 것보다는 긴 치마를 입어도 찌질하지 않다고 느낄 수 있게 분위기를 만들어주시는 게 필요해요. 긴 치마 입는 것을 이상하게 보지 않았으면 좋겠다는 얘기죠.

김부영 학기 초 애들이 서로를 볼 때 그런 게 결정돼요. 남자애들은 쫄바지냐 아니냐, 여자애들은 짧은 치마냐 아니냐를 갖고 서로 얘기가 통할 수 있는지 판단을 하죠. 그런 의미에서 짧은 치마는 지금 10대 학생들에게 동류의식을 줄 수 있는 끈이죠. 그걸 이해해주셨으면 해요. 저희가 짧은 치마 입고 있으면 옆에 있던 아주머니가 '쯧쯧……' 하는 눈으로 보시는 거예요. 저희는 그 아주머니가 바지 속에 티를 넣어서 입었다고 뭐라고 하지는 않잖아요. 그냥 사람으로 보면 되는데, 뭐가 그렇게 불편한지 그런 인식을 안 가지셨으면 좋겠어요. 그냥 아줌마구나, 학생이구나 하면 되는데 말이죠.

박윤혜 시대가 바뀌었잖아요. 지금이 월남치마 입는 시대도 아니고요. 그런 변화를 좀 수용해주셨으면 좋겠어요.

✚ 좌담회를 마치며

여학생 여섯 명의 이야기를 재밌게 들으셨나요? 학생들과 얘기를 하면서 든 결론은 교복 치마의 문제는 다른 어떤 문제도 아닌 학생들의 기본적 인권의 문제에서 시작되었다는 것입니다. 일반고 학생들은 하루 대부분을 학교에서 보내는 답답한 생활을 하고 있으며, 특성화고학생들은 취업 문제가 학교 이미지 관리로 이어지는 정신적 부담, 즉 어른들의 시각에 맞춘 규정을 따라야 하지요. 특목고 학생 역시 사회적 기대 수준의 인식에 부담을 느낄 수밖에 없고요. 이런 불안감은 교복에 대한 규정과 현실을 따로 놀게 하는 원인이 되지 않았을까 합니다. 더욱 불행한 것은 몇십 년이 지나도 같은 논리인 '지금 참고 대학 가서 다 누리자'라는 권리의 유예가 지속되고 있다는 거죠.

학생인권조례가 그 올바른 취지에 걸맞지 않게 각 학교에서 제대로 효과를 보지 못하고 있는 것은 학생을 미성숙한 존재로만 보는 어른들의 인식도 큰 비중을 차지하겠죠. 어른스럽게 생각하고 행동하는 법을 학생들에게 차근차근 동의를 얻어가며 설득력 있게 가르쳐주는 방법도 분명히 있을 텐데 말이죠. 또 안타까운 것은 여성의 몸을 성적으로 상품화시키는 것이 당연하게 여겨지는 사회에서 여학생 중심의 규제가 여전하다는 점이죠. 이 문제는 권리의 주체인 학생들이 의견을 활발하게 표현하는 것과 그런 표현의 자유를 보장하는 것이 맞물려지는 것으로 개선될 수 있지 않을까요? 자신의 생각을 솔직하게 풀어내준 여섯 명의 여학생들이 당당하게 사회에 나가는 모습을 기대해봅니다.

복장에는 사회적 이유가 있다

─교복이 반영하는 사회상

✛ 영화에서 나오는 옛날 검은 교복의 유래

유하 감독의 「말죽거리 잔혹사」에 소개된 1970년대 교복. 검은색에 빳빳한 목 부분 칼라(collar)가 불편하지만 권상우의 카리스마가 더해져 한때 교복의 새 디자인으로 환영받기도 했다. 사실 이 교복의 목 부분이 빳빳한 것은 당시 일본의 의도로, 목에 긴장감을 주어 주의 집중을 강제할 수 있도록 만든 장치이다. 일제는 학교에 병영 문화를 깃들여 언제든지 황국의 신민으로 충성할 것을 강요했다. 그러려면 천황의 부름에 언제든지 복종할 수 있어야 하고, 그런 분위기를 만들려면 학교는 곧 군대여야 했다. 학교는 교복을 제정하여 일체감을 조성하고, 학생들의 머리를 짧게 잘라 군인 정신을 주입하고자 했다. 패망의 기운이 감돌았던 1940년대 교복은 급기야 군복과 같은 국방색으로 변하였고, 모자도 전투모로 대체되었다. 여학생 교복 역시 기동성을 위해 일본식 작업복인 몸뻬가 교복을 대신하게 되었다.

교복의 기원은 근대 교육의 시작과 함께한다. 19세기 영국에서 학생들을 통제하기 위해 일률적으로 같은 복장을 하게 한 것이 그 시작이다. 우리나라 역시 마찬가지로 서양식 학교가 설립된 개화기가 교복의 시초이다. 최초의 교복은 스크랜턴 여사가 설립한 이화학당에서 시작되었다. 1886년 4명의 학생으로 문을 연 이화학당은 외모가 다른 스크랜턴을 두려워하는 조선인들을 안심시키기 위해 과자도 먹이고 붉은 무명으로 새 옷도 지어주면서 환심을 샀다. 사람들은 이 붉은 무명 교복의 이화학당 학생들을 '홍둥이'라 불렀다고 한다. 일제강점기인 1920년대에 와서는 모든 학교의 교복을 흰 저고리에 검정 치마로 통일한다.

※ 이화학당 1886년 미국 선교사 스크랜턴이 세운 사립 여자 학교. 현재의 이화여자고등학교이다.

✚ 우리나라에서 교복을 안 입은 적도 있다

현재 우리 학생들은 체육대회 같은 학교 행사가 있는 날만 교복을 입지 않고 자유 복장을 한다. 교복을 입지 않았던 적이 있을까? 상상하기 힘들지만 우리나라에서 교복을 안 입게 한 적도 있다! 1983년 당시 문교부(현 교육과학기술부)가 자유로운 복장을 할 수 있도록 한 조치가 그것이다. 심지어 지금의 학생들이 그렇게 원하던 두발 자율화와 함께 시행되었다. 무려 30년이나 전에 말이다.

자율화 이전에는 전국의 모든 중·고등학교가 획일적인 디자인의 교복을 입었다. 일제의 통제 방식을 그대로 적용한 것이다. 이것은 박정희 정부의 몰락과 함께 전환기를 맞는다. 1980년 광주민주화운동을 짓밟고 등장한 신군부 세력은 교복이 학생 개개인의 개성과 자율성을 무시한다고 지적하였다. 군부 세력과 어울리지 않는 조치였던 셈. 이런 정책을 편 이유는 민심을 사려는 군부의 유화 정책의 일환이라고 본다. 이런 목적에 더하여 일제 잔재의 청산까지 명분으로 삼아 1982년에는 한 주에 한 번 사복을 입을 수 있도록 조치하였다. 다음 해인 1983년에는 교복을 입지 않아도 되도록 완전 자율화를 시행하였다. 자율화하는 김에 그동안 똑같았던 책가방까지도 자율화하였다.

이 조치로 캐주얼 학생복 시장은 활기를 띠었으나, 우리 사회에서는 받아들이기가 힘들었던 것 같다. 많은 사람들은 이 조치가 학생들의 탈선 증가, 빈부 격차로 인한 위화감 조성, 사복 구입으로 인한 가계 부담 등으로 이어진다고 반발하였다. 결국 2년 만에 교복은 학교 자율에 맡기면서 부활하기 시작하였고, 지금은 대부분의 학교가 교복을 착용한다. 이 이야기를 종합해보면, 교복은 어떤 의도였든 학생들을 통제하기 위한 도구로 작용했음을 알 수 있다. 교복 치마를 변형시키는 등의 행위는 이런 통제에서 숨통을 트려는 작은 몸짓 정도로 해석할 수 있지 않을까.

다시 당신에게 묻는다.

창의성, 다양성, 개성 시대에 학생들에게 교복을 꼭 입혀야 하는가?

당신은 교복을 입음으로써 소속감과 공동체 의식을 느끼는가?

그렇다면 교복을 입지 않는 다른 여러 나라와의 차이는 무엇이라고 생각하는가?

생각해볼 문제

교복 규정을 비롯한 학교 규칙을 어떻게 바꿔야 할까요? 또 누가 바꿔야 할까요? 우리가 지켜야 할 것과 자유를 보장해야 할 것을 나누어 정리해봅시다.

○ 꼭 지켜야 할 규칙

○ 자유를 보장해야 할 것

▷ 위의 내용을 실천하는 방식

※ 이런 것 한번 해보시죠!

교사 수업시간에 좌담회를 열어 학생들에게 내용을 잘 정리하게 한다.
학생 수업시간에 이런 토의시간을 할애하도록 선생님께 제안한다.
학부모 가족회의를 열어 자식은 교복을 어떻게 입고 싶은지, 부모의 의견은 어떤지 이야기 해본다.

더 읽어볼 책

● 「유곽의 역사」, 홍성철, 페이퍼로드, 2007.
● 「아이러브스쿨」, 아이러브스쿨 네티즌(편자), 문학세계사, 2002.

통섭이 공교육의
새 희망이다

　거의 2년이다. 서로 다른 지역에서 다른 과목을 가르치는 중·고등학교 교사 다섯이 '통섭'이라는 화두로 만나 한 권 책을 만들기까지 걸린 시간이다. 이 시간 동안 다섯 교사는 수업과 학생, 학교라는 공간에 대해 더 깊이 고민하게 되었다. 머리에 쥐가 나게 공부도 했다. 책의 기획에서 완성까지 다섯 교사가 함께했던 고민을 나누려 이 좌담회를 열었다.

　통섭이란 무엇인가? 공교육 현장에 왜 통섭이 필요한가? 이런 근본 물음에 나름 답하면서, 새로운 수업을 하고 싶어도 나날의 업무에 시달리며 머뭇거리는 선생님들이 무리 없이 통섭 교육을 시도해볼 수 있는 방법을 찾아보았다. 무기력하게 졸다 자거나 교사 눈 피해 몰래 딴짓으로 시간 때우기 하는 아이들의 호기심을 자극해 배움의 광장으로 끌어내려는 현실 해결책도 담아보았다. 다섯 교사의 진솔한 이야기가 학교 교육의 혁신을 갈망하는 교사와 학부모, 학생들에게 단비가 되길 바란다.

참석자

국어 선생님 김형우(화성고등학교) 수학 선생님 이경석(의정부여자중학교)

사회 선생님 허진만(삼일상업고등학교) 과학 선생님 김태호(발곡고등학교)

역사 선생님 심우근(청옥중학교)

정리

이소영(『실험실의 명화』 저자)

✚ 우리는 왜 통섭을 고민했나

김태호 과학 '통섭'이라는 어려운 말로 표현됐지만 아이들과 활동하면서 자연스럽게 생겨난 요구였다. 아이들과 생태 캠프를 간다. 자연 속에서 채집하고 분류하는 활동은 아이들도 즐겁고 교사도 즐겁다. 아이들의 생태적 감수성도 높아진다. 하지만 캠프가 끝나고 나면 왜 채집하고 분류하는지 그 이유를 설명하는 게 어렵다. 채집하고 분류하는 일의 의미가 무엇인가 의문이 생긴다. 이 부분에서 다른 교과목 선생님들의 역할이 필요하다. 활동을 정리할 글을 쓰고, 환경운동과 연결해 지식과 활동을 늘려갈 수도 있다. 국어나 사회과와 연계해 캠프를 진행하면 훨씬 의미 있는 활동이 되겠다 싶었다. 수업에서 제일 나쁜 게 아이들에게 질문만 계속 던지는 것이다. 질문만 있고 답이 없으면 아이들은 힘들고 교사도 지친다. 과학만으로는 한계가 있다. 국어, 사회, 수학 등 여러 교과가 함께 가면 질문도 깊어지고, 답도 더 명확하게 보일 거라 기대했다.

심우근 역사 통섭의 필요성은 역사에서도 많이 느낀다. 제2차 세계대전이 왜 일어났나? 역사 배경은 단순하지 않다. 정치, 군사, 경제, 외교, 그 전의 역사가 다 얽혀 있다. 그런데 복잡한 관계를 애기하자면 '나가야 할 진도'에서 멀어진다. 설명 좀 하자면 "진도 나가죠!" 하는 애들이 있다. 핵심은 알량한 지식이 아니라 그 지식을 관통하는 정신이고 가치다. 제도는 편리하게 과목을 나누어놓았지만, 그 각각의 과목에서 가르치는 내용을 화학적으로 합쳐야 교육이 완성된다. 소화해야 하는 건 아이들이다. 지금의 교육이 밥상 위 각각의 그릇에 차려진 반찬이라면, 우리가 해보려고 한 통섭 교육은 비빔밥 같은 것이다. 한 그릇에 섞어서 담아주면 아이들이 더 골고루 먹고 소화도 쉽지 않겠느냐는 거다.

김형우 국어 비슷한 고민을 했다. 인문계 학교다 보니 한계를 많이 느꼈다. 문제 풀이를 열심히 하는데 성적이 안 오르는 아이들, 아이들 스스로도 답답해한다. 활로는 문제를 더 많이, 더 오래 푸는 데 있는 게 아니라 다른 데 있었다. 방과후학교로 독서토론을 진행했다. 진행 방식은 평이해서, 2주에 한 권씩 책을 읽는 것이다. 2권은 교사가 책을 정해주고, 나머지 책은 학생들이 스스로 정했다. 통속소설부터 건축, 과학, 역사, 사회, 만화책까지 다양했다. 난이도가 높은 책도 아니고 교과와 직접적인 관련도 없었다. 하지만 아이들은 함께 책을 읽고 글을 써보고 대화를 나누고, 대화한 것을 다시 기록으로 만들면서 자연스럽게 변화했다. 아이들은 성취감을 느꼈고, 성적이 좋아진 아이들도 상당수 있었다. 생각해보면 그 과정에 듣기 말하기 읽기 쓰기가 다 포함되어 있었다. 국어 수업에서 해야 할 것이 다 담긴 가장 종합적인 수업 형태였던 것이다. 다양한 것에 관심 가지고 그걸 해결하는 과정에서 답을 얻지, 한 과목 파고들어 문제 풀이만 해서는 원하는 것을 못 얻는다.

허진만 사회 역사 선생님이 말씀하신 것처럼 알량한 지식에 목매는 아이들을 보면 안타까운 생각이 든다. 돌이켜보면 우리들 자신도 그런 알량한 지식만을 공부해서 선생이 된 사람이다. 물론 그 지식들이 우리 삶에 무용지물이었다는 것은 아니다. 하지만 여러 지식을 좀 더 효과적으로 전달할 방법이 있을 것이다. 교사들은 그 방법을 연구하고 실행하는 사람이다.

그런데 현실은 어떤가. 학교에도 교과협의회가 있지만, 교사들끼리 시험기간이나 진도와 같은 처리해야 할 행정업무에 대해서만 대화를 나눈다. 기업은 대학 교육 탓을 하고, 대학교수는 고등학교 교육 탓을 하고, 고등학교 교사는 중학교 교육 탓을 한다. 이런 식으로는 아무것도 나아지지 않는다.

각 교과 담당 교사가 다른 교과 교사에게 자기 과목의 중요도와 그것을 배우는 의미를 설득할 수 있나? 자기 자신도 가르치는 내용에 대해 확신하지 못한 상태에서 좋은 교육이 이뤄질 수 없다. 교육과정에서 A부터 Z까지 가르치라고 하니까, 교사는 오늘은 B까지, 내일은 C까지 가르치자. 그렇게 단순한 생각만 했던 것 같다. 쉽게 아이들을 '무뇌아'라고 놀리지만, 정작 교사야말로 무뇌 상태로 가르쳤던 것이다. 여기가 우리가 반성할 지점이다. 만일 학교 현장의 교사들이 긴밀하게 협력해서 수업 내용을 연구하고 혁신해나갔다면 우리 책과 같은 시도는 필요 없었을지도 모른다. 요즘 교육 개혁을 말할 때 자주 등장하는 '교사가 교육과정 평가권, 구성권을 제대로 구사해야 한다.'는 주장도 같은 맥락의 얘기라고 본다.

이경석 수학 혁신학교에서는 얼마나 혁신적인 수업을 할까? 교육 현장의 많은 구성원들이 기대하고 궁금해한다. 우리 학교의 경우 혁신학교지만 30학급이라 규모가 큰 편이다. 기존의 타성이 있기 때문에 규모가 작은 학교나 대안학교처럼 교사 간의 협력이나 토론을 할 수는 있다. 이 점을 보안하기 위해서 전체 수업연구회와 학년별 수업연구회를 매달 1회씩 열고 있다. 같은 학년의 교과 선생님이 함께 수업에 들어가 각자의 수업과 비교해보며 아이들의 참여 형태에 대해 토론한다. 교과 수업에 담임이 참관해 아이들에 대해 이해도를 높이기도 한다. 혁신은 교사와 학생의 관계에서 먼저 일어나고 있고, 학습까지 이어지는 것은 아직 미흡하다.

물론 실험적인 사례들은 있다. 우리 학교에서는 국어, 사회, 미술 교과의 통합 수업 사례가 있다. 사회 시간에 의정부 시장 상인들을 인터뷰하고, 국어 시간에 인터뷰 사례를 발표하고, 미술 시간에 이 내용을 북아트로 만드는 수행평가를 실시했다. 내년에는 이 안을 좀 더 심화해서 시도해볼 예정이다. 음악 선생님은 뮤지컬 수업을 통해, 미술과는 무대를, 국어와는 대본을 연계해 수업하려고 준비 중이다. 수학 역시 다른 교과와의 연계 수업을 계획하고 있다.

심우근 역사 국어 시간에 뭘 배우는지 수학 교사가 모르고, 과학 시간에 뭘 배우는지 사회 교사가 모른다. 각 과목별 수업 내용을 다 펼쳐놓고 과목별로 유사한 내용, 함께 배우면 더 효과가 높은 내용을 다시 배열해 수업시간을 변경하는 작업이 필요하다. 여러 과목의 교사가 힘을 합해 교과의 지도 순서를 조정하고 함께 가르칠 수 있는 것을 함께 가르치는 거다.

이렇게 하려면 한날한시에 시행하는 일제고사, 교과서 진도를 따라가는 사교육 시장과 마찰이 생기게 된다. 통섭 교육을 하려면 넘어야 할 현실적인 장애물이 많다. 그래도 가야 한다.

김태호 과학　꼭 혁신학교가 아니라도 교과 간의 협력은 가능하다. 의정부여고에서 생물개체곡선 수업을 할 때다. 이 곡선은 지수함수의 개념으로 설명할 수 있다. 수학 교사가 수업에 참여해 10분가량 함수의 변화량에 따라 주기적 혹은 주기적으로 가다가 꺾이는 곡선에 대해 설명해주셨다. 내가 직접 할 때보다 집중도가 훨씬 높았다. 학생들이 주식 지수 변동도 수학적으로 예측 가능하냐는 질문을 수학 선생님에게 던졌는데, 이런 새로운 질문은 수학 교사에게도 지적인 자극을 주었다. 전체 수업시간을 할애하거나 모든 교과가 다 참여한다거나 그런 거대한 계획이 아니라도 좋다. 한 과목당 1년에 3~4번, 10분 정도라도 아이들에게나 교사에게나 모두 충분한 자극이 된다.

✚ 교사 간의 협력은 어떻게 가능한가?

이경석 수학　외부 활동을 통해 교과 연구에 열심인 교사가 많다. 전국과학교사모임, 전국역사교사모임 등은 얼마나 활발하게 활동하는가? 하지만 이렇게 의욕적인 활동들을 학교 밖에서만 하고 정작 학교 안에서는 하지 않는다. 외부 모임은 많은데 학교 안에는 모임이 없는 거다. 어떤 내용이든 연구한 것을 실천해보려면 학교 안에서 시도해야 할 필요가 있는데도 말이다.

김형우 국어　그렇다. 학교 밖에서는 교사 모임이 활발한데 왜 학교 안에서는 잘 안 될까? 교사들은 학교 안에서 각자의 교과에 대한 지식의 양과 깊이가 드러나는 걸 꺼린다. 교사들이 함께 모임을 만들고 대화를 나누는 것에 두려움을 느낀다면 좀 더 쉽게 할 수 있는 것부터 시작하는 것도 나쁘지 않다. 우리 학교에서는 한 달에 한 번씩 교사들이 자기가 읽은 책에 대한 서평을 게시한다. 토론이나 함께 읽기는 아니지만 교사들이 자신이 읽은 책에 대한 경험을 동료와 학생들 앞에 내보임으로써 마음을 열기 시작하는 거다. 이런 실천이 쌓이면 교사 간에 책을 함께 읽고, 읽고 난 뒤에 토론하고, 교과에 대해서 함께 연구하는 일로 발전해갈 것으로 생각한다.

이경석 수학 어렵게 교과별 모임을 진행하더라도 참여하는 교사의 가치관이 제각각이면 성공적으로 운영되기 어렵다. 내가 참여했던 한 수학과 모임의 경우 애초의 취지와는 달리 경시대회용 문제풀이를 하는 모임이 되었다. 같은 교과의 교사들이 서로 경쟁하고 배척하는 관계가 되는 경우도 많다.

심우근 역사 각 교사가 추구하는 가치관이 다르다는 문제, 교사가 너무 바쁘다는 문제, 그리고 김형우 선생님이 말씀하신 것처럼 교사들이 내 자신을 다 드러내기 싫어한다는 문제가 있다. 그럼 교사들이 어떻게 하면 두려워하지 않고 자기를 내놓을 수 있을까? 교사들이 친해지면 문제가 해결된다. 그게 첫 번째다. 그런데 3년 단위로 순환이 이뤄지는 공립학교에서는 교사들이 친해지기 어렵다. 학교에서 교장과 교감이 할 일이 바로 그것이다. 교사들이 어떻게 스스럼없이 서로 어울릴까, 학생과 교사 간의 유대는 어떻게 강화할까? 그 방향을 설정하는 게 교장과 교감의 일이어야 한다.

✚ 과연 이 책의 내용이 통섭인가?

이경석 수학 수학 교사는 다른 어떤 교과보다 통섭적인 사고에 대한 갈증이 있다. 수학은 일정 연수 외에는 교과 연수가 거의 없다. 일정 연수에서 대학 때 배운 정수론을 다시 듣는데 그것조차 반갑다. 우리는 수학이 현실에서 어떻게 쓰인다는 것을 전혀 모른다. 사회과의 글로 실린「검색 엔진의 비밀」을 준비하면서『뉴 머러티』라는 책을 읽었는데, 그 책에 담긴 수학적인 응용들이 흥미로웠다. 나만 그런 것이 아니다. 성균관대 수학과 교수였던 김명호 씨는 석궁 사건으로 형을 산 뒤 미국에 가서 수학 공부를 하고 있는데, 일생 증명만 하다가 미국의 실용수학을 접하면서 희열을 느낀다고 한다. 수학은 계산하고 증명하고 그 안에만 갇혀 있는데, 학생이나 교사나 교수나 마찬가지인 것이다.

김태호 과학 평소에 생태계 먹이사슬에 대해서 조금 의아하게 생각해왔다. 지구상에 생물이 얼마나 많은데 먹이사슬이 3차에서 끝나다니, 너무 단순한 거 아니야? 이런 생각을 했다. 복잡계 이론과 네트워크 이론을 알기 전까지는 그렇게 생각했다. 복잡계 이론에 대해 알게 되니까, 아 3~4단계 거치면 다 만나게 되는구나, 이래서 먹이사슬이 3차 이상은 나오지 않는 거구나 이해가 되었다. 수학을 통해 얻은 즐거움이다.

이경석 수학 수학에서 다루는 내용들은 계통이 있다. 재미 삼아 하는 '한 붓 그리기'는 그래프 이론, 네트워크 이론, 복잡계 이론으로 이어진다. 하지만 이런 내용 전체를 아이들은 알지 못한다. 한 붓 그리기가 네트워크 이론의 바탕이라는 것은 대학에나 가야 알 수 있다. 영재반 같은 특수한 경우에는 함수만, 대수만 연계성이 있게 쭉 배우기 때문에 아이들의 이해도가 높다. 하지만 그건 학습 능력이 월등한 극소수의 아이들에게 한정된 얘기다. 국내 저작물 중에는 수학에 대한 흥미를 일깨우며 원리도 설명해주는 창의적인 책이 드물다.

김형우 국어 아내가 이우학교 수학 교사다. 대안학교임에도 불구하고 수학 관련 책을 읽고 발표하는 수업을 한 것을 아주 특별하게 여긴다. 수학 교사에게 있는 통섭에 대한 목마름을 느낄 수 있다.

허진만 사회 교과 연수는 사회과도 없다. 역사와 과학, 국어 등은 많지만 의외로 사회는 심화 과정이 없다. 이 책 준비하면서 명색이 사회 교사인데 내가 사회를 참 모르는구나, 공부 많이 해야 하는구나 새삼 느꼈다. 한편으로 각 교과에서 전문성 있는 주제를 제시하면 다른 교과 교사가 개입할 여지가 없었다. 어느 결에 무작정 지식을 배우고 있었고 내 교과의 지식이나 관점과 어우러지지 않고 따로 놀았다. 각자 자기 공부만 열심히 한 꼴이 된 것 같기도 하다.

이경석 수학 우리는 다양한 교과 교사들이 만나고 토론하면서 돌파구를 찾을 수 있을 거라고 생각했다. 하지만 시간에 쫓기면서 각자 공부가 더 필요한 점을 확인하고, 서로의 교과 특성을 파악하는 데 그친 것 같다. 진정한 의미에서 통섭적인 결과물이 나온 것은 아니다.

김태호 과학 우리는 뛸 준비를 하고 트랙에 섰다. 열심히 뛰긴 뛰었는데 각자 트랙에서 뛴 거다. 과연 같은 방향으로 뛴 건지, 한 군데 결승선에서 만나게 될지 알 수가 없다. 만일 우리가 같은 목표를 확인하고, 같은 방향으로 뛰면 훨씬 속도가 나고 즐거울 거다. 교과 지식 간의 공통점을 찾고 서로 짝짓기를 한 것, 이 책은 거기까지다. 통섭으로 가는 긴 여정의 출발선을 그은 정도다.

김태호 ^{과학} 통섭이 실제 학생들에 적용할 수 있는 교수법이 되려면 여러 가지 고려가 필요하다. 평가의 문제도 있고, 교육의 목적에 대한 합의도 있어야 한다. 통섭을 통해서 교사는 더 행복해지는가? 아이들은 더 행복해지는가? 그런 근본적인 질문에도 답해야 한다.

심우근 ^{역사} 이 책 보고 '이게 통섭이야? 별거 아니네,' 할 교사가 많을 거다. '우리가 제대로 한번 해보자!' 이런 분들이 많이 나올 거다. 그게 바로 희망이다. 아이들에게 우리가 고민해서 만들어낸 결과물들로 수업을 해보고 반응을 느껴보자. 더 많이 토론하고 새로운 방법을 시도해보자.

✚ 통섭의 교육은 무엇을 추구하는가?

심우근 ^{역사} 교육이라는 말보다는 학습이라는 말이 더 알맞다. 교사가 지식을 가르치는 것이 아니라 학생들이 스스로 생각하는 힘과 행동하는 힘을 길러가는 것이다. 학생들이 생각하는 힘과 행동하는 힘을 기르게 하는 게 통섭이 할 일이다.

허진만 ^{사회} 우리가 아이들에게 제시해주는 것은 하나의 퍼즐이다. 전체 100개의 퍼즐을 다 맞춰야 완성된 그림이 뭔지 알 수 있다. 우리는 아이들에게 이 작은 퍼즐 조각이 앞으로 어떤 그림이 될 건지 알려줘야 한다. 무엇을 배우고 있는지 이 배움에 어떤 의미가 있는지를 말이다. 교사 자신이 내가 가르치고 있는 것이 뭔지 모른다면 가능하지 않다. 각각의 퍼즐 조각의 좌표를 설정하는 것이 교사가 할 일이다. 그런데 학문이 점점 전문화되고 서로 간에 울타리를 치다 보니까 과거에 비해 오히려 다른 학문에 대한 이해가 낮아진다. 위정자들은 그런 현실을 이용해 사람들을 조종한다. 내가 어디에 있는가를 알려주는 기준을 제시하는 것만으로도 통섭의 의미가 있다. 아이들이 사회를 읽는 힘을 가질 수 있다.

김형우 국어 대학은 과 체계를 학부 체계로 변경했는데, 고등학교는 올해부터 1학년 때 문과, 이과를 나눈다. 문과, 이과를 왜 나누는지도 모르겠고 왜 이렇게 빨리 나누는 건지도 의아하다.

심우근 역사 대학 학부제는 교양 교육을 강화하기 위해 도입한 게 아니라, 돈 되는 학과로 아이들을 더 몰아가려고 만든 편법이다. 문과, 이과 나누는 발상은 인간을 부품으로 만드는 것이다. 전체 교양을 쌓으면서 전문성을 키워야 하는데, 교양은 빼버리고, 일찍부터 부품처럼 써버리겠다니 문제다.

김태호 과학 학교혁신에 대한 관심이 높아지면서 교육 이론을 다시 공부해야 할 필요를 느낀다. 우리나라 교육과정에 큰 영향을 미친 존 듀이 외에도 비고츠키와 허친스 등을 새롭게 바라봐야 한다. 혁신학교에 따라 사토 마나부 교수의 배움의 공동체, 비고츠키의 전면적 발달교육과정의 협력 수업, 경기도교육청의 창의지성교육에서 자유교양교육에 대한 새로운 접근이 눈에 띤다. 이론은 이론인 만큼 현장의 상황과 경험에 따라 교육을 해야 한다. 그러나 이런 교육이론에 비추어 우리가 추구하는 교육을 평가해보고 완성도를 높여갈 수 있다. 이론 얘기를 하면 고루하고 답답하게 보일 수 있지만, 그것도 피할 수 없는 과정이다. 통섭 교육은 어느 방향으로 가고 있는가? 명확한 목표와 방향성이 없으면 아이들에게 지식을 더 많이 습득하라고 강요하는 꼴이 될 수도 있다.

이경석 수학 통섭 교육에서 꼭 필요한 과정으로 경청과 협력을 들 수 있다. 학교혁신 팀에서 얘기하고 있는 것도 유사하다. ㄷ자형 구도, 경청, 도약(점핑) 이런 것을 학습의 중심으로 삼는다.

김태호 과학 경기도교육청의 창의지성교육은 인류의 오래된 지혜인 고전과 현대의 명저 읽기, 의미와 맥락을 고려한 경험과 체험 활동, 다양한 예술 작품을 감상하고 새롭게 자기를 표현하기, 성숙된 민주시민으로서 사회적 책임을 느끼고 사회적 실천하기를 교과에 적용한다. 이런 내용을 교과에 적용하면 교육과정은 재구성될 수밖에 없다. 이 과정에서 통섭이 필요하다.

✚ 어떻게 평가할 것인가?

김태호 과학 미적분을 고등학교 때 다 배울 수도 있고, 대학에 가서 완성할 수도 있다. 교육의 목표 도달 지점을 어디까지로 할 것이냐가 고민된다.

심우근 역사 기존 평가의 틀을 뛰어넘어야 한다. 개개인은 출발점이 다르다. 중요한 것은 한 개인이 얼마나 변화했느냐. 머릿속이 얼마나 변했느냐는 물론 손발의 행동이 얼마나 변했느냐가 정말 가치 있는 측정 대상이다. 지금의 평가는 나와 남을 견주어 줄 세우기 위한 것이지 개개인을 위한 평가가 아니다.

이경석 수학 광주의 어떤 수학 교사는 과제를 평가할 때 아이들의 능력차에 따라 평가한다고 한다. 각각의 능력치에 따라 능력이 모자란 아이가 자기 능력껏 해왔으면 100점, 우수한 아이도 자기 할 만큼 해왔으면 100점이다. 기존 점수체계라면 각각 30점, 100점을 맞겠지만 아이들의 발달 능력에 따라 다른 평가 기준을 갖는 거다.

심우근 역사 아이와 학부모가 이해하지 못하면 문제가 생긴다. 중학교에 있을 때 수행평가에서 그런 방식을 도입했다. 공부 곧잘 하는 아이가 전혀 발전이 없어 낮은 점수를 주면 전혀 이해를 하지 못했다.

김형우 국어 학생 개개인의 발전 정도를 평가하는 것은 바람직하다. 하지만 학부모와 학생들의 동의를 얻고, 또 교사가 편파적이 되지 않으려면 객관적인 성적 산출 방법이 필요하지 않나? 특히 경력이 짧고 젊은 교사의 경우라면 더더욱 필요하다고 생각한다. 수치화하기 어렵더라도 교사가 어떠한 기준에 의거해 평가한다는 신뢰를 줄 수 있어야 한다.

김태호 과학 잘한 아이가 더 잘하긴 힘들고, 못한 아이가 잘하기는 비교적 쉬우니까 수준별로 평가할 경우 그런 부분도 고려해야 한다.

심우근 역사 학생의 발전 여부를 가려 점수를 매기는 게 모든 학교에서 가능하진 않다. 하지만 혁신학교나 대안학교 등에서는 충분히 시도해볼 수 있다. 비록 점수로 표현하지만 이는 학생의 발전 가능성을 평가한 것이다. 이 취지에 대한 공감을 학생과 학부모에게 사전에 얻어야만 한다.

김형우 국어 문제를 수준별로 다르게 내는 방법도 있다. 독서 평가 활동일 경우 과제로 내주는 책의 난이도를 학생별로 다르게 하는 식이다.

이경석 수학 쉬운 수능, 어려운 수능 선택형으로 내는 것과 유사하다.

심우근 역사 학교 내에서 같은 학년이면 모두 같은 문제로 시험 치르는 것이 문제다. 교사마다 가르치는 강조점이 다 다른데 모두 같은 문제로 시험을 보는 것은 합당치 않다. 교사들이 업무 경감 차원에서 공동 출제하거나 아니면 분담 출제한다. 교사가 자기가 가르친 내용으로 평가할 수 없다면 그건 교권 침해다. 교육부가 장관 훈령으로 내려보내는 학업성적관리지침 중 동일 교과 동일 학년 반드시 공동 출제하란 대목은 교육기본법이 보장한 교사의 전문성을 침해한다. 실제 법령에서는 교사에게 평가할 권리를 보장하고 있다.

김태호 과학 나의 경우 수행능력평가를 실시할 때 협력의 과정을 반드시 평가한다. 5문항 중 3문제는 협력을 해야만 풀 수 있는 것, 2문제는 자기의 견해를 쓰는 것이다. 협력하는 문제는 같이 실험한 친구의 의견을 듣고 쓰는 식이다. 오픈북으로 서로 대화하며 쓸 수 있도록 한다. 변별력이 없을 것이란 우려가 있지만 실제로 협력을 위한 3개의 문항은 서로 힘을 모아 의논해 쓰더라도 자기 견해를 써야 하는 문제에서는 본인의 실력이 나올 수밖에 없으므로 크게 문제되지 않는다.

심우근 역사 지필고사를 100% 모두 서술, 논술형으로 내고 교과서를 보고 풀도록 한 적이 있다. 그러자 교감, 교장이 이런 경우는 처음 본다며 가로막으려 했다. 그런 반면 역사 교사 동호회 누리집 게시판에 이 시험 문제를 올렸는데 별 반응이 없었다. 내 생각은 이렇다. 역사 교과만이라도 선다형 시험을 보지 말자. 역사 공부는 역사 인식, 가치관을 바로 세우는 게 목적이다. 역사 사실 몇 개 더 안다고 역사 공부 더 잘하는 게 아니다.

허진만 사회 암기 과목의 그늘에 가려 있는 게 편하다고 생각하는 측면도 있다.

심우근 역사 교사가 서술, 논술형 문제를 내고 채점하는 건 쉽지 않다. 채점 결과를 빨리 내라는 독촉에 늘 시달린다. 한 학생의 모든 문항 답안을 한꺼번에 채점할 수 없다. 문항 하나에도 채점 항목에 따라 기준이 여럿이기 일쑤인데 모든 답안을 요소별로 따로 다 읽고 평가를 해야 하기 때문에 시간도 오래 걸리고 집중력도 매우 필요하다. 열정이 있어야 할 수 있다.

김형우 국어 수행평가를 하고 있는 선생님한테 서술형 출제 비율을 늘리라고 하는 건 거의 자살행위다. 업무량이 너무 많다.

허진만 사회 수행평가를 별도의 일로 생각하지 말고, 수업시간에 하나씩 차근차근 해나가는 게 좋다. 혼자만의 일로 생각하지 말고 교과별로 협업하면 아이들도 교사도 훨씬 즐겁다. 산본중학교는 수학여행 사전 사후에 역사와 국어과가 함께 과제를 내고 수행평가로 반영했다. 역사과에서 수학여행 때 방문할 도시의 유적과 역사를 조사해 발표하고, 다녀온 뒤 글쓰기는 국어과에서 하는 식이었다. 수행평가도 해결되고 학교 행사에 집중하는 효과도 높아져 일석이조의 효과를 누렸다. 협력이 없이 수행평가만 늘리면 교사는 업무 과다로 스트레스, 학생들은 연관성도 없는 숙제 시킨다고 짜증을 내게 된다. 다들 즐겁게 해야 효과도 좋다.

이경석 수학 중학교는 입시 부담이 적어서 여러 방법이 가능하다. 지리에서 갈 곳을 정해 조사하고 다녀온 뒤 글쓰기로 정리하는 방식을 많이 쓴다.

심우근 역사 수행평가를 혼자 감당하기 어렵다면 공동으로 진행하고 각각 교과의 측면에서 평가하면 된다. 또 학습자끼리 동료를 평가하는 방법도 쓸 수 있다. 아이들 사이의 친밀도나 선입견이 작용할 우려도 있지만, 교사가 적절한 평가 기준을 제시하면 활용 가능하다. 생활기록부를 쓸 때 아이들이 본인에 대해 직접 쓰게 한 것을 받았더니 내가 모르는 여러 측면들을 알 수 있었다. 본인이 지향했던 점, 했던 일들을 직접 쓰니까 내용이 훨씬 풍부해졌다.

허진만 사회 수행능력평가에서는 다양한 시도를 할 수 있는데, 이는 역설적으로 지필시험에 여전히 많은 비중이 있기 때문이다. 지필에 여전히 가중점이 있다는 믿음이 있으니까 수행 성적만 좋게 나오면 '의외네?' 하는 반응을 보인다.

심우근 역사 수행평가를 잘하면 그걸 하나의 능력으로 보는 게 아니라, 선생님한테 잘 보인 거 아니야? 평가 기준이 이상한 거 같은데? 그렇게 생각한다.

허진만 사회 평가 면에서 혁신 시도는 음악, 미술, 체육 등의 교과에서 나오고 있다. 이런 교과들은 심우근 선생님이 말씀하신 학생의 기초 능력에서 발전 정도에 따라 점수를 주는 방식을 도입하고 있다. 이 역시 해당 과목들이 입시로부터 한발 벗어난 이른바 '주변' 교과라 가능한 일이다. 입시와 관련된 과목은 대학에서 요구하는 점수가 있으니 실험하기 어렵다.

심우근 역사 대한민국 교육이 달라지려면 학생의 성적을 상위 학년, 상위 학교로 보내지 말아야 한다. 담임들이 학기 초가 되면 전 학년에 맡았던 아이들 어느 반으로 갔나 보면서 품평회를 하곤 하는데, 이거 참 곤란한 일이다. 새 담임에게 좋지 않은 선입견만 주게 된다. 대학이 자기 교육에 자신이 있으면 고교의 학습 수준 운운하며 이전 단계의 교육 탓만 하지 않을 거다.

✦ 통섭은 교사들에게 어떤 능력과 자질을 요구하는가?

심우근 역사 통섭을 하자니, 교사 개인이 각 분야에 명석한 슈퍼맨, 슈퍼우먼이 되어야 하는 게 아닌가 생각하기 쉽다. 짧은 생각이다. 좋은 회사란 사원 하나하나가 뛰어나기보다는 개인 창의성을 발현시키고 이를 조화롭게 엮어 담아낼 수 있어야 한다. 교사 개인의 역량에 목매는 구조는 낡아빠졌다. 지금의 교육제도가 교원 개개인의 자질을 평가하려고 드는 건 퇴행이다. 뛰어난 능력과 자질을 갖춰야 하는 사람은 교사보다는 교장이 먼저다.

이경석 수학 교사 역량의 문제는 리더의 문제라는 데 공감한다. 교사들은 이러저러 해야 한다는 틀에 갇혀 있는 경우가 많다. 정보에도 닫혀 있다. 해보고 싶다는 의지만 있지 경험도 없고 어디서 시작해야 할지도 모른다. 그래서 우리 학교는 우선 구조를 만들고 리더를 배치한다. 위에서 떨어지는 명령이 아니라 자발적으로 이뤄지기 위해서 요소요소에 리더들을 배치할 필요가 있다.

허진만 사회 교사의 역할도 바뀌어야 한다. 내가 아는 걸 전달한다는 입장에서 주제를 제안하고 함께 알아가도록 방향을 제시해주는 사람이 되어야 맞을 것 같다.

심우근 역사 변화하는 사회는 암기 지능이 아니라 다중 지능이 필요한 시대다. 혼자 많이 아는 게 아니라 정보를 잘 찾고 타인의 정보를 알고 결합하는 능력이 필요하다. 집단 지성의 시대라고 흔히들 말하는데 그에 걸맞은 교육을 해야 한다.

허진만 사회 맞다. 협력과 경험, 소통. 이런 것이야말로 통섭 교육의 근간이다. 교사들이 힘들다, 시간이 없다는 말을 많이 하는데 그것은 보람이 없기 때문에 하는 말인지도 모른다. 연속되는 소모적인 감정 노동에 교육인지 보육인지 혼동을 느낀다. 상담에 보건, 사서까지 교사들이 뭐든 다 도맡아 하는 상황이다. 통섭은 한 명의 교사가 모든 일을 다 해야 한다는 짐을 덜어주어야 할 것 같다. 과학 교사가 독서나 글쓰기에 대해서는 국어과의 협조를 받고, 사회 교과는 수학과 영어 같은 교과에 사회적인 맥락을 환기시키고, 아이들에게 흥미를 유발할 계기를 줄 수 있다.

김태호 과학 내가 우려하는 건 우리가 말하는 통섭이 상위권 논술처럼 비치는 것이다. 통섭의 교육으로 소위 말하는 알파걸, 엄친아를 키우려는 게 아니다. 상위 1%가 아니라 나머지 99%가 세상에 자신 있게 나가도록 가르치려는 것이다. 그걸 가르치는 교사 역시 자신이 슈퍼맨, 슈퍼우먼이 되려는 압박에서 벗어나야 한다. 물론 교사는 자기 능력을 계발하기 위해 힘써야 하지만 아직까지 통섭 교육은 선언에 불과하다. 앞으로 아이들의 눈높이에 맞춘 다양한 수업 결과가 쏟아져 나올 것이다. 책을 마무리하며 이제 정말 할 일이 많다는 각오를 다지게 된다.

삶의 행복을 꿈꾸는 교육은 어디에서 오는가?
미래 100년을 향한 새로운 교육

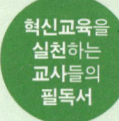
혁신교육을 실천하는 교사들의 필독서

▶ **교육혁명을 앞당기는 배움책 이야기**
　혁신교육의 철학과 잉걸진 미래를 만나다!

 핀란드 교육혁명
한국교육연구네트워크 총서 01 | 320쪽 | 값 15,000원

 새로운 사회를 여는 교육혁명
한국교육연구네트워크 총서 03 | 380쪽 | 값 17,000원

 새로운 사회를 여는 교육자치 혁명
한국교육연구네트워크 총서 05 | 312쪽 | 값 15,000원

 혁신학교
성열관·이순철 지음 | 224쪽 | 값 12,000원

 행복한 혁신학교 만들기
초등교육과정연구모임 지음 | 264쪽 | 값 13,000원

 혁신교육, 철학을 만나다
브렌트 데이비스·데니스 수마라 지음
현인철·서용선 옮김 | 304쪽 | 값 15,000원

 미래교육의 열쇠, 창의적 문화교육
심광현·노명우·강정석 지음 | 368쪽 | 값 16,000원

 대한민국 교사, 어떻게 가르칠 것인가?
윤성관 지음 | 320쪽 | 값 15,000원

 아이들을 어떻게 가르칠 것인가
사토 마나부 지음 | 박찬영 옮김 | 232쪽 | 값 13,000원

 다시 읽는 조선 교육사
이만규 지음 | 750쪽 | 값 33,000원

 독일 교육, 왜 강한가?
박성희 지음 | 324쪽 | 값 15,000원

 일제고사를 넘어서
한국교육연구네트워크 총서 02 | 284쪽 | 값 13,000원

 교장제도 혁명
한국교육연구네트워크 총서 04 | 268쪽 | 값 14,000원

 교육은 사회를 바꿀 수 있을까?
한국교육연구네트워크 번역 총서 02
마이클 애플 지음 | 강희룡·김선우·박원순·이형빈 옮김
352쪽 | 값 16,000원

 **비판적 페다고지는
세상을 변화시킬 수 있는가?**
한국교육연구네트워크 번역 총서 03
Seewha Cho 지음 | 심성보·조시화 옮김 | 280쪽 | 값 14,000원

 서울형 혁신학교 이야기
이부영 지음 | 320쪽 | 값 15,000원

 혁신교육 존 듀이에게 묻다
서용선 지음 | 292쪽 | 값 14,000원

 프레이리와 교육
한국교육연구네트워크 번역 총서 01
존 엘리아스 지음 | 한국교육연구네트워크 옮김
276쪽 | 값 14,000원

 교사, 선생이 되다
김태은 외 지음 | 260쪽 | 값 13,000원

 아이들의 배움은 어떻게 깊어지는가
이시이 준지 지음 | 방지현·이창희 옮김
200쪽 | 값 11,000원

 북유럽 교육 기행
정애경 외 14인 지음 | 288쪽 | 값 14,000원

 대한민국 교육혁명
교육혁명공동행동 연구위원회 지음 | 152쪽 | 값 5,000원

▶ 평화샘 프로젝트 매뉴얼 시리즈
학교 폭력에 대한 근본적인 예방과 대책을 찾는다

학교 폭력 어떻게 만들어지는가
문재현 외 지음 | 300쪽 | 값 14,000원

아이들을 살리는 동네
문재현·신동명·김수동 지음 | 204쪽 | 값 10,000원

학교 폭력, 멈춰!
문재현 외 지음 | 348쪽 | 값 15,000원

평화! 행복한 학교의 시작
문재현 외 지음 | 252쪽 | 값 12,000원

왕따, 이렇게 해결할 수 있다
문재현 외 지음 | 236쪽 | 값 12,000원

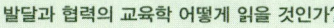

▶ 비고츠키 선집 시리즈
발달과 협력의 교육학 어떻게 읽을 것인가?

생각과 말
레프 세묘노비치 비고츠키 지음
배희철·김용호·D. 켈로그 옮김 | 690쪽 | 값 33,000원

어린이의 상상과 창조
L.S. 비고츠키 지음 | 비고츠키연구회 옮김
280쪽 | 값 15,000원

도구와 기호
비고츠키·루리야 지음 | 비고츠키연구회 옮김
336쪽 | 값 16,000원

비고츠키 생각과 말 쉽게 읽기
비고츠키 교육학 실천연구모임 지음 | 316쪽 | 값 15,000원

어린이 자기행동숙달의 역사와 발달 Ⅰ
L.S. 비고츠키 지음 | 비고츠키연구회 옮김
564쪽 | 값 28,000원

비고츠키와 인지 발달의 비밀
A.R. 루리야 지음 | 배희철 옮김 | 280쪽 | 값 15,000원

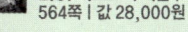
어린이 자기행동숙달의 역사와 발달 Ⅱ
L.S. 비고츠키 지음 | 비고츠키연구회 옮김
552쪽 | 값 28,000원

▶ 창의적인 협력수업을 지향하는 삶이 있는 국어 교실
우리말 글을 배우며 세상을 배운다

중학교 국어 수업 어떻게 할 것인가?
김미경 지음 | 332쪽 | 값 15,000원

이야기 꽃 1
박용성 엮어 지음 | 276쪽 | 값 9,800원

토론의 숲에서 나를 만나다
명혜정 엮음 | 312쪽 | 값 15,000원

이야기 꽃 2
박용성 엮어 지음 | 294쪽 | 값 13,000원

▶ 정의로운 세상을 여는 인문사회 과학
사람의 존엄과 평등의 가치를 배운다

밥상혁명
강양구·강이현 지음 | 298쪽 | 값 13,800원

좌우지간 인권이다
안경환 지음 | 288쪽 | 값 13,000원

도덕 교과서 무엇이 문제인가?
김대용 지음 | 272쪽 | 값 14,000원

민주시민교육
심성보 지음 | 544쪽 | 값 25,000원

자율주의와 진보교육
조엘 스프링 지음 | 심성보 옮김 | 320쪽 | 값 15,000원

민주시민을 위한 도덕교육
심성보 지음 | 496쪽 | 값 25,000원

민주화 이후의 공동체 교육
심성보 지음 | 392쪽 | 값 15,000원

교과서 밖에서 배우는 인문학 공부
정은교 지음 | 276쪽 | 값 13,000원

갈등을 넘어 협력 사회로
이창언·오수길·유문종·신윤관 지음 | 280쪽 | 값 15,000원

오래된 미래교육
정재걸 지음 | 392쪽 | 값 18,000원

동양사상과 마음교육
정재걸 외 지음 | 356쪽 | 값 16,000원

수업과 교육의 지평을 확장하는 수업 비평
윤양수 지음 | 316쪽 | 값 15,000원

교과서 밖에서 배우는 철학 공부
정은교 지음 | 280쪽 | 값 14,000원

▶ 남북이 하나 되는 두물머리 평화교육
분단 극복을 위한 치열한 배움과 실천을 만나다!

10년 후 통일
정동영·지승호 지음 | 328쪽 | 값 15,000원

선생님, 통일이 뭐예요?
정경호 지음 | 252쪽 | 값 13,000원

▶ 출간 예정

`근간` **혁신학교, 교육학적 성찰**
심성보 외 지음

`근간` **경쟁이 아닌 발달과 협력을 생각하는 교육**
현광일 지음

`근간` **어린이와 시 읽기**
오인태 지음

`근간` **성장과 분화**
L.S. 비고츠키 지음

`근간` **공동체를 살리는 교육과정 혁명**
문재현 외 지음

참된 삶과 교육에 관한
생각 줍기